文部科学省後援

秘書検定

1級 パーフェクトマスター

早稲田教育出版

◎ まえがき ◎

　本書は秘書検定1級受験のための参考書です。1級は最上位級ですから問題の難易度も高くなり解答方法もほとんどが記述式になります。設問内容も受験者がじっくり考えて的確な解答を導き出すような問題が多くなっています。

　実際，ビジネスの場を考えてみますと，会社ではいろいろな仕事が同時に進行しているわけですから，上司の判断も，上司を補佐する秘書の仕事も多岐にわたるわけで，それらを検定試験問題にして受験者の皆さんに答えていただくとなれば，物事の優先順位を考えたり相手の返事の出方を予想したりするなど，答えの導き方もいろいろなことを考えて出さなければならないわけです。そのようなことを考えますと，解答方法は記述式の方が受験者にとっては答えやすいのかもしれません。

　記述式は自分が考え出した解答を文章で表現するわけですが，これをすんなり表現できる方は少ないのが実情です。この表現方法を克服するコツは，何と言っても自分の考えたことを繰り返し文章化することでしょう。最初に答えた箇条書きの文章は文字数が少なく中身も薄かった解答も，繰り返すうちにいろいろなことが頭の中から出てきて，素晴らしい表現の文章に上達するはずです。解答の仕方は「順を追って箇条書きに〜」とか「箇条書きで三つ〜」などと指定されていますが，この効果的な解答の仕方は本書の中に詳しく記載しておりますので，そちらでしっかり学んでください。

　解答の仕方で大切なことは，①設問の意図をきちんと捉えること（何を問われているのか）。②自分の文章（解答）は設問に整合しているか（この解答だけで問題は解決するか）。この二つを常に意識して問題に取り組むことです。

　さて，筆記試験に合格しますと二次試験の面接試験を受けることになります。面接試験は2人一組で，課題（報告・応対）は全てロールプレーイング形式で行います。受験者は秘書という役割で上司に報告を行い，来客への応対を行います。そこで審査されることは，「上級秘書として適切な話し方や振る舞い方ができているか」ということで，その場での所作（動作・振る舞い）や雰囲気が重要になってきます。一言で表現するならば「感じのよさが人柄として表れているか」ということです。ビジネス社会は人の集団が同じ目的に向かって行動するわけですから，そこで求められるものは円滑な人間関係を保つことができる人間性であり，まさにヒューマンスキルです。

　詳しくは本書の6章で学んでいただき，練習を重ねて秘書検定1級に合格されることを願っております。

公益財団法人実務技能検定協会　秘書検定部

◎ 目次

CONTENTS

◎ 目次

◎ 本書で勉強される方へ

● 本書の利用について

　本書は,「秘書技能審査基準」に基づいて編集されたテキストです。本書を
つくるに当たって特に心がけたことは次の3点です。
　①過去問題をできるだけ多く収載すること
　②秘書検定の審査基準の範囲内であっても,出題頻度がこれからも少ないと
　　判断した解説はなるべく省く
　③各章に具体的な「解答の仕方」をまとめた。記述解答の書き方の要領をつ
　　かめるようにする
ということです。

　過去問題については,合計214問を収録しました。毎年発行される「1級実
問題集」の収録数は102問ですから,本書の収録数の多さがご理解いただける
と思います。数多くの過去問題を繰り返し解くことがどれほど実力を付けるこ
とに効果的かということは,議論を待たないでしょう。
　本書は「過去問題集に近いけれど,しっかり基礎から応用まで学べるテキス
ト」といえます。

●本書は第1章から第6章に分かれています。第1章から第5章は秘書検定
　の審査基準（p.10参照）に沿って章立てしているからです。どの章から始
　めてもいいのですが,やはり第1章から順番に進まれることをお勧めしま
　す。それは,第2章では第1章を基に実際の仕事をどのように行うかを学
　び,第4章,第5章では,第2章で学んだことを仕事で生かすための具体
　的な知識を学んでいくからです。
●各項の始めには,その項で学ぶ内容から,過去に出題された代表的な問題
　を載せました（「**過去問題でポイントチェック**」）。腕試ししてみてください。

●「CHALLENGE　演習問題」は，章の途中で小まめに過去問題を解いてみることで，そこまでの理解を確認できるようにしました。ここで失敗したら，もう一度戻って解説を読み直しましょう。

●各章末には更に過去問題をまとめて掲載しました（「**実際に過去問題を解いてみよう**」）。ここでは本番を意識して解いてみましょう。

●本書に収載した過去問題の解答は，問題の性格上，本書掲載の解答に限定されない「解答例」です。

●1級の問題では複雑な設定状況のものもあり，準1級までに学習してきたことを設問の意図に応じて簡潔に書き表せるか，不足なく列挙できるかがポイントとなります。知識の整理には，3級・2級・準1級を受験したときに使用した参考書に再度目を通しておくのもよいでしょう。

●本書の読者特典として，第3章「体の一部を使った慣用語」のそれぞれの用語の意味をWEB上にまとめましたので，本書p.138のQRコードを読み取り，アクセスしていただき学習の参考にしていただけたら幸甚です。

本書を手に取っていただいた皆さまの合格を，心より願っております。

早稲田教育出版　編集部

◎ 秘書検定受験案内（1級）

- 試験日　　　原則として6月と11月
- 申込期間　　受験申し込みは，試験日のおよそ2カ月前から1カ月前までです。
- 申込方法　　秘書検定のホームページからお申し込み手続きができます。または検定協会より取り寄せた願書と受験料を添えて，現金書留で郵送してもお申し込みになれます。
　　　　　　　学校などを窓口として団体で申し込む方は，必ず先生やご担当者に確認してください。
- 同時受験　　不可。1級は他の級との併願受験はできません。
- 受験料　　　1級　7,800円
　　　　　　　（2024年2月現在，税込み）
- 出題形式　　1級は1次試験として筆記試験と，その合格者には2次試験として面接試験が行われます。
　　　　　　　筆記試験は17問出題され，全て記述問題となります。記述問題とは，例えば，○○について順を追って箇条書きで答えなさい，○○について簡単に答えなさい，などです。
　　　　　　　面接試験は知識を問うものではなく，あいさつや上司への報告，来客応対などを行う，ロールプレーイング（役割演技）形式です。
- 試験時間　　筆記試験は140分。面接試験は2人一組で約11分程度です。
- 受験資格　　学歴・年齢その他の制限は一切ありません。どなたでも受験することができます。

• 出題領域と問題数，合格基準等について

	出題領域	1級出題数	合格基準	合否
理論	1．必要とされる資質	2〜3問	60%以上	合格 どちらか一方が60%未満のときは不合格です。
	2．職務知識	2〜3問		
	3．一般知識	2問		
実技	4．マナー・接遇	7問	60%以上	
	5．技能	3問		
	合計	17問		

• 筆記試験の免除について

筆記試験に合格し，面接試験を受けて不合格になった方は，1年間（次回と次々回）は筆記試験が免除されます。ただし，初回の面接試験を欠席された方には適用されません。

● その他

1. 試験当日　受験票，身分証明書を忘れずに。遅刻しないように会場までの交通機関，所要時間を確認しておきましょう。20分以上遅刻すると受験できません。

2. 途中退場　試験開始の80分後からできますが，よく見直しをしましょう。

3. 合否通知　試験日の約2週間後に通知します。

4. CBT試験　3級と2級についてはコンピューターを使用して秘書検定を受験することができますが，1級と準1級は実施しておりません。詳しくは秘書検定のホームページで確認してください。

その他ご不明点は秘書検定のホームページをご覧になるか，下記へお問い合わせください。

公益財団法人　実務技能検定協会　秘書検定部
〒169-0075　東京都新宿区高田馬場一丁目4番15号
電話 03(3200)6675　URL　http://jitsumu-kentei.jp/

秘書技能審査基準　級

【一次試験（筆記）】

程度	領　域		内　容
秘書的な業務全般について十分な理解があり、高度な知識を持つとともに、高度な技能が発揮できる。	I 必要とされる資質	(1)秘書的な仕事を行うについて備えるべき要件	① 秘書的な仕事を処理するのに十分な能力がある。 ② 判断力、記憶力、表現力、行動力がある。 ③ 機密を守れる、機転が利くなどの資質を備えている。
		(2)要求される人柄	① 身だしなみを心得、良識がある。 ② 誠実、明朗、素直などの資質を備えている。
	II 職務知識	(1)秘書的な仕事の機能	① 秘書的な仕事の機能を知っている。 ② 上司の機能と秘書的な仕事の機能の関連を十分に知っている。
	III 一般知識	(1)社会常識	① 社会常識を備え、時事問題について知識が十分にある。
		(2)経営管理に関する知識	① 経営管理に関する一般的な知識がある。
	IV マナー・接遇	(1)人間関係	① 人間関係についての知識が十分にある。
		(2)マナー	① ビジネスマナー、一般的なマナーを十分に心得ている。
		(3)話し方、接遇	① 状況に応じた言葉遣いが十分にでき、高度な敬語、接遇用語が使える。 ② 複雑で長い報告、説明、苦情処理、説得ができる。 ③ 真意を捉える聞き方ができる。 ④ 忠告が受けられ、忠告の仕方を十分に理解している。
		(4)交際の業務	① 慶事、弔事の次第とそれに伴う庶務、情報収集とその処理ができる。 ② 贈答のマナーを十分知っている。 ③ 上司加入の諸会の事務、および寄付などに関する事務ができる。
	V 技能	(1)会議	① 会議に関する知識、および進行、手順についての知識が十分にある。 ② 会議の計画、準備、事後処理が十分にできる。
		(2)文書の作成	① 社内外の文書が作成できる。 ② 会議の議事録が作成できる。 ③ データに基づき、適切なグラフを書くことができる。
		(3)文書の取り扱い	① 送付方法、受発信事務について知識が十分にある。 ② 秘扱い文書の取り扱いについて知識が十分にある。
		(4)ファイリング	① 適切なファイルの作成、整理、保管ができる。
		(5)資料管理	① 名刺、業務上必要な資料類の整理、保管ができる。 ② 要求された社内外の情報収集、整理、保管ができる。
		(6)スケジュール管理	① 上司のスケジュール管理が十分にできる。
		(7)環境の整備	① オフィスの整備、管理ができ、レイアウトの知識がある。

【二次試験（面接）】

	審 査 要 素	
(1)ロールプレーイング	秘書的業務担当者としての、態度、振る舞い、話の仕方、言葉遣い、物腰、身なりなどの適性。	① 上司への報告ができる。 ② 上司への来客に対応できる。

第1章

必要とされる資質

　秘書は，組織経営に携わる上司の実務をサポートするため，雑務などを引き受けて，上司の仕事が円滑に進むようにさまざまな気遣いをします。正確・迅速な事務処理に加え，上司を取り巻く情報や人々と上司をつなぐ調整役も果たします。

　上級秘書には，対応の難しい場面で，その場の空気を読み，上司の意向に沿うよう瞬時に判断，行動しなければならないこともあるでしょう。また，同僚や後輩にも気を配り，必要に応じて助言・指導も行います。

　第1章では，そのような「コーディネートのプロフェッショナル」である上級秘書に求められる資質，人柄，能力について学びます。

秘書の資質と仕事の仕方

上司の仕事内容や人間関係などについて細やかにサポートするには，上司との信頼関係が不可欠です。上司から信頼されるにはどのようにすればよいかについて，後輩にも指導できるように整理して理解しましょう。

 過去問題でポイントチェック！
POINT CHECK

秘書は上司から信頼を得ないとよい仕事ができない。信頼を得るためには，「仕事を間違いなくきちんと行うこと」「仕事について口外しないこと」の他に，どのようなことを心がけるのがよいか。箇条書きで三つ答えなさい。

解答例
1. 上司への対応は，礼儀をわきまえた態度でする。
2. 上司の立場や仕事の内容を理解し，それに合わせた手助けをする。
3. 上司の性格や好みをよく知るようにし，それに合わせた対応をする。

信頼するとは安心して任せられるということです。そのようになるには，上司の立場や気持ちを尊重した接し方，好みに合った対応などが必要です。解答例の他に，「上司の私的な行動や私生活に対して過度な関心を示さない」「上司が指示しやすいように，落ち着いた穏やかな雰囲気を終始心がける」などもよいでしょう。

ここが
ポイント！

秘書に特に求められる心構え
上司から信頼を得るために必要なことは，秘書に限らず，組織で働く職業人に共通のことです。その中で，特に秘書は，「上司の働きやすさ」という目的に即した態度・行動を強く意識する必要があります。

❶ 確実，堅実な仕事をする

① 正確，迅速，丁寧

仕事は，丁寧に，正確に行わなければなりません。また同時に，期限を意識して計画的に，迅速に行わなければなりません。そのためには，上司の意図するところを理解する必要があります。

例えば，上司が「急がない」と言って指示することがあります。この「急がない」という言葉は，人によって，あるいは状況によって「今すぐでなく今日中でよい」「今週中でよい」など意味が異なる場合があります。指示を受けるときに，この点を確認しておく必要があります。

＜「急がない」と言われ指示されたときは＞
① 急がないと言われても，指示されたときは，期限の目安を尋ねる。
② 自分の仕事が立て込んでいるときは，できそうな日，時間を上司に伝えて，それでよいか確認する。
③ 上司の指示の仕方を理解しておく。
④ 出来上がりの予定や仕事の進み具合を上司に中間報告して，上司に心配をかけないようにする。

② 雑用意識を持たない

日々の仕事は地味で細かい作業の積み重ねと繰り返しです。できて当たり前の簡単な仕事でも，軽視して惰性で行っていると，思わぬミスを起こします。

仕事の大小にかかわらず，どの仕事も上司の補佐に不可欠であることをきちんと理解して，快く漏れなく行います。

＜雑用が不満な新人秘書に教えること＞
① 秘書は上司の仕事が効率よく運ぶようにサポートするのが仕事だから，雑用も仕事の一部であり，切り離しては考えられない。
② 雑用も，誠実に行えば，上司の仕事の成果や人間関係にまで好影響が及ぶこともある。
③ 新人のうちは雑用のような単純と思える仕事が多いが，経験を重ねればそれが基礎となり発展していくものだ。
④ 仕事に無駄なものはない。何事も軽んじないで行うことが重要である。

必要とされる資質

職務知識

一般知識

マナー・接遇

技能

面接

❷ 機密を守る

社員には，守秘義務（立場上知り得た機密を守る義務）があります。秘書は上司の仕事上の機密やプライベートに触れることが多いので，特に「口の堅さ」が必要です。

> ● 「存じません」「聞いておりません」「私は知る立場にないので…」
>
> 公表できないことを尋ねられたとき，「話せません」と答えるのでは相手の興味は増すばかりです。相手との関係によっては角が立つこともあるでしょう。このような場合，知らないと答えて，それ以上聞かれるのを柔らかくかわします。「秘書なのに（こんなことも）知らないのか」と思われたとしても構わない，という心持ちで演じ切ります。

ただし，機密を守るために社内外の交友関係を断ったり交際範囲を狭めたりするのは見当が違います。秘書には，業務をスムーズに進めるためにも，また上司の印象を高めるためにも，関係する人々と友好的なコミュニケーションを取る社交性が求められます。親しい交流と守秘を両立させるということです（p.37　PLUS UP「付き合いを狭めない」）。

なお，上司のプライベートに関しては，秘書の仕事に必要な範囲の情報を得るにとどめます。度を越さないことが大切です。

❸ 礼儀をわきまえる

秘書には，上司をサポートする部下として適切な言動が求められます。上司に対して丁寧な態度を取ることはもちろんのこと，取引先や社内の関係者など，上司を取り巻く全ての人々に，自分の立場をわきまえて接します。誠実，明朗，素直などの資質を備え，それを体現できることが大切です。

❶ 身だしなみ，服装

＜身だしなみと服装について，新人秘書に教えること＞
① 秘書の服装は，きちんとしていて清潔感のあるビジネススーツが基本。
② 秘書は上司の来客応対や随行などで外部の人に会うことも多く，そのときの秘書の印象は上司や会社の評価にも影響するということを意識しないといけない。
③ まず服装を改めることによって自覚が生まれ，自分自身の気持ちが引き締まり，早く秘書という職種になじめる。

❷ 話し方と言葉遣い

明るく生き生きとしていて落ち着いた調子の話し方と丁寧な言葉遣いが求められます。

必要とされる資質

＜話の仕方と言葉遣いについて，新人秘書に教えること＞
① 言葉遣いにも社会人としての自覚や仕事に対する心構えが表れる。
② 特に秘書の言葉遣いの善しあしは，会社や上司の印象に影響するので注意が
　必要。
③ 言葉遣いは，話の仕方や態度振る舞いに連動する。

＜後輩の言葉遣いや話し方を直すには＞
① 模範となる先輩を見習うようにさせる。
② 先輩や同僚に，後輩の言葉遣いや話し方が気になったときは，その都度指摘
　してもらうようにする。
③ 専門的な指導が受けられる講座や研修会を受講させたり，実用書を読ませた
　りする。
④ 改善しなければいけないという強い意識を持って，具体的な課題を自分自身
　に課すように言う。

③ 落ち着いた，穏やかな雰囲気

上司が仕事を頼みやすく，来客や社内外の関係者が話しやすい，そして後輩が相談し
やすい雰囲気が必要です。雰囲気は，心の持ちようの表れです。他人に対して寛容で，
忙しくても慌てない心の余裕が，好ましく頼りがいのある雰囲気，安心感となって表
れるものです。いつも明るく生き生きと，上機嫌でいるようにしましょう。

④ 上司の立場や仕事の仕方に合わせた手助けをする

上司の役職や社内の序列，社外の人との関係性など，上司の立場や仕事の内容にふさ
わしいサポートをします。また，異動で新たに着任した上司に付く場合，立場や仕事
内容は前任者と同じでも，新上司の意向に合わせて秘書業務の仕方を変更する方がよ
いこともあります。

＜新しい上司が，それまで秘書が行っていた雑事も処理してしまう場合＞
① 自分は秘書なので，どのようなことでも言い付けてもらいたいと申し出る。
② 行った秘書業務に，不満足などを感じたら遠慮なく言ってもらいたいと言う。
③ 様子を見ながら，上司の性格や仕事の仕方に合わせた秘書業務をするように
　する。
④ 秘書業務への要望を話してもらい，今までのやり方にこだわらず，柔軟に対
　応する。

職務知識　一般知識　マナー・接遇　技能　面接

❺ リーダーシップを発揮して職場の協調性を高める

「リーダーシップ」は，経営者や役職者だけが発揮するものではありません。上級秘書が，後輩を指導し，同僚と協力し合って，職場の良好な人間関係を築き保持する過程もまた，リーダーシップの発揮といえます。それぞれの意見に耳を傾け，相談には親身になって応じます。職場の雰囲気がよくなり協力態勢が整うことによって，上司をよりよく補佐できるようになるのです。

❻ 経営に関する基本知識と文章力を備える

秘書は，経営に携わる上司の書類や会議資料などを取り扱います。経営の基本知識があり計数に明るければ，図表やグラフの作成，情報収集など，上司も安心して仕事を指示することができます。
また，日々の業務や取引に関する文書だけでなく社交文書を書く機会も多いので，文章力は不可欠です。

❼ 社会常識を備える

社内外のさまざまな人と交流する上で，一般常識やマナー・しきたりの知識が不足していると，自分では気付かず相手への礼を欠いてしまうことがあります。秘書は特に，上司や会社の印象に影響するため，社会常識に精通している必要があります。

過去 brush up

Q 秘書Aは社内研修会で後輩秘書の指導に当たっている。あるとき出席者の一人から，「上司はIT機器を使いこなしていて，情報収集やプレゼン資料の作成なども自分でするので，秘書は必要ないのではないかと思うときがある」と言われた。このような場合にAが話すとよいことを箇条書きで三つ答えなさい。

A 解答例
1. 上司がIT機器を使いこなしているのだから，秘書としてもそれに合わせて手助けができるように自ら知識を得る努力をすることが必要だ。
2. 来客応対や電話応対などのスキル，周囲の人とのコミュニケーション能力は変わらずに求められる。
3. 上司の意向に合わせた仕事の仕方や，経験を通して直感的に判断して行う手助けは秘書にしかできない。

ITがいくら普及しても，機械の及ばない部分の秘書業務はあります。また，IT機器を使いこなしている上司を手助けするのに必要なことは何か，などの観点から答えることになります。解答例の他に，3. は「イレギュラーなことや急なことへの対応は，機械ではできないので秘書の仕事となる」などもよいでしょう。

向上心を持つ

社会情勢や経済環境は目まぐるしく変化しています。社内外とのスケジュール調整や文書のやりとり，会議などもICT（通信技術を活用したコミュニケーション）によって効率化が進むとともに，ビジネスチャンスはより高度かつ広範囲に展開しています。秘書は，ITに関連するスキルや経営に関する知識を身に付けるとともに，上司が取り組む新たな分野などについて積極的に勉強し，サポート業務の質を高める必要があります。
また，実務面だけでなく，教養を身に付け人間性を磨くなど自己研鑽も大切です。政治経済や社会について，また，一般書籍，美術，音楽，スポーツなどの知識が，秘書業務や上司・来客との会話を助けてくれることも多々あります。グルメや観光についての情報や知識も同様です。人間理解には，傾聴の仕方や心理についての学びが役立つでしょう。また，社内外での交流やボランティア活動なども自己啓発といえます。それらが直接的・間接的に仕事に生かされ，仕事の質を高めてくれます。このような知性，感性の習得にゴールはありません。何歳になっても，業歴を重ねても，向上心を持ち続けることが大切です。

「明朗，誠実，素直」などの資質は，日々の基本的な仕事の仕方に表れます。地味な仕事をおろそかにせず，丁寧に確実に，生き生きと行うことにより，実務能力が向上します。また，周囲に好印象を持って受け止められ，職場の雰囲気が明るく和やかになります。基本的な取り組み姿勢，仕事の仕方について，後輩に分かりやすく指導したり引き継いだりできるよう，ポイントを押さえておきましょう。

 過去問題でポイントチェック！
POINT CHECK

総務部の兼務秘書Aは新入社員Bに，今日中に仕上げるようにと集計作業を指示したが，できたと報告があったのは翌朝だった。Bは「昨日中にできなかったので家に持ち帰って仕上げた」と言う。このような場合，AはBにどのようなことを言うのがよいか。箇条書きで三つ答えなさい。

解答例
1．仕事は指示に基づいて行うものだから，指示通りにできないときは必ず指示者に報告して指示を仰ぐこと。
2．資料などを家に持ち帰るのは，紛失や社内情報が外に漏れるリスクが伴うのでしてはいけない。
3．家に持ち帰って仕上げたのは責任感からだろうが，そのような責任の持ち方はよくない。

指示された仕事の仕方の基本と，仕事を家に持ち帰ってはいけない理由などを答えることになります。解答例の他に，「期限に間に合わないと支障を来す仕事もあるので，期限通りにできないと分かった時点で相談すること」などもよいでしょう。

仕事が間に合わないときは

指示された仕事が，業務時間内の作業だけでは期限に間に合わないかもしれないと分かったら，その仕事を指示した人に相談します。残業には上長の許可が必要な職場もあるため，残業して仕上げるか，手伝いを頼むかなど，対処の仕方は自分で勝手に決めず，指示を仰ぎます。また，社内資料などを家に持ち帰るのは，原則禁止。通勤や帰宅途中での紛失などによる情報流出や，自宅のパソコンを介したコンピューターウイルス感染のリスクがあるためです。

❶ 上司の意向に沿った指示の受け方

秘書は，上司の意向に沿ってサポート業務を行います。それにはまず，上司の指示を取り違えることなく正確に受ける必要があります。不明な点は上司に尋ねて明確にします。上司の言葉だけでなく表情や声の調子などから真意を推察する場合もあります。仕事の途中や終了時に，そのやり方で上司の意向に沿えているかを確認し修正することも必要です。

＜口数が少なく気が短い上司の指示を受けるとき＞
① 以前に似たような指示で取り違えたことがあれば，それを参考にして確かめる。
② 指示の言葉だけでなく，上司の表情や態度からも言おうとすることを理解する。
③ はっきり理解できない場合は，○○ということでしょうかと確かめる。
④ 指示を受けたらその場で要点を確認する。

仕事に慣れてくると，上司の指示通りの方法よりも効率的な方法を思い付くこともあるかもしれません。だからといって，上司の許可なく自分の仕方で処理するのは秘書の仕事の仕方ではありません。上司には理由があってその仕方を指示しています。例えば，相手への敬意を示すために，多少面倒でも効率より丁寧さを重視することがあります。また，関係者に一斉に連絡するのではなく，まずキーパーソンの耳に入れてから時間差をつけて他に連絡，ということもあります。そのような場合は，あえて手数をかけようとしている上司の意向に沿うのが基本です。それでも，やはり自分の方法が最善と思うときは，上司に提案してみます。場合によっては，秘書の提案が取り入れられ，上司の意向が変わることもあるでしょう。いずれにしても，秘書の独断専行は厳禁です。

必要とされる資質

職務知識

一般知識

マナー・接遇

技能

面接

② 上司の都合を気遣った報告の仕方

上司の仕事を補佐する上で，報告・連絡・相談は欠かせません。特に，至急の用件は上司の状況にかかわらず即刻伝えなければなりません。一方，通常の報告は上司の都合を考慮してタイミングよく行います。また，事実と自分の意見を区別して伝えることも大切です。

＜報告の仕方＞
① 会議，来客，外出などの直前は慌ただしくしているときなので，できるだけ避ける。
② 上司が疲れているときや機嫌の悪そうなときは避ける。
③ 後でもよい報告は，タイミングのよいときにまとめてする。
④ 結論を先に述べるなど，簡潔に話す。

③ ミスの防止と対処

勘違いやうっかりミスは，仕事が立て込んで気持ちに余裕がなくなったときや，仕事の仕方に慣れると同時に「馴れ」が生じてチェックの仕方が雑になったときに起きやすいものです。

＜仕事が立て込んだときの注意点＞
① 仕事の期限を表にするなどして，むやみに急がない。
② 仕事が立て込んでいても，見直しは落ち着いてきちんと行う。
③ 普段から仕事の仕方の効率化，簡素化に努め，処理に必要な時間を予測して行う習慣を付ける。
④ 上司から新たに仕事を指示されたときは，今抱えている仕事を伝えて優先順位について指示を仰ぐ。
⑤ ④のとき，他の人に手伝ってもらってよいか，上司に尋ねる。

仕事が立て込む理由として，仕事の引き受け方に問題がある場合もあります。
自分の仕事が忙しいのに先輩や同僚から頼まれた仕事を引き受けて，その結果自分の仕事に支障を来すようでは本末転倒。上司の業務が滞ってしまいます。先輩や同僚への協力は大切なことですが，自分のできる範囲で引き受ける，場合によっては断ることも必要です。

ミスに気付いたら，すぐに指示者や関係者に報告します。すぐに報告して対処することによってミスの影響を最小限に抑えます。また，ミスが起きた理由・原因を明らかにし，今後同様のミスをしないようにする方法を考えます。

必要とされる資質

職務知識

一般知識

マナー・接遇

技能

面接

＜仕事を要領よくこなすには＞

① 時間配分を考えて段取りを付ける。

② 仕事が重なったときは，優先順位を決めて処理する。

③ 一人で処理しきれない仕事は周りの人に相談し，手伝いを頼むなどの工夫を
するとよい。

④ 仕事の手順をノートにメモし，自分の仕事の仕方を振り返れるようにしてお
く。

過去 brush up

Q 秘書Ａの後輩で受付を担当しているＢは，整頓が不得手のようで机の上が
いつも乱雑である。このような場合，ＡはＢにどのように言って注意をす
るのがよいか。箇条書きで三つ答えなさい。

A 解答例
1. 特に受付は外来者の目につく場所であり，机の上が乱雑だと会社のイメージに関わるので，
整頓は仕事のうちと考えないといけない。
2. 机の上が乱雑だと必要なものがすぐに見つからず，受付業務に支障を来すこともある。
3. 職場での整頓はいつでもしておかないといけないものだから，不得手であっても努力しな
いといけない。

整頓の必要性や，受付で机の上が乱雑だとどのような影響があるかなどに触れたことが答えになります。
解答例の他に，「机の上が乱雑だときちんとしているとは言えず，Ｂの印象にも影響する」「仕事の場が整っ
ていれば，見た目ばかりでなく気持ちも落ち着き仕事もしやすくなる」などもよいでしょう。

整然とした机の上は整然とした仕事ぶりの表れ

整理整頓は，仕事の能率に大きく影響します。仕事が立て込んだとき，机の上が乱雑で必要
なメモがすぐに出てこなければ，本来の作業時間に探し物の無駄な時間が加わり，気持ちも
落ち着きません。メモの紛失も起こり得ます。
忙しくてもすっきりと整えられた机の上は，仕事の段取りがきちんとできていそう，ミスの
少ない行き届いた仕事ぶりであろう，など，信頼感を印象づけます。人の目につきやすい受
付は，特に整頓に気を使わなければいけません。

② 秘書に必要な能力

Lesson 1 判断力

同時に複数の指示をされたり，思いがけないことが起きたりなど，秘書はさまざまな事態に直面します。そのような場合の，判断の基準と解決策について考えましょう。

過去問題でポイントチェック！
POINT CHECK

総務部長秘書を兼務しているＡは，部長の急ぎの用事で外出しようとしていた。そこへ，課長から文書作成を指示された。このような場合のＡの対応を，順を追って箇条書きで答えなさい。

解答例
1．課長に文書作成の期日を尋ねる。
2．部長の用事を終わらせてからでも間に合うようなら，「部長の用事で外出するところなので帰ってきて作成する」と言う。
3．間に合わないようなら，事情を話して他の人に頼んでもらえないかとお願いする。
4．用事を済ませて帰ったら，文書作成を代わりにしてくれた人に迷惑をかけたと謝る。作成中なら手伝うことはないかと言う。

部長秘書を兼務しているので，部長の用事と課長の指示が重なるなどはよくあることです。この場合は部長の急ぎの用事が優先です。しかし，課長からの文書作成もしないといけない仕事なので，それらの仕事の仕方に時系列で触れたことが答えになります。

ここがポイント！

優先度が同じく高い業務は，どちらも遂行できるように調整する

部長と課長の指示がどちらも至急の場合，役職が上である部長の指示を優先することにはなりますが，課長の指示も会社として必要な仕事ですから，「できない」とだけ言って断るのは不適当です。他の人に指示してもらえれば，どちらの仕事も完遂できます。代わって仕事をしてくれた人には，事情を話して謝ったり，礼を言うなどの配慮も欠かせません。

❶ 同僚秘書や後輩などに手伝ってもらう

優先度の高い仕事が重なったときは，上級秘書なら，一方の仕事を受けてもう一方を断るというのではなく，両方とも解決する方法を提案するなどして上司の指示を仰ぎたいものです。解決策としては，他の人に指示してもらう，あるいは自分が指示を受けた上で他の人に手伝ってもらう，などがあります。いずれも，まずは上司の了承を得ます。

代わって仕事をしてくれる人に対しては

- 上司から直接，指示してもらう場合

   事情を話して謝ったり，礼を言う。自分の仕事が先に終わったら，手伝うことはないか尋ねる。

- 自分が上司の指示を受けた上で頼む場合

   事情を話して仕事を頼むところから完了の確認，上司への報告まで，責任は自分が持つ。

   ＜上司の了承を得た後，手伝ってもらう人に対して＞　任せきりにしない
   ① 事情を話して手伝いを頼み了承を得る。
   ② 仕事内容や作業分担を明確に説明する。
   ③ 途中経過の管理，終了の確認など責任を持って行う。
   ④ 完了後は丁重に礼を言う。

❷ 上司に取り次ぐときの一般的な優先順位

取り次ぎで優先度が高いのは，「至急の用件」と，「上司の上役の用件」です。例えば，営業部長である上司が部長会議に出席しようとしているところへ常務から電話が入ったら，至急と言われなくても取り次ぎます。

また，「すぐに済む連絡」や「数分で済む転任のあいさつ」は，タイミングが合えば予定の合間に取り次ぎ，上司に意向を尋ねます。

その他，「上司が返事を待っている案件」または「特に大切な取引先からの連絡」の優先度も高くなります。

上司が日ごろどのようなことを重要視しているか，優先しているかを，上司の様子から推し量ったり，上司に確認したりして，いざというとき瞬時に判断できるようにしておきます。また，上司が現在手がけている案件や関係する人について，電話や来客の取り次ぎ，書類作成・整理などから把握しておきます。

❸ 私用の優先度

プライベートなことでも，急用で自分の代わりを立てられない場合は，仕事より優先する場合があります。

- 上司（部長）の急な私用を指示されて出かけようとしているところへ，課長から仕事を指示されたときは，上司の私用を先に済ませ，課長からの仕事は帰社後に行うか別の人に指示してもらうようにします。
- 自分の私用でも，至急でやむを得ない状況のときは，上司や監督者（課長など）に事情を話して私用を優先させてもらいます。秘書自身が体調不良で早退せざるを得ない場合も同様です。

❹ リスク管理・セキュリティー意識

いざというときに適切な判断ができるよう，業務上のリスクや安全について日ごろから留意することが大切です。

仕事に関する機密資料やデータの管理，オフィスの防犯，災害への備えなどについても，秘書は気を働かせます。総務部などの担当部署と連携を取って，万全の備えをします。

新聞，雑誌などの取材については，内容やタイミングによって柔軟な対応が必要です。積極的に応じたい取材はよいとして，避けたい内容（未発表の新製品情報や人事情報，不祥事など）の取材申し込みについては，上司の意向に沿って慎重に対応します。広報部や総務部との連携も必要です。

コンプライアンス（法令順守），ＣＳＲ（企業の社会的責任）の点でのリスク管理も必要です。法令は守れていても，企業倫理や社会規範についての理解が不十分なために，コンプライアンス違反に気付いていないケースがあります。社会規範は社会の変化に伴い変わってきていますので，以前はさほど問題視されなかったことでも，現代においては社会的な信用の失墜にまで至る場合さえあります。上司の指示がこうしたリスクに触れそうだと気付いた場合は，上司に進言します。専門的なことは社内の法務担当部署に任せますが，秘書の気付きがコンプライアンス違反を防ぎ上司を守ることにつながり得ることを覚えておきましょう。

過去 brush up

Q 秘書Aの上司（部長）は，昨日工場で発生した事故の対策委員長となり対応に追われている。Aも上司の補佐として待機するように指示されている。そのような折，Aの家族から父親が急病で入院したと電話があった。このような場合Aはどのように対処すればよいか。順を追って箇条書きで答えなさい。

A 解答例
  1. 父親の病状が急を要するのであれば,その旨を上司または課長に告げてすぐに病院に行く。
  2. 1. でなければ,
    a　家族に現在の自分の状況を説明し，仕事が一段落してから病院に行くと言う。
    b　上司と課長に父親のことを報告し急ぎの用件は済ませ，補佐は適当な人に代わってもらってから病院に行く。
    c　病院に行き父親の病状が落ち着いているようであれば会社に連絡し，必要であれば帰社する。

父親が急病で入院したという知らせがあり，一方で，職場から離れられない仕事を抱えています。このような場合は病状にもよりますが，父親優先で仕事をすることになるので，その過程を答えます。

秘書の家族が急病のとき

自分の家族が急病という連絡を受けた場合，病状や他の家族が付き添えるかなどによって対処が異なります。病状が急を要するときは，とにかく優先。上司や監督者（課長など）に事情を話して，すぐに家族の元へ駆け付けます。急を要さない病状でも，他に付き添える人がいない，入院手続きなどを自分がしなければならない，などであれば優先せざるを得ません。できる限り上司の業務に支障が出ないように，急ぐ仕事を済ませたり，補佐業務を他の人に代わってもらうなどをしてから早退することになります。上司をはじめ職場の人々は心配していますので，看病の段取りをつけて，状況や翌日以降の出勤について，職場への電話連絡も忘れずにします。

上司の家族が急病のとき

上司の家族が急病という連絡が会社に入るのは，上司の携帯電話に連絡がつかない場合でしょう。病状や入院先などを尋ね，上司に至急伝えます。上司が会議中や来客中であれば，メモで伝えます。取引先を訪問中であれば，取引先に電話をかけて，上司を電話口に呼び出してもらうか，至急秘書（自分）へ電話するよう伝言を頼みます。上司が取引先訪問のため移動中で携帯電話に出ない場合は，訪問先に電話をかけて上司が到着したら秘書へ電話するよう伝言を頼みます。用件の内容は言いません。上司に連絡がついたら，聞いた内容をそのまま伝えます。
上司が早退する場合は，その後のスケジュールを調整（面談予定のキャンセルや会議の欠席連絡など）します。なお，上司に伝えるとき，「すぐに行ってください」のように上司の行動を指図してはいけません。すぐに行くかどうかは上司が判断することだからです。

「機転が利く」とは，「状況に応じて素早く適切な対応ができること」です。秘書は，イレギュラーな状況でも慌てることなく最善の方法を考え行動しなければなりません。「気が利く」「よく気が付く」「気配り・気働き・心配りができる」は，ほぼ同義で，「細かいところまでよく気が付き，相手のために行動できること」です。いずれも，観察力，洞察力，判断力，行動力，記憶力，表現力などが相まって発揮されるものです。

過去問題でポイントチェック！
P O I N T   C H E C K

秘書Aの上司（社長）は，長年の取引先であるW社の社長からの手紙を読み終えると激怒しながら草稿を書き，これを清書して返信するようにとAに指示した。内容は「長年の取引もこれで終わりにする」というものであった。上司が感情的になっていることはAも分かっていたので，この場は普通に指示を受けた。この後，Aは秘書としてどのように対応するのがよいか。対応とその理由を答えなさい。

解答例
　<対応>
　　清書した手紙は，上司が冷静になるまで待ってから見せ，「この手紙を出してもよいか」と確認する。
　<理由>
　　社長が一時の感情に流されて長年の取引を中止するのは，会社にとっては不利益なこと。間を置いて冷静になれば正しい判断が下せる。それから手紙を手直しして出しても遅くはないから。

ピンチを乗り切る奥の手 「いったん寝かせる」

感情に任せて書いた手紙は，後悔する結果を招きかねません。とはいえ，秘書は上司に書き直しを求める立場にありません。取りあえず指示通りに清書して，少し時間を置き，冷静になった上司に再度確認するのがよいということです。秘書には普段,迅速な事務処理が求められますが,何でもてきぱきと即座にこなすのがよいということでもないのです。
冷静さを取り戻した上司から書き直すようにと指示されたら，上司が気まずい思いをしないように柔らかい受け答えで謙虚に応じます。

① 機転を利かせるために必要なこと

① 全体を幅広く捉える視点，想像力，先見力

秘書は上司の補佐を通して取引や会社経営に貢献しています。補佐の仕方の善しあしが取引に影響し得るということです。上司だけを見て仕事をするのではなく，仕事全体の流れや周囲の動きにまで目を配ることが大切です。今している仕事はこの後どのように展開されるのか，どこにつながっていくのかなど先を見据えた仕事をしていれば，いざというときに適切な状況判断ができます。
秘書は上司の指示通りに業務を遂行するのが基本ですが，上司も人間ですから，感情的になったり誤解したりして不適切な指示をすることがあるかもしれません。そのような場合は，危機管理意識を働かせて善後策を考えなくてはなりません。上司にとって不利な展開にならないように，上司が困らないように，という観点で考えます。

② 観察力，洞察力

普段から，上司や上司を取り巻く人々を観察していると，どんなときにどんな行動を取るのかが分かってきます。例えば，熱しやすく怒りっぽいが程なく冷静に戻る，淡々としているように見えるが表情や仕草などで不快なときが分かる，困難な状況になると口数が少なくなる，機嫌がよいときは声の調子で分かる，など，人にはそれぞれ癖や特徴があるものです。
また，上司の仕事を補佐する中で，各社との取引の経緯や問題点，特に気を使う必要がある案件や取引先，社内外のキーパーソンなどを把握しておくことも大切です。
こうした観察や把握が，上司の真意を酌むことができる洞察力となり，いざというときの状況判断を助けます。

③ 柔軟性

普段は決まった手順で行う仕事でも，不測の状況では方法を変えた方がよい場合があります。今回だけは別の方法でしてみる，あらかじめ根回しをしておく，保留にしておいて後で改めて考えるなど，状況に合わせて最善策を考えます。

④ 行動力，表現力

不測の事態をどうやって切り抜けるか，内心は「さて，困ったものだ」と思っていても，表情や声の調子が険しくならないよう，落ち着いて対応します。瞬時に判断して素早く対応する際も，気を荒立てることなく心にゆとりを持って事を進めます。また，関係する人々に失礼のないように振る舞います。

⑤ 職務範囲を越えない自制心，謙虚さ

不測の事態であっても，秘書は上司の指示に逆らったり，上司に指示めいたことを言ったりしてはいけません。相手（上司や取引先など）の体面を保ち，秘書の立場で行動します。

⑥ 交渉力

秘書はさまざまな調整をする中で，社内外の関係者に頼み事をします。特に上司の部下には，急ぎの事務処理や予定変更，面倒な調整など，無理をお願いせざるを得ないことが多いものです。業務に関して教えてもらったり手伝ってもらったりすることもあるでしょう。そうしたことを当然のことととは思わずに感謝して，秘書自身が日ごろから進んで周りを手助けしたり声をかけたりしていれば，お互いに協力し合う雰囲気が生まれます。その結果，頼み事を快く引き受けてもらいやすくなり，業務がスムーズに進むようになります。

社内外の人々の力を借りなければ，秘書の仕事は成立しません。いかに助けてもらえるかが秘書の力量ともいえます。難しい頼み事をするときは，相手が引き受けやすくなるような条件を提示したり環境を整えたりもします。丁重な頼み方をすることも大切です。一度断られても「そこを何とか」と粘り，「分かりました。やりましょう」と相手の気持ちを動かすエネルギー，交渉力があれば，上司の仕事を大いに助けることができます。

② 秘書業務における気働き

① 即応力

秘書業務は日々，気配りの連続です。受信した文書に関連する資料やスケジュールを付けて上司に渡す，忙しくて昼休みになっても席を立たない上司に「昼食を買ってこようか」と尋ねる，忙しそうにしている後輩をねぎらい手伝うなど，どれも「気を利かせた」仕事といえます。業務が円滑に進むことや相手の役に立つことを目的として，気付くだけに留まらず，すぐに行動することが大切です。

② 相手の立場で物事を考える

細かいことに気付けても，相手が必要としていないことにまで手出しをするのは，ありがた迷惑なおせっかいです。気の回し過ぎは，かえって相手に気を使わせてしまったり，うっとうしく思われたりするものです。相手の立場で考えて，さりげなく行動することが大切です。また，上司の補佐という職務範囲を超えて上司の業務や他部署のことにまで口を出したり手を出したりすることは厳に慎まなければなりません。

過去 brush up

Q 　販売部長秘書Aは，気働きのある秘書だと周りから言われている。次は，Aが最近行ったことである。中から<u>不適当</u>と思われるものを一つ選び，その番号を（　　）内に書き，その理由を答えなさい。

1．いつも意見が合わないと上司が言っていた広報部長が，上司はいるかと訪れたとき，在否は言わず用件は何かと聞いた。
2．上司の仕事が立て込んでいたとき，課長が上司に少し尋ねたいことがあると言ってきたが，理由を言って後にしてもらった。
3．いつも長居をするY氏に上司が仕方なく会うとき，上司に，面談中頃合いを見て急用ができたとメモを入れようかと言った。
4．エレベーターに他部署の人が乗ってきたとき，その人の部署は5階と分かっていたが，5階でよいかと尋ねてから操作ボタンを押した。
5．専務が上司のところへ立ち寄ったとき，専務は黙って席を外すので困ると専務秘書から聞いていたので，専務秘書に連絡をしておいた。

〔番　号〕（　　　　　　　　　　　）

〔理　由〕

A 〔番　号〕　（　1　）
〔理　由〕
　在否を言わず用件を聞いたのが不適当。いつも意見が合わないというのは，上司と広報部長の間のことなので，Aはそのようなことに関係なく対応するのがよいから。

気働きは常に相手本位で

気を利かせて行動したつもりでも，それが相手の必要に応じたものでなければ意味がなく，余計なこと，出過ぎたことと捉えられてしまいます。3．いつも長居をする客と仕方なく面談ということでも，取引関係などから，面談を切り上げるわけにはいかないこともあるので，上司の意向を尋ねています。また，4．部署は5階でも今は別の階へ行くところかもしれないので，5階でよいかとまず尋ねています。聞かなくても分かることは，いちいち尋ねずさりげなく行うのが気働きですが，聞かなければ分からないことは，よかれと思っても決めつけず，相手の意向を尋ねます。相手の必要に合致した程よい気の利かせ方をしたいものです。

③ 秘書の人間関係

上司の仕事をよりよく補佐するためには，上司の仕事の進め方や秘書に求める業務のレベルと範囲を知っておく必要があります。同じ会社内でも，人それぞれ個性や性格は異なります。秘書はどのような上司に付いても，その上司について理解し，仕事の仕方を上司に合わせなければなりません。異動で新しい上司に付くときは，特に注意が必要です。

 過去問題でポイントチェック！
POINT CHECK

秘書Aの下に，後輩秘書のBが配属された。Bはあまり細かいことは気にしない性格であるため，きちょうめんな性格の上司から，仕事の仕方をよく注意される。このような場合，Aは先輩としてどのような助言をすればよいか。箇条書きで三つ答えなさい。

解答例
1．秘書は仕事柄，上司が望む仕方で仕事をしなければならない。
2．上司はきちょうめんなのだから，仕事をするとき常にそのことを意識した処理をしないといけない。
3．細かいことは気にしない自分の性格を認識して，秘書の仕事に対しては，人一倍気を使う努力が必要である。

上司がいての秘書ですから，上司の性格はそのまま受け入れて，秘書の対応を考えます。そのことが助言すべきことになります。解答例の他に，「上司から注意を受けたことは，改善する努力をすること」などもよいでしょう。

 大前提から入る話し方

助言するとき，具体例だけで済む場合もありますが，仕事の仕方全般や相手の考えを改めさせたい場合は，大前提（ここでは「上司の意向に沿った仕事の仕方をするのが秘書」であること）となる根本的な考え方や理由から始めて，続いてそれに即した具体策を挙げていくと，話の流れが整います。

❶ 上司に合わせる

上司が本来の業務に集中できるように補佐するのが秘書の役割です。秘書の仕事の仕方が意にそぐわず上司のストレスになったり，上司の仕事の質やスピードが落ちたりなどでは，秘書の存在意義がなくなってしまいます。例えば，上司がきちょうめん（細かいこともきちんとしたい性格）なのに秘書が大ざっぱ（細かいことは気にしない）で改善の努力もなければ，上司のストレスは相当なものになるでしょう。

上司のタイプは「きちょうめん」「頑固」「短気」「大ざっぱ」「神経質」などいろいろです。きちょうめんな上司であれば，「上司に合わせた仕事」は上司と同様に細部まで注意を働かせることになります。一方，上司が「頑固」「短気」「大ざっぱ」などの場合，秘書も同様にしていたら仕事になりません。この場合の「上司に合わせる」とは，「上司の性格に応じてスムーズに仕事を進める工夫，上司の対人関係を助ける工夫，上司に不満を感じさせない工夫をする」という意味になります。

上司が頑固	→	秘書は自己主張を控え，上司の指示に柔軟に対応する。上司の判断には素直に従う。仕事上問題になりそうなときは課長に相談する。
上司が短気	→	秘書は仕事の効率を上げる努力をする。スケジュールは無駄な空き時間をなるべくつくらないように組む。報告は手短にする。
上司が大ざっぱ	→	上司の大ざっぱな点を指摘しない。細かいことは必要なことに絞って上司に確認する。自分の判断で行ってよいことまで上司の指示を求めない。細か過ぎることのないように気を付ける。
上司が神経質	→	上司がこだわりを持っている点については十分注意して対処する。ピリピリした雰囲気にならないよう，柔和な表情，落ち着いた調子の話し方をする。

＜上司の性格や仕事の仕方のタイプについて悩む後輩への助言＞
① 秘書は上司に合わせた仕事の仕方をしなければならない。
② 上司は～だから，そのことを意識した仕事の仕方をしないといけない。
③ 自分の性格が～ということを認識して，特に気を使う努力が必要である。
④ 上司から注意を受けた点を改善し，同じことを繰り返さないように努力すること。
※ ①～④のテンプレート（ひな形）に沿って，②は「～」に上司のタイプを，③は「～」に秘書のタイプを当てはめると，過不足ない助言としてまとまります。

② 上司から人物評を求められたとき

上司から，他の人の人物評を尋ねられたときは，その人のよい面を話すようにします。うわさで聞いていても実際には知らない場合は，「よく知らないので分からない」と答えます。
前の上司の欠点について感想を求められたときは，「あまりそのようには感じなかったが」と言って，話が悪い方向に進まないようにします。

＜前の上司はどのような人だったかと尋ねられたとき，話すこと＞
① 仕事に対する考え方や仕方。
② 人柄。
③ 趣味や嗜好，生活スタイル。
④ よい評判。

後輩や新人について業務の上での欠点を指摘されたときは，そう感じた事例を尋ねて，指摘の部分を直すように指導すると答えます。

③ 上司の性別を，仕事の仕方の理由にしない

上司によって仕事の仕方が異なるのは，「性差」ではなく「個人差」によるものです。男性（女性）の上司だから〜だ，のような決めつけは，時代感覚がずれています。秘書の仕事は上司の身の回りの世話ですが，仕事としてすることですから，基本的には男女の違いはありません。上司が男性でも女性でも，秘書が男性でも女性でも，性別にこだわることなく対応できるようにしたいものです。

④ 二人の上司に付く場合

二人の上司の秘書をするときは，どちらにも公平に接することを心がけます。二人の上司の指示が重なるときや，外出先への出発（直前の準備や確認，見送り）が重なるときなど，秘書業務を一人で同時には行えないとき，ともすると処理対応（仕事のさばき方）にのみ注意が向いてしまいますが，上司の感情への配慮も必要です。
また，それぞれの上司に他方の人物評価やうわさ話などをしてはいけません。そのような話題にならないよう，軽い問いかけに対してもうっかり応じないことが大切です。

過去 **brush up**

> Q 秘書Aは来月から，二人の部長を担当することになった。二人は互いにライバル意識が強いとうわさで聞いている。このような場合にAが仕事をする上で心がけることを，箇条書きで三つ答えなさい。

A 解答例
1. 二人のライバル意識が強いことは秘書の仕事には関係ないことなので，うわさは気にしない。
2. 二人に対する秘書業務に，偏りがないように気を付ける。
3. 一方の部長から他方の部長のことを尋ねられても，当たり障りのないことだけを話すようにする。

二人のライバル意識が強いというのはうわさです。実際にそうだとしても，Aに直接の関係はありません。また，二人の関係に障るようなことはしないのが無難ということもあります。解答例の他に，3. は「一方の部長の秘書業務で知り得たことを，もう一方の部長に話すようなことはしない」などもよいでしょう。

面子をつぶさない

二人の上司の秘書をする場合には，どちらにも公平に接するのが原則です。秘書業務は全体の進行を管理して行い，双方の上司の仕事が重なったときは仕事の緊急度や関係者（取引先など）によって優先順位をつけます。このとき，指示した仕事が後になってしまう上司に対して，事情を話して了承を得ておくという配慮が必要になります。事情を知らない上司が「自分が」後回しにされたと感じるのを防ぐためです。秘書は，業務を滞りなく遂行するだけでなく，上司の面子（体面）を保つよう気遣います。

秘書は，上司と社内の人々とをつなぐ伝達者，調整役です。秘書の立場をわきまえた上で，関係する人々と良好なコミュニケーションを取ることが求められます。

 過去問題でポイントチェック！
POINT CHECK

Aは役員秘書を長年務めていて，社内の事情にも通じているので役員や部長には受けがよいが，他の社員からの評判は芳しくない。このことについて考えられる一般的な理由を，箇条書きで三つ答えなさい。

解答例
1. 役員など上層部に対する態度と他の社員に対する態度が違い，他の社員に対して細やかな気配りやサポートをしないから。
2. 役員秘書を長年務めているので，他の人とは違うという意識が言動の端々に表れるから。
3. 他の社員に，役員や部長がAの発言や情報に影響を受けていると思われているから。

役員などには受けがよいが他の社員からの評判は芳しくないということは，社員と役員とで接し方が違うとか，自分は他の社員と違うという意識があるなどが理由でしょう。これらの観点から答えます。

ここが
ポイント!

「上司の威を借る秘書」と疎まれないように

権力者の力を後ろ盾にして威張ることを「虎の威を借る狐」「〜をかさに着る」などと言います。社内の序列で格上の人たちが秘書に丁重な態度を取ったり頼み事にすんなりと応じてくれたりするのは，秘書の上司を意識してのことと考えます。自分の立場を勘違いしないように自戒して，言動には十分に気を付ける必要があります。また，偉ぶった態度を取っているわけではなく普通に振る舞っているつもりでも，「お高くとまっている」ように見られがちであることも理解して気を使いましょう。

❶　上司の指示の伝え方

上司からの指示を上司の部下に伝える場合，上司の口調や言葉遣いのまま話すと，上から物を言っているような感じになってしまいます。上司の指示を，秘書としての丁寧な態度や失礼のない話し方で伝達するスキルを身に付けましょう。

〈例〉

　上司（部長）の言葉：「課長を呼んでください。○○の資料を持ってくるように」

　　　　　　　　　　　　　　↓

　秘書の伝え方：「部長がお呼びです。○○の資料をお持ちになるようにとのことです」

※報告書の数字の間違いについては伝えないといけませんが，それ以外の上司の言葉
　は課長に対する注意なので，秘書が言うべきではありません。

❷　他の社員に対する気配り

上司と部下は上下関係にありますが，秘書はその縦のラインの脇で双方の伝達・取り次ぎなどの調整を行うのが役割ですから，上司の部下に対して上司のような態度を取るなどはあってはならないことです。

p.28「交渉力」で確認した通り，社内の人々，特に上司の部下には，さまざまなことで協力してもらっています。良好な人間関係は「お互いさま」の気持ちの上に築かれます。秘書は普段から，社内の人々に尊敬と感謝を忘れず親しみやすい態度で接し，必要に応じて進んで協力するよう心がけましょう。

❸ 極端な丁寧さは慇懃無礼＝失礼と心得る

慇懃無礼とは，丁寧過ぎて嫌味，という意味の言葉です。極端な丁寧さは不自然な上に，自分の品位の高さを誇るようにも見えて尊大で，相手は見下されているように感じます。社内の人に対しては，その場に応じた適度な丁寧さで，親しみやすさが感じられる態度や話し方をするのがよいでしょう。

❹ 口の堅さ

良好な人間関係を築くためには，普段から社内の人との交流が不可欠ですが，中には上司の私的なことや業務の進行状況などに興味を持って聞き出そうとする人がいるかもしれません。親しく話す仲でも，差し障りのある話題は避ける，尋ねられても「知らない」「分からない」とかわします。（p.14「機密を守る」）
また，秘書の耳に入った情報は上司に筒抜け，秘書の意見が上司の判断を左右しているのではないか，などの誤解にも注意が必要です。口が軽い人は警戒され，良好な関係を築かせてもらえません。「ここだけの話」「あなただけに話すが」と言われたことやうわさ話は，口外せず自分の胸に収めます。

❺ 何かと目立つ存在であることを自覚する

秘書は上司の補佐業務をする中で，トップマネジメントの書類作成や議事録を取り扱います。また，取引先の重役や有名人など，上司の役職だからこそ交流できる人々と関わることになります。そのため，有能で華やかなイメージを持たれ，後輩から憧れられたり，社内の人からうらやましがられたりすることもあるでしょう。秘書は何かと特別視されやすいものです。自分も一社員で，秘書の役割を果たしているだけということを自覚して謙虚さを忘れず，他の社員と打ち解けるよう心がけるのがよいでしょう。
ただし，十分に気を付けていても，うらやましさが高じてねたみそねみ，やっかみを感じる社員が出てこないとも限りません。秘書業務の苦労も知らないで，と不愉快にもなりますが，このような場合は心の平静を保つのも秘書の仕事と割り切って，気にしないように努めるのが得策です。嫌がらせなど業務に差し支えるような事態に発展するようであれば，課長に相談するなど対処します。

過去 **brush up**

Q 営業部長秘書Aは来月から常務秘書を務めることになり，Aの後任は営業部員のBに決まった。引き継ぎの中でAはBに，秘書の仕事をしていくためには周囲の人たちとの協調が特に大切と話した。このことについて，他の部員と一緒に営業の仕事をしていたBにだからこそ言っておかなければならないこととして，どのようなことがあるか。箇条書きで三つ答えなさい。

A 解答例
1. 他の部員とは異なる仕事をすることになる部長秘書になったからといって，優越感などは持たないこと。
2. 秘書の仕事には，周囲の人の協力を得なければ果たせないことが多いのだから，普段からよい関係を保つよう心がけること。
3. 周囲の人とは今まで通りの付き合いをしていくが，話してよいこととよくないことのけじめをつけること。

営業部員から秘書になったのですから，周囲からは今までとは違う目で見られます。そのことへの対応，また新たに秘書の仕事をしていくに際して求められる言動などを答えます。解答例の他に，「部長秘書になったということで，周囲のやっかみがあるかもしれないが，そのようなことは気にしないこと」などもよいでしょう。

付き合いを狭めない

営業部員が営業部長秘書に登用される場合，他の営業部員と既に親しい関係やチームワークを築けていることは，今後の秘書業務にとって大きなメリットになります。秘書になって生じる厳しい守秘義務は順守しなければなりませんが，情報漏えいを恐れて部員との交流を避けるのは筋が違います。秘書になってよそよそしくなった，という不満は不信につながり協調関係に影響するので注意が必要です。要は，話してよいこととよくないことを区別して，よくない話題には触れない，さりげなく話をそらす，などができればよいのです。(p.14「機密を守る」)

後輩や新人には，業務の進め方を教えるだけでなく，仕事への取り組み姿勢について考えを改めさせたり，相談に乗って不安を和らげたりなど，さまざまな指導や助言をします。後輩のモチベーションを高め実務能力を上げて協力態勢を整えることが，上司の業務をよりよく補佐することにつながります。

 過去問題でポイントチェック！
POINT CHECK

秘書Aの後輩BとCは性格が合わないらしく，必要なとき以外はほとんど口を利かない。この二人の関係に周囲の人が気を使うなど，仕事の上でも支障を来すことがある。そこでAは二人にそれぞれ同じ注意をすることにしたが，このような場合どのようなことを言えばよいか。箇条書きで三つ答えなさい。

 Answer CHECK

解答例
1．仕事は自分一人でできるものではないので，人の好き嫌いを抜きにしてしないといけない。
2．お互いに性格が合わないと決めつけないで，理解し合おうとする努力が必要。
3．人に対して好き嫌いの感情を持つことがあったとしても，職場でそれが分かるような態度を取るのはよくない。

仕事を円滑に進めるには職場のよい人間関係が必要です。BとCは必要なとき以外は口を利きませんが，これを改めなければ秘書としての資質に欠けるという観点から注意をすることになります。解答例の他に，3．は「BとCの仲の悪さは，職場の雰囲気にも悪影響を与えている」などもよいでしょう。

 好き嫌いの感情を仕事に持ち込ませない

ここがポイント!

性格が合わなくても，相手が嫌いでも，同僚として協力し合わなければ仕事になりません。二人の関係が職場の雰囲気にも影響し，周りの人たちに迷惑をかけることにもなります。そのことをきちんと理解させた上で，お互いに理解し合う努力をさせます。相手のよいところを認めることができれば，関係も改善に向かい，コミュニケーションが取りやすくなります。

❶ 仲裁をするときは公平性に気を使う

後輩同士の仲がよくないときは，業務の必要から，先輩として関係修復を図ります。
注意に当たっては，どちらか一方に偏ることなく，公平に接することが大切です。
相互理解の必要性が分かっても，実際に気持ちを切り替えるのは難しいものです。す
ぐには無理ということであれば，取りあえずは仕事と割り切って付き合うよう助言す
ることもあります。退職まで考えている場合は，本人への期待を話して励ました上で，
どの職場でも起こり得ることだと話し，考え直すよう説得します。
感情が絡んだトラブルの解決は難しいものです。自分と後輩たちとの間に信頼関係が
できていなかったり注意の仕方を誤ったりすると，反発を招き逆効果になってしまい
ます。
また，注意が理解されて本人たちが努力を始めても，関係修復には時間がかかるかも
しれません。注意の後も引き続き様子を見てフォローすることが大切です。

❷ 異動や中途採用で配属された秘書の受け入れ

異動や中途採用で秘書課に配属された秘書が，有能で性格も明るく上司から評価され
ているのに高慢だとうわさされ，課の雰囲気になじめない例があります。この秘書を
上司（会社）が評価している場合は，他の秘書たちに，考えを改めて快く受け入れ，
学ぶべきところは学ぶように指導します。

＜新たに配属された秘書を高慢だとうわさする後輩秘書たちへの指導＞

① 新たに配属された秘書に対して，早く課になじめるような接し方をしないと
　いけない。（受け入れる側がよい環境をつくってあげることが必要）
　仲間の一人になったのだから，うわさなどせず連携し合わないと仕事が円滑
　に進まないことになる。
② 新たに配属された秘書の仕事の仕方を（客観的に）見て，参考になるものがあっ
　たら見習うことも必要である。
③ 会社が決めた異動（採用）なのだから，うわさをするよりも秘書課としてど
　うしたらよりよい仕事ができるかを考えることが必要なのではないか。
④ よそで経験があってもここでは新人であり，仕事の仕方にはここなりのもの
　もあるのだから，それを意識して自信を持つこと。

一方，新たに配属された秘書に問題がある場合もあります。他社での秘書経験が豊富
な中途採用者が自分のやり方で仕事を進めてしまう例です。周りが仕事をしにくく
なったり歩調が合わなくなったりするときは，まず，仕事の仕方を観察して違いを把
握してから指導します。指導に当たっては，協調性，自社に合った仕事の仕方につい
て話すとともに，他社での秘書経験のメリットも考慮します。

必要とされる資質

職務知識

一般知識

マナー・接遇

技能

面接

＜自分のやり方で仕事を進め，周りと歩調が合わない秘書経験者への指導＞

① 仕事は自分一人でできるものではないのだから，自分だけ突出せず周りに歩調を合わせてもらいたい。

② 会社や職場にはそれぞれの仕事の進め方があるものなので，取りあえずは周りに倣ってこの職場の仕方を覚えてもらいたい。

③ 他社での経験が他の秘書たちの勉強になることもあるので，気が付いたことは教えてもらいたい。よいものは参考にして仕事に取り入れていく。

他社での秘書経験を評価されて採用されたのですから，中途採用の秘書にはそれなりの自信やプライドもあることでしょう。全体の仕事に支障が出ないように，また，秘書課内の人間関係に不協和音が生じないように注意するわけですが，中途採用の秘書のやる気を削がない配慮や，スキルを活かす姿勢も大切です。一緒に食事をするなどして，秘書業務についての考え方を知るようにするのもよいでしょう。

③ 意欲が低下している後輩への助言

後輩の悩みには，仕事の進め方だけではなく，自信が持てない，やる気が湧かない，気持ちが落ち込むなど，メンタルに関するものがあります。相談されたときは快く応じます。また，普段から職場の様子に気を配っている中で，後輩の表情が暗いことに気付いたときは，さりげなく声をかけて話を聞くなどします。

どのように感じているか，そう感じるようになったきっかけは何か，などを親身になって聞いていくと，多くは仕事に対する考え方のズレ，自己評価の低さが原因であることが分かってきます。先輩秘書からすれば自らも経験してきたことだったり，大したことではなかったりしても，業務経験が浅い後輩にとっては大きな問題です。助言に当たっては，仕事に対する考え方や気持ちを切り替えさせて励まし，自信は後から付いてくると勇気づけるのがよいでしょう。

また，配属への不安を訴える場合は，異動は会社が社員の適性を評価して決定する業務命令だから従わなくてはいけないこと，自分は不向きと思うのは認識が違っているのではないか，自信を持って前向きにチャレンジするように，などが助言となります。

＜異動してきたばかりだが，自信が持てず自分は不向きと言う新人への助言＞

① 上司が仕事ぶりを褒めていて，自分もよくやっていると思っているときは，そのことを伝える。

② 異動してきたばかりでは仕事に慣れていないのだから，自信が持てないのは当たり前のことである。もう少したって秘書課の仕事に慣れてくれば，自然に自信が持てるようになる。

③ 秘書課に配属されたのはそれなりの理由があったのだから，向いていないなどと思うのはまだ早いのではないか。

④ 分からないことや失敗したときなどは，遠慮なく自分に相談してもらいたい。

不向きなら配属されていないはず，慣れれば自信も持てるようになる，と本人のマイナスの考え方をプラスに転じさせ，自分がフォローするからと安心させます。

＜ミスをして周りに迷惑をかけたことを気にして落ち込む後輩への助言＞
① してしまったことは仕方がないことなので，早く気持ちを切り替えることが大切である。いつまでも落ち込んでいると，周りの人の士気にも影響を与え，仕事にも支障が出てくる。
② 二度と同じミスをしないように仕事の仕方を見直し，防止策を考えるとよい。
③ またミスをするのではないかなどと恐れず，新しい仕事にも前向きに取り組んでいってもらいたい。

自分のミスで周りに迷惑をかけ落ち込む，その状況は誰しも経験し得ることで，心情は理解できます。しかし，それを引きずってしまうと，さらに周りに迷惑をかけることになります。気持ちを切り替えさせてミスの防止策を取らせ，前を向かせるのが適切な助言となります。

＜繰り返しの仕事にマンネリを感じて表情が暗い後輩への助言＞
① 仕事を発展性のない繰り返しだと思ってしまうかどうかは，自分自身の見方によるものだということを気付かせる。
② 繰り返しではあってもその仕事を行わなかったらどうなるかを考えさせ，行っている仕事の意義を自覚させる。
③ 仕事にはこれがベストということはないと自覚させ，いつも改善をしようとする意欲を持たせる。
④ 暗い表情で元気がないと周りの人に心配をかけることを分からせる。

マンネリを感じるということは，新鮮さを感じないということです。ほとんどの仕事は毎日一定のリズムで流れています。上級秘書になっても，また秘書に限らず，繰り返しの仕事はあるものです。マンネリにならないようにするには，仕事に対する姿勢を変えるしかありません。

❹ 社会人としての自覚を促す

公私の区別が付いていない，時間管理ができない，社会人としてのコミュニケーションがうまく取れないなど，仕事の基本ができていない新人には，できるだけ早い時期にきちんと指導する必要があります。そのままにしておくと，本人の評価だけでなく業務や周囲の士気に影響が出てしまいます。結果的に本人のメンタル不調につながることもあります。
新人に限らず，気の緩みなどから基本が崩れてきている後輩については，それを許す甘さが先輩である自分にあるのではないかと自省するとともに，組織での立場を本人

必要とされる資質

職務知識

一般知識

マナー・接遇

技能

面接

41

に自覚させて行動を正す必要があります。

＜遅刻や欠勤が多く，仕事が面白くないと同僚に言っている新人への指導＞
① 遅刻や欠勤が多い理由を尋ねる。
② 理由は特にないということなら，定時に出社することは社会人として基本的なことなので，その自覚を持ってもらいたいと言う。
③ 仕事が面白くない，などの話が出たら次のことを言う。
　　a 会社には会社の事情があって配属になったのである。
　　b まだ仕事を理解できていないのだから，面白くないなどという資格はない。
　　c 面白くないなどと思わず前向きに仕事に取り組めば，仕事の楽しさが分かってくるものである。
④ 注意の結果，勤務態度に変わりがなければ，上司に事情を報告する。
⑤ 注意の結果，勤務態度がよくなればそのことを褒め，引き続き様子を気にかける。

＜おとなしい性格で口数が少なく，必要な途中報告をしない新人への指導＞
① 日数のかかる仕事を指示されたら，不明な点などがなかったとしても指示者に途中経過を報告しないといけない。
② 特に新人は教えてもらいながら仕事をするのだから，進み具合を報告する必要がある。
③ 仕事は一人でできるものではないのだから，無理をしてでも自分から話す努力が必要である。

＜係長になったが，年齢の近い部下が友達感覚で接してくる，と言う同僚に＞
① 年齢が近いとはいえ自分は上司なのだから，係長と部下という組織での立場と役割を教えなければならない。
② このままではけじめがなくなり，仕事を進めていく上で差し支えるということを部下に認識させるようにする。
③ 自分自身が係長になる前と同じように接しているということはないか，振り返る必要がある。

❺ 後輩に業務を引き継ぐとき

❶ マニュアルの作成と更新

日ごろ難なくこなしている業務も，いざ引き継ごうとすると，伝えなければならないことの多さに驚くものです。異動など将来の引き継ぎに備えて，業務マニュアルを作成し，普段から小まめに更新しておくとよいでしょう。自分自身の業務見直しにもなります。また，休暇や出張の間，同僚に業務を代わってもらう場合にも役立ちます。マニュアルの内容は，秘書が代わっても上司の業務に支障が出ないようにするには，という点から整理してまとめます。

秘書業務はさまざまな気遣いを伴う上に，上司の公私にわたる機密事項を含むため，マニュアルの取り扱いには特に注意が必要です。機密書類と同等の管理をします。

❷ 後任への引き継ぎ

異動や退職，担当業務の分担などによって後輩に業務を引き継ぐ場合は，早いうちに仕事を渡し，様子を見ながら不十分な点を補っていきます。秘書業務に求められる細やかな配慮は，全てマニュアルに書き出せるものではなく，また，普段何気なく当たり前のように行っていることは説明し忘れることが多いものです。後輩が実際に仕事をしてみて生じた疑問や質問に丁寧に答えることで，それを補完していきます。

<自分の補助をしていた後輩に，全ての業務を引き継ぐ場合>
① 今まで自分がしていたことは早いうちに手を離して後輩にやってもらうようにし，不十分な点を指導していく。当面は自分のやり方を引き継いでもらうが，疑問点や改善点があれば言ってくれるように話しておく。
② 今まで自分なりにやってきた上司の手助けの仕方のノウハウなどは，事あるごとに伝えるようにする。
③ 上司には，気付いた点があったら自分に言ってもらうよう頼み，後輩には自分が引き継ぎ内容として伝える。

過去 **brush up**

Q 秘書Ａに他部署の同僚が，「Ａが仕事の細かいところまでうるさく口を出すので不愉快だ」と後輩が言っていると教えてくれた。Ａは後輩の指導のつもりだったこと，また，後輩は頼りにしてくれていると思っていたので意外なことに気落ちしてしまった。このような場合Ａが反省すべきことを，箇条書きで三つ答えなさい。

A 解答例
1. 自分の考え方，自分流の仕事の進め方を一方的に押し付けるようなことをしていなかったか。
2. 先輩であることを，かさに着た言い方をするなど，話し方や口調に問題はなかったか。
3. その後輩の能力や性格などを考慮して言っていたか。

「指導の範囲を越えたことまで言っていなかったか」「後輩が一人でできることにも口を出していたのではないか」などもよいでしょう。

指導の際には相手を尊重する

先輩からすれば未熟な点が多くても，後輩は同じ職場の社員です。指導に当たっては，大人同士の信頼関係の上で，相手を尊重した話し方を心がけ，相手の事情を理解して必要なことを伝える配慮が必要です。
指導の目的は相手の行動変容や業務改善です。それには，相手の前向きな気持ちや意欲を引き出さなければなりません。指導の内容，タイミング，言い方などに留意して，相手の性格や状況に合わせた適切な指導を行います。

4 解答の仕方〈必要とされる資質〉

「必要とされる資質」の領域では，2問または3問（「必要とされる資質」「職務知識」合わせて5問）出題されます。多くの場合，記述式ですが，時々，選択問題が出題されることもあります。

Lesson 1 「どのようにすればよいか」を列挙する記述問題

 過去問題でポイントチェック！
POINT CHECK

秘書Aは他部署の秘書Dから，近ごろ上司の機嫌が悪くて困っていると相談を持ちかけられた。そのためDは，上司に伝えたいことも思うように伝えられないことがあるという。このような場合，AはDにどのようなアドバイスをすればよいか。箇条書きで四つ答えなさい。

解答例
1．Dの方に，上司の機嫌を悪くする原因がないか振り返る。
2．伝えたいことをメモにして渡すのも一つの方法である。
3．上司の機嫌が悪いことを意識し過ぎないで，平常通りの態度で接するようにする。
4．上司が不機嫌になるのはどのようなとき，状況をつかむように努める。

上司への接し方や仕事の仕方などを見直して対応するなどが答えになります。解答例の他に，「上司はDを信頼しているからこそ，Dに感情をあらわにするのかもしれない」などもよいでしょう。

ここが
ポイント！

設問は，印を付けながらきちんと読む

問題文が短くても，場面を把握しながら必要な箇所に下線を引いたり印を付けたりするなどして，きちんと読みましょう。「上司の機嫌が悪くて困っている」と「アドバイス」だけを拾い読んで答えてしまうことがないように，ということです。文中に「上司に伝えたいことも思うように伝えられない」とあるのは，それに触れた答えが求められているからです。また，箇条書きの数も確認が必要です。

◇いろいろな観点から，多角的に答えます。上司の機嫌が悪いということに関しては，原因が分かればタイミングを察知できたり防いだりできます。自分に非があるなら直せばよい。また，あまり気にしないようにするのも対処の一つです。伝達がうまくいかないなら，その方法を考えてみます。

◇箇条書きは同じ内容の列挙にならないように注意しましょう。
　＜よくない例＞
　１．自分に，上司の機嫌を悪くする原因がないか振り返る。
　２．上司の機嫌が悪くなることを自分がしていないか反省する。
　１．と２．は同じことなので，まとめて「一つ」の得点になります。

◇表現が解答例と違っていても，解答例と同じ内容が書けていれば正解になります。例えば，解答例の４．は「不機嫌の原因を考える」と書いても正解です。

◇箇条書きで列挙する形式の問題では「箇条書きで三つ答えなさい」と指定されることが多いのですが，中には解答数が「四つ」「五つ」の場合，また，「〜以外に三つ」など，解答の条件を指定されることがあります。問題文をよく読んで，指示に従って答えましょう。

◇問題が指示する数よりも多く答えが出たときは，全て書いて構いません。「三つ答えなさい」という問題なら，「3.」の答えの後に書き添えます。付け足された部分も含めて採点対象となります。
　ただし，問題が指示している数（この場合は三つ）が満点となります。

Lesson 2　順を追って答える記述問題

Q 過去問題でポイントチェック！
POINT CHECK

秘書Aの上司は，社外の会議に出かけていて４時には戻る予定である。そこへ上司の友人でもあるP氏から，「新規プロジェクトの件で頼みたいことがある。時間はそちらの都合に合わせるから明日会えないか」という電話があった。上司は以前P氏から仕事上で迷惑を被ったことがあり，それ以来何かと避けている様子である。このような場合，AはP氏にどのように対応しておけばよいか。順を追って箇条書きで答えなさい。

 **Answer CHECK**

解答例
1．上司は外出中で，明日のスケジュールは上司が戻らないとはっきりしたことは分からないと伝える。
2．上司が戻る時間には触れずに，上司が戻ったらP氏の用件を伝え返事はこちらからすると言う。
3．連絡のできる時間帯と連絡先を聞いておく。
4．新規プロジェクトの件で頼みたいこととはどのようなことか，よければ教えてもらいたいと尋ねる。

上司はP氏を避けているといっても新規プロジェクトの件ということなので，内容も分からないまま断ってしまうわけにはいきません。となると，上司の意向で会うことも断ることもできるような対応をしておくことが答えになります。

 Point here!
ここが
ポイント!

「言わないことは何か」も答えに書く

上司とP氏の関係とこれまでの経緯，新規の案件であることなどから，上司の判断は推測できない状況です。帰社した上司がすぐに電話をするかどうかも分からないので，「４時に戻る」ことは伝えない方がよいことになります。伝えたとして，その時間を過ぎても連絡しなかったらP氏がどのような感情や印象を抱くか，上司とP氏の関係に影響し得ることが予想できるからです。
解答に当たっては，そうした配慮が分かっていることを採点者が読み取れるように書き表します。解答例では２．に「上司が戻る時間には触れずに」とあります。１．に「上司が戻る時間は（４時に戻るとは）言わない」を含ませるのでもよいでしょう。

◇順を追って答える問題では，まず，一連の行動の流れをイメージします。電話応対の場合は，応答の流れをイメージします。箇条書きの数が指定されていないときは，１級では四つを目安に書きましょう。五つ六つ考え付いたときは全て書いても構いません。

◇１級の問題文には，上司と相手との関係や現在の状況（外出中，出張中など），案件の内容など，少々複雑な条件や心情の設定が記されています。「問題文には，無駄なことは書かれていない」「必要があって，あえて問題文に含ませている情報である」と考えて，条件を整理しながら読み取り，解答に反映させます。流れに沿って，ポイントを落とさずに解答します。

◇例えば，前ページの問題では，
①上司は今回もＰ氏を避けるかもしれない　　　→　　明日の予定は伝えない
　　　　　　　　　　　　　　　　　　　　　　　　帰社時間は伝えない
　　　　　　　　　　　　　　　　　　　　　　　　返事はこちらからする
②Ｐ氏に連絡する際に必要なことを尋ねておく　→　　連絡のできる時間帯と連絡先
③上司の判断材料になることを尋ねておく　　　→　　新規プロジェクトの内容を
　　　　　　　　　　　　　　　　　　　　　　　　尋ねる

ということがポイントとなります。

Lesson **3** 選択問題

Q 過去問題でポイントチェック！
POINT CHECK

次は，山田部長秘書Aが行った来客などへの対応である。中から<u>不適当</u>と思われるものを一つ選び，その番号を（　　）内に書き，その理由を答えなさい。

1. 上司から体調が悪いので誰も取り次がないようにと言われていたとき，他部署のK課長に内線電話で上司の在否を聞かれて
「いらっしゃいますが，お忙しいようですので，ただ今ご都合を伺ってまいります」

2. 上司から，長居するので困る，何とかならないかと言われていた取引先の部長が訪れたとき
「本日は30分後に外せない用が入ってしまいました。ご了承くださいませんでしょうか」

3. 上司が二日酔いで頭が痛いと言っているとき，昨夜一緒だった他部署のT部長に上司の在否を聞かれて
「お部屋においでですが，今朝は二日酔い気味とおっしゃっています。T部長はいかがですか」

4. 上司が，関わりたくないので断るようにと言っていた件で知人が訪れたとき
「山田からお断りするようにと申し付かっております。本日のところはお引き取り願えませんでしょうか」

5. 上司がなるべく深入りされたくないと言っていたことの取材で業界紙の記者が訪れたとき，上司は出張中だったので
「あいにく山田は出張中でございます。課長の○○でしたら対応できると思いますが，いかがでしょうか」

〔番　号〕（　　　　　　　　　　）

〔理　由〕

Answer CHECK

解答例
〔番　号〕　（　5　）
〔理　由〕上司が不在のときは課長に取り次ぐという一般的な対処法では，深入りされたくない
という上司の意向に沿った対応にならないから。この場合，上司は出張中なので不在
を理由に断るか，あるいは課長に事情を伝えて指示を仰ぐなど慎重に対処しなければ
ならない。

「不適当」な選択肢には，不適当の確実な根拠が必ずある

選択肢はどれも，特別な事情があるときに気を利かせたつもりで
行ったことです。それぞれの言動が，上司の意向に沿っていると
言えるか，業務の助けになっているかを丁寧に確認します。

　1．「取り次がないように」とのことですが，用件によっては，
　　　後で「それは取り次いでもらいたかった」と言われること
　　　もあるものです。この場合，社内の人に対し断るかもしれ
　　　ないことを含んだ言い方をしておいて上司の都合を聞くの
　　　で，「不適当とはいえない」選択肢です。
　2．「長居するので困る」とだけ言われているのであれば，上
　　　司に「次の予定があると伝えようか」と尋ねる程度が適当
　　　ですが，上司から「何とかならないか」とまで言われてい
　　　ますので，相手に言うのも適当です。
　3．Ｔ部長は昨夜一緒で事情が分かっているので，上司の状態
　　　をそのまま伝えても構わない，Ｔ部長の加減を尋ねるのは
　　　愛想のうち，ということです。
　4．上司からは，「関わりたくない」ので「断るように」とま
　　　で言われていますので，取り次ぎません。はっきりと断り
　　　ます。
　5．解答例の通りです。業界紙の記者なので気を使うところで
　　　すが，深入りされたくない取材ですから，「課長が対応で
　　　きる」と安請け合いしてはいけません。

不適当な選択肢には，確実に「不適当」な理由があります。1.
のような不適当とは言い切れない選択肢を誤って選ばないように
注意しましょう。

◇「必要とされる資質」の領域でも，時々，選択問題が出題されることがあります。内容は，気の利かせ方や機転を利かせた来客応対の例などです。選択肢を選ぶとともに，その理由を問われることもあります。

◇選択肢は大体，秘書Ａが行ったことか言ったことです。それぞれ，どのような状況で，誰に対して，何をした（言った）のか，光景を思い浮かべながら読みます。

◇適当か不適当かの判断に際しては，上司と秘書の場面であれば，秘書の立場での言動としての適否を考えます。その他の人物が関係する場合は，上司と登場人物の上下関係，上司の事情を知っている相手かどうか，または知らせてよい相手かどうか，上司の指示や意向に沿っているか，などが基準となります。

◇また，それぞれの選択肢について，このように対応した結果，上司の手助けになるか，仕事に不利益が生じないかを考えます。

必要とされる資質

職務知識

一般知識

マナー・接遇

技能

面接

実際に過去問題を解いてみよう

チェック！

秘書Aの上司がG部長に代わった。G部長はAに仕事の指示をするとき，「今までと同じでよいから」と言うだけで細かい指示はしない。しかし，その通りに処理をすると不満そうな顔をすることがある。このような状況にAはどのように対応すればよいか。箇条書きで三つ答えなさい。

2

チェック！

秘書Aは他部署の秘書Bから，「新しい上司のK部長は指示の仕方が曖昧で，細かいことを確認しようとすると嫌な顔をする。自分は細かいことまできちんと決めて仕事をしたいと思っているので，K部長とは合わないのかもしれない。どうしたものか」と相談を受けた。このような場合，AはBにどのような助言をすればよいか。箇条書きで三つ答えなさい。

3

チェック！

専務秘書Aの下に新人Bが配属されて半年がたった。今まではAについて秘書見習いをしていたが，来月から独り立ちして常務秘書になることになった。ところがBは，「これまでも精いっぱいの状態なので，自信がないからこの話は断りたい」と言う。このような場合，AはBにどのようなことを言えばよいか。1．以外に箇条書きで三つ答えなさい。

1．業務量が多かったり失敗したりしたときは，フォローするから安心してほしい。

4

チェック！

秘書Aは，上司の指示で自分の仕事の一部を後輩Bに任せていくことになった。このような場合，AはBに仕事のマニュアルを渡した後，どのようなことをすればよいか。次の①②についてそれぞれ箇条書きで答えなさい。

①　Bに仕事を任せられるようになるための具体的な指導の仕方を三つ。
②　B以外の人に対してしなければならないことを二つ。

5 **チェック！** □□□

秘書Aの下に，前の会社で秘書の経験があるFが配属された。そこで仕事の仕方を教えながら実際にしてもらったところ，Fは前の会社の仕方で処理をすることが多くAは仕事がしにくくなった。このような場合，AはFにどのように対応するのがよいか。箇条書きで三つ答えなさい。

6 **チェック！** □□□

秘書Aがリーダーになって行う，秘書課の業務や職場の問題に関する情報共有や意見交換を目的とした課内のミーティングに，同僚Cが出席する必要を感じないと言ってきた。必要な情報は自分で集めていて間に合うし，特に意見もないからだという。このことに対して，AはCにどのような理由を挙げて出席の必要性を説くのがよいか。箇条書きで四つ答えなさい。

7 **チェック！** □□□

秘書Aの上司（営業部長）が代わって1カ月がたった。次はこの間に，この部署での経験が長いAが上司に言ったことである。中から<u>不適当</u>と思われるものを一つ選び，その番号を（　　　）内に答えなさい。

1. 雑談の中で課員の仕事ぶりの話が出たとき，知っていることは話すのでいつでも聞いてもらいたいと言った。
2. 取引先の部長が前上司を訪ねてきたとき，上司が代わったことを伝えて待ってもらい，上司に，会ってもらえないかと言った。
3. 定例部長会議の資料を今まで通りに作ったが，確認してもらうとき，変えた方がよいところがあれば言ってもらいたいと言った。
4. 取引先会長の訃報が入ったとき，最近は取引が途絶えている相手なので，告別式には課長に代理で参列してもらったらどうかと言った。
5. 取引先の部長と顔合わせの食事をするが，知らないこともあるので同席してもらいたいと言われたとき，顔合わせなら二人の方がよいと言った。

（　　　　　）

8 秘書Aの上司（常務）が定年で退職することになり，部長が昇進してAの上司になることに決まった。次は，このようなときにAが言ったことである。中から不適当と思われるものを一つ選び，その番号を（　　）内に書き，その理由を答えなさい。

1. 部長に，新しい肩書の名刺について尋ねたとき
   「S印刷に名刺を頼もうと思う。原稿は部長の名刺の肩書を書き直して作っておいたが，どうか」
2. 部長が，常務室のレイアウトを見に来たとき
   「常務のロッカーが空いたら連絡するので，それまでは今までのロッカーを使っていてもらえないか」
3. 常務から，取引先へのあいさつ回りについて相談されたとき
   「あいさつ回りは部長と二人でということになるので，部長の都合をもとに予定表を作りたいが，よいか」
4. 常務が，机やロッカーの整理を始めたとき
   「手伝うので何でも言ってくれ。自宅に持ち帰るものが多いようなら，宅配便の手配をする」
5. 課長から，部長の昇進祝いについて尋ねられたとき
   「常務の送別会が済んでからがよいと思うが，どうか。そのときはまた相談させてもらう」

〔番　号〕（　　　　　　　　　）

〔理　由〕

■ 解答 ◎ 解説 ■

1
1. 指示を受けたとき, その仕事の処理の仕方についてAの考えを話し, それでよいか確認してみる。
2. 仕事の途中や終わったときに, 処理の仕方や仕上がりについて確認するようにする。
3. 折に触れて, 秘書の仕事の仕方に対する要望や仕事への期待について聞くよう心がける。

※今までと同じに行った結果, 不満な点があったのでしょうから, 仕事の前後に確認して処理の仕方を修正し, 上司の不満を解消するよう努めることが対応となります。また, 秘書業務全般について, 期待などを聞いておくことも必要です。解答例の他に, 「前任秘書に, 特に注意していたことなどを尋ね, 自分の仕事の仕方を見直す」などもよいでしょう。

2
1. 指示を受けたときにすぐ確認するのではなく, ある程度自分で行った上で確認するようにしたらどうか。
2. 上司の指示の曖昧な点を指摘するような言い方をしていないか。
3. 指示の仕方も上司によっていろいろなのだから, 合わないなどと言わずに理解しないといけない。それが秘書の立場である。

※細かいことを確認すると上司が嫌な顔をする理由やBが改めるべきことなどを, 上司と秘書の関係性から考えて答えることになります。解答例の他に, 「自分の判断で行うべきことまで上司に尋ねているのではないか」などもよいでしょう。

3
2. 秘書見習いを経ての配属だから, 断るなどは基本的にはできないことだ。
3. 独り立ちはいずれしないといけないことで, 自信は経験をすることによって生まれる。
4. これまでのBの仕事ぶりから務まると思う。積極的に取り組んでもらいたい。

※自信がないからこの話は断りたいと言ってもそれはできないことを理解させ, Bがやる気になるような前向きなことを言うのが答えになります。

4
①1. マニュアルに沿って教える中で, 付け加える注意点や要領などを具体的に伝える。
2. しばらくの間は, Bの仕事の仕方を小まめにチェックし, フィードバックをする。
3. 仕事の節目ごとに出来具合や効率面などを評価したり, 励ましたりする。
②1. 上司に, Bの仕事ぶりを報告し, 気付いたことがあれば教えてもらいたいとお願いする。
2. 関係者に, 上司への秘書業務について一部Bに担当が変わることを知らせる。

※①この場合Aは, Bが任された仕事を確実にこなせるようになるまで面倒を見ないといけません。そのための指導の仕方を具体的に答えます。②秘書業務の一部を任せていくので, 上司への報告などは必須。また, 一部といっても担当が変わるので, 関係者には知らせます。

5
1. 秘書の経験があるので頼りにしているが，まずはこの会社の仕方で行ってもらいたいと言う。
2. 仕事の処理の仕方がこの会社の仕方と違うときは，Fになぜそのようにしたのかをきちんと聞く。
3. Fの仕方によいものがあれば取り入れていくようにし，そのことをFにも伝える。

※Aの下にFが配属されたのにAが仕事をしにくくなったのでは，Fが配属された意味がありません。Fは秘書の経験があってもこの会社では新人ですから，Aのやり方に従ってもらわないといけません。そのためにはどうするかということ，また，Fの経験を生かすにはどのようにしたらよいかなども答えになります。解答例の他に，3. は「秘書の仕事に対するFの考え方を聞く機会を持つようにする」などもよいでしょう。

6
1. 仕事を適切に行うには，秘書課全体の情報共有が不可欠である。
2. ミーティングの場では多くの情報を得ることができ，一人で集めるよりも効果的である。
3. 職場の問題をいろいろな見方で捉えられるので，広い視野で改善に取り組める。
4. 互いの考え方や人柄が分かり，課内のチームワーク構築の一助となる。

※職場での仕事は，一人でやっているように見えても，周囲と共同で，また協力を得てできているものです。Cはそこのところが分かっていないようなので，Aはそこを説明すればよいことになります。解答例の他に，3. は「秘書課全体で情報を共有することによって，業務改善や問題解決につながる」，4. は「互い

の意見を聞くことで，仕事への意欲が刺激され，仕事の質を高められる」などもよいでしょう。

7 （ 5 ）

※顔合わせの食事でも，取引先の部長とであれば仕事の話は当然出るでしょう。それで上司は同席してもらいたいと言っているのに，断るようなことを言うのは不適当ということです。

8 （ 3 ）

[理由] 職を離れる常務と後を継ぐ部長が一緒にあいさつ回りをするのだから，前任者であり上位者でもある常務の都合を優先しないといけない。それを，部長の都合をもとに予定表を作りたいと言っているから。

Perfect Master

第2章

職務知識

　秘書の機能を理解することは，立場をわきまえ職務範囲を逸脱（越権）しないことを学ぶと同時に，職務範囲の中で最大限に自主性を発揮し会社に貢献する方法について学ぶことでもあります。

　第2章では，秘書の役割と職務範囲および心得について確認した上で，上司や関係する人々の都合や感情を考慮した，高度な調整（コーディネート）の仕方について学びます。

秘書の機能

上司が本来の仕事に専念しスムーズに業務を進めることができるように補佐をするのが，秘書の機能です。雑事を引き受けて，上司が時間を有効に使えるように，さまざまな気遣いをします。秘書の職務範囲を心得て，適切な秘書業務を行いましょう。

過去問題でポイントチェック！
POINT CHECK

秘書Aは，明後日に行われる企画会議の資料を作成していた。ところが途中で，上司の指示通りに作成すると予定のページ内に収まらないことが分かった。このような場合は上司に確認することになるが，確認の前にどのようなことをしておけば上司は指示を出しやすいか。具体的に簡条書きで三つ答えなさい。

解答例

1．どのくらいの分量が収まらないのかを分かるようにしておく。
2．ページ内に収まる方法が別にあれば，それによって大まかに作成したものを提示できるようにしておく。
3．作成の仕方に変更が想定される場合は，それによる影響も説明できるようにしておく。

指示通りに作成すると収まらないのが分かったので，どのようなことをしておけば上司は指示を出しやすいかという問いです。従って，状況の具体的な報告，変更案の分かりやすい提示の仕方など，上司の判断材料になることが答えになります。

上司の「判断」に必要な材料を用意する

秘書は，できるだけ上司の手を煩わさず効率的に業務が進行するように，補佐します。個々の補佐業務はゴール（仕上がり）をイメージして行い，支障が予測されたら早めに上司の指示を仰ぎます。その際は，解決策の案など，上司の判断の助けになる材料を提示します。これにより，上司の負担が軽減され，時間の余裕ができて業務全体の効率性が高まります。

❶ 秘書の役割

経営管理に携わる上司が本来の業務に専念できるよう補佐するのが秘書の機能であり役割です。上司が仕事を快適に行えるように，滞りなく業務を進められるように，社内外の関係者と良好な人間関係が築けるように，体面（よいイメージ）が保てるように，秘書は上司の雑務や周辺業務を行い，さまざまなコーディネートをします。朝，上司の部屋や応接室など執務環境を整えることから始まり，スケジュール管理，来客応対，書類管理，交際業務など，上司の仕事に関わる雑事や事務全般，関係者との取り次ぎなどを行います。

＜不在がちな上司に，部下が報告したり決裁を仰いだりできるようにする＞
① 上司のスケジュールを組むとき，あらかじめ在席時間を設けておく。
② 決裁などは秘書が書類を預かっておき，上司の様子を見ていて期日までに取り次ぐ。
③ 報告は場合によりメールでもよいかを上司に確認しておく。
④ 上司のスケジュールが部下に分かるようにしておく。

部下の報告や決裁がスムーズに行われるということは，上司が行う管理業務も同じく進むということです。また，業務が滞りなく執り行われるという理想的な状況は，部下の不満を解消し，上司と部下の関係を良好に保つことにつながります。
秘書は，上司の業務がスムーズに進むよう，細やかな気遣いをします。とっさの機転を働かせることも数多くあります。

＜来客と面談中の上司から「課長に，資料を持ってすぐ来るように伝えて」と指示されたが，課長は電話中で終わらない。秘書は資料の所在を知っている場合＞
① 電話中の課長に，メモで次のことを伝える。
　a 来客と面談中の上司が，○○の資料を持ってすぐ来るようにと言っている。
　b ○○の資料は自分が先に上司に届けるので，電話が終了したら上司のところまでお願いしたい。
② 資料を持って上司のところに行く。
③ 面談中の上司に資料を渡し，メモで，課長は電話中だったがこのことは伝えてあると知らせる。

上司の期待通りにできない状況のときは，代わりの策を講じるなど，臨機応変に対処します。また，関係者や上司への伝え方にも配慮します。全てを速やかに行えるようにするには，読みやすいメモをすらすらと書けるスキルも必要です。
このように秘書は，常にさまざまな調整を行い，上司の業務をサポートします。

❷ 秘書の職務範囲

秘書の役割は上司の仕事の手助けです。上司が行う意思決定など，上司の本務を代行することはできません。

秘書の越権行為

✖ 上司の代行として取引先と面談する，転任・着任のあいさつを受ける

✖ 上司の代行として行事や会議に出席する

✖ 決裁書や稟議書などに押印する

✖ スケジュールを決める

✖ 上司の部下に指示する

過去 🉐 brush up

Q 秘書Aの上司（部長）が入院した。家族の話では，持病の悪化で，ここ二，三日は仕事のことを考えないようにと医者から言われているとのことである。次はこのときに，Aが行ったことである。中から<u>不適当</u>と思われるものを一つ選び，その番号を（　　）内に答えなさい。

1. 課長に，明日の取引先の接待には，取引先の専務がみえるということなので，こちらも専務に同席してもらえるか頼んでみようか，と言った。

2. 明後日の部長会議の担当部長秘書に，事情を話して上司の欠席を伝え，資料は課長に確認しながらいつものように作るのでよろしくと言った。

3. 上司と親しくしていた取引先の部長が転勤を知らせに来たとき，改めて転勤のあいさつにみえる予定はあるか，あればいつごろになるかと尋ねた。

4. 三日後の他部署主催の会議に上司が出席することになっていたが，当初，出席するのは課長か部長かと言われていた会議なので，課長に出席を頼んだ。

5. 課長に，今日の取引先の周年記念パーティーには上司と課長が出席する予定だったが，上司がこういうことなので，課長も見合わせたらどうかと言った。

（　　　　　）

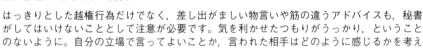

A 出席予定の取引先のパーティーですから，上司がやむを得ず欠席でも，少なくとも課長は出席することになります。課長も見合わせたらどうかと言うのは対処の仕方が間違っています。また，秘書が課長の行動を指図しているのも不適当です。

不適当は 5.

PLUS UP

立場をわきまえて話す

はっきりとした越権行為だけでなく，差し出がましい物言いや筋の違うアドバイスも，秘書がしてはいけないこととして注意が必要です。気を利かせたつもりがうっかり，ということのないように。自分の立場で言ってよいことか，言われた相手はどのように感じるかを考える慎重さを忘れないようにしましょう。

必要とされる資質

職務知識

一般知識

マナー・接遇

技能

面接

上司をよりよく補佐するためには，上司の意向に沿う仕事をする必要があります。それにはまず，上司を知ることが大切です。また，秘書は上司の仕事や私的な情報に触れることが多く，「機密保持」には細心の注意が必要です。

過去問題でポイントチェック！
POINT CHECK

秘書Aの上司（広報部長）は，福岡支社長への栄転が決まり，後任として販売部長が異動してくることになった。これに当たり，Aが行わなければならないこととして，次の①と②に答えなさい。

①　上司と後任の部長の日程を合わせることにしたが，それはどのようなことのためか。箇条書きで二つ答えなさい。

②　上司について，新福岡支社長の秘書になる人に教えること，販売部長の秘書だった人から教えてもらうことを，「経歴，家族構成」以外に箇条書きで三つ答えなさい。

解答例
　①1．取引先などへのあいさつ回り。
　　2．上司から後任の部長への仕事の引き継ぎ。
　②1．性格，趣味，食事や飲み物の好み。
　　2．仕事の仕方で特徴的なこと。
　　3．持病など，特に気を付けなければいけないこと。

①　上司が代わるに当たり，新旧二人の上司が一緒に行うことが答えになります。解答例の他に，「広報部としての歓送迎会」などもよいでしょう。

②　上司のサポートをするに当たって，知っておくとよい一般的なことが答えになります。

上司について知っておくこと

仕事関係：	社内外での立場，仕事の仕方，社内外の人間関係，関係団体
上司個人：	経歴，性格，趣味，食事や飲み物の好み，関心事，持病（薬，医院）
プライベート：	家族，交友関係，自宅住所，個人の携帯電話番号，メールアドレス

❶ 上司についての情報

秘書は，上司の仕事を補佐する上で，上司の社内外での立場や仕事の仕方，人間関係などを知っておく必要があります。秘書業務の仕方についての期待や考え方も分かると，より適切な補佐が可能になります。

日々の身の回りの世話をするに当たっては，性格や食事・飲み物の好み，持病やかかりつけの医院，薬の服用などについても知っておく必要があります。

さらに，電話などの取り次ぎや休日の緊急連絡などには，家族や交友関係について，またプライベートの連絡先も分かると助かります。

異動で新たな上司に付いたとき，このような情報を得るには，上司の前任の秘書に尋ねるのがよいでしょう。

ただし，上司のプライベートについての情報は，仕事に必要な範囲にとどめます。必要に応じて，その都度，上司が話してくれるものです。また，電話の取り次ぎをする中で，徐々に分かってくることもあります。

＜上司に持病がある場合＞
① 余裕のあるスケジュールを組む。
② かかりつけの病院や主治医の連絡先を控えておく。
③ 緊急時の連絡先を控えておく。
④ 食事などの制限について知っておく。
⑤ 応急手当の知識を身に付けておく。
⑥ 服用している薬について，必要があれば上司から教えてもらっておく。

上司が業界団体や経済団体など，社外の団体で理事などの役員をしている場合があります。関連会社などで社外取締役をしていることもあります。そのような場合，理事会や役員会などの開催案内の受信や出欠の返信事務は秘書が行います。会員など関係者との連絡の取り次ぎも行います。従って，その団体について知っておく必要があります。

<上司が役員をしている業界団体について，知っておくべきこと>
① 団体名，所在地，連絡先
② 団体の活動目的や主な活動
③ 役員会の開催時期
④ どのような人が役員や会員になっているか
⑤ 役員としての上司の役割と任期
⑥ 団体の組織や事務局の構成
⑦ 会費

❷ 機密を守る

経営に携わる上司を補佐する秘書は，機密情報の中で働いていると言ってよいほど，機密事項に関わっています。例えば，現在進行中の商談や契約案件，新製品の情報，人事情報などは，関係者以外は社内の人にも知られないようにする場合があります。秘扱いの書類に限らず，上司の会議や面談，出張などのスケジュールからも，機密事項はうかがい知ることができます。

守秘義務については「第1章　必要とされる資質」（p.14）でも説明しましたが，秘書は日々の業務の中で，何が機密なのか，どの範囲を超えると機密なのか（社外秘，部外秘など）を把握して，機密について意識ある行動を取らなければなりません。

秘扱い書類の取り扱いについては「第5章　技能」（p.322）で学びますが，書類作成中に人が近づいてきたら慌てず自然な動作でパソコンの画面を変える，上司の動向について尋ねられたときは動揺せずに応対するなど，さりげなく行動することが大切です。

<他部署の部長が訪ねてきて，非公表の上司の出張先を尋ねられたとき>
上司の出張について，他部署の部長が知っている様子でも
① 出張先については，詳しいことは知らされていないと言う。
② 上司を訪ねてきたことに対しては，用事があれば聞いておいて，上司が戻ったら伝える，または上司に確認して返事をすると言う。
③ 上司が戻ったら，他部署の部長のことを伝えて対応する。
④ 上司に，今後このようなことがあった場合には，どのように対応すればよいか確認しておく。

内密のことについて知っていそうな人から尋ねられた場合でも，秘書としては「知らない」こととして対応します。知らないはずはないだろうと相手が思うとしても，知らないと言えば話はその先に進みません。

❸ 上司の体面を保つ

上司の印象は会社の印象に強く影響します。秘書は，上司が社内外の関係者に好印象

を持たれるよう，取引に関わる事務や交際業務を，漏れなくきちんと行わなければなりません。

上司がスケジュールを無視して行動したり出欠の返事がルーズだったりすると，社外の関係者に迷惑をかけてしまいます。申し訳ないことであり，また上司の印象に影響するので，改善が必要です。とはいえ，秘書は上司に「迷惑をかけないよう気を付けて行動するように」などと言える立場にありません。そもそも秘書が気を利かせて補佐すれば改善できることでもあります。

過去 brush up

部長秘書Ａの上司は，外部の会議や会合へ出席を依頼されることが多い。上司は「取りあえず出席にしておいてもらいたい」と言うが，間際になって出席を取り消すことも多く相手に迷惑をかけている。このようなことにＡはどう対処すればよいか。箇条書きで四つ答えなさい。

A 解答例

1. 上司から出席と言われても，先方への返事は返信期限の近くになってからにする。
2. 出席の返事をしたときは，日にちが近くなったら出席に変更はないか上司に確認をする。
3. 上司に，出席を取り消すことが多い状況を伝え，スケジュールの組み方で工夫できることはないか尋ねてみる。
4. 課長などが代理で出席できるものは都合を確認しておくなど，間際の変更に備えておく。

相手に迷惑をかけていることは，上司にとってよいことではありません。従って，迷惑をかけないようにするための，秘書としての立ち回り方を具体的に答えることになります。

早過ぎる確定には二度手間の危険!

出欠の連絡に限らず資料作成など，締切に遅れないよう余裕をもって仕事をすることは大切です。ただし，あまりに早く返事をしたり仕上げたりしてしまうと，その後の状況変化などによってキャンセルや修正，一からやり直しなどが必要になり，最初に費やした時間が無駄になったり，修正に手間取って締切直前に慌てたりということになりかねません。関係する人や会社には，キャンセルや変更の連絡，資料の差し替えなど，面倒をかけることにもなり，またそれに伴うミスも起きやすくなります。

仕事に変更はつきものなので，対処が早過ぎると効率が悪くなる場合があるということです。キャンセルもあり得る会合の予定は「仮」としてスケジュールに入れておき，返信期限前に確定させて出席の連絡をする，作成資料は見通しを立てて入力しておくが印刷は後にするなど，変更や修正への備えを含んだ対応ができれば，仕事の効率は上がります。

締切のあるものは何でも取りあえず早く済ませてしまえば気が楽，という上司に付く場合は，上司の意向通り確定した上で秘書がいったん預かり，最適なタイミングを計って，締切に間に合わせるとよいでしょう。結果として，関係者に迷惑をかけることなく，上司の体面を保てることになります。

なお，出張に際しての宿泊や交通の手配など，速やかに予約しなければならないこともあります。急がなければならないことと，急がない方がよいことを適切に判別する必要があります。

必要とされる資質　職務知識　一般知識　マナー・接遇　技能　面接

秘書は，上司や来客に直接関わる仕事と並行して自分の仕事（書類作成や経費精算，後輩指導など）を進めます。そこへ不意の来客や新たな用件が入ってくるので，関係者の都合と上司の時間，自分の時間を管理するバランス感覚が必要です。同時処理とセルフチェック，また，休暇などで自分が出社しない場合の対処について確認しましょう。

 過去問題でポイントチェック！
POINT CHECK

秘書Ａの上司（販売部長）は４時までに戻る予定で，商談のため得意先を訪問している。その上司から，「資料を調べて折り返し知らせてもらいたい。４時からの部内会議までに戻れなくても，会議は始めておくように」という電話を受けた。資料を調べるのに20分はかかりそうである。今２時30分。Ａは３時までに銀行へ行かなくてはならない。そこへ常務から，「販売データで確認したいことがあるので部長に来てもらいたい。急いでいる」という連絡が入った。課長は在席している。この状況にＡはどのように対処すればよいか。順を追って箇条書きで答えなさい。

 Answer CHECK

解答例
1．常務に，「部長は外出していて戻るのは４時ごろだが，課長が在席しているので，課長に出向いてもらうのでよいか」と言う。
　a　課長でよいということなら，課長に事情を話して常務のところに出向いてもらう。
　b　部長ということなら，部長に連絡してみると言い，電話をして上司の指示を得る。
2．銀行へ行く用事は，代わりの人を探して頼む。
3．資料を調べて部長に連絡し，常務の用件を課長が対応したのならそのことを報告する。
4．部長から４時に戻らなくても部内会議は始めておくように連絡があったことを担当者に伝える。

複数の用件の同時処理の仕方です。同時といっても処理は急いでいると言う常務の用件が先になります。銀行は他の人でも済みます。

場合分けを箇条書きで書き，報告も忘れずに

この場合，常務は「急いでいる」ということなので，上司の不在を告げるだけでは用が足りません。課長が代われるかを尋ねます。その後の対応は，課長でよい場合と部長でなければならない場合とに分けて答えます。また，課長が出向いて常務の用が済んだとしても，部長にはその報告をしておく必要があります。

❶ 予定変更や新たな急用への対応

上司と秘書の一日はスケジュールに沿って進みますが，予定外の来客や打ち合わせ，関係先からの急な頼まれ事など，変更は常にあり得ます。また，急用が幾つか同時に発生することもあります。同時処理に当たっては，個々の用件の内容やかかる手間，誰が関係しているかによって速やかに道筋を立てて調整します。

❷ 段取り上手・手際のよさ

「段取りをつける」とは，仕事などの手順を整えるという意味です。例えば，会議の準備を任せられたら，会場の手配，招集通知，出欠取りまとめなど，順序立てた作業が必要です。また，仕事には関係する人々への連絡や依頼が欠かせません。漏れなくタイミングよく，失礼のないように気を付けなければなりません。秘書は，こうした仕事を幾つも並行して行いながら，先々の予定を組み立て，日々の上司の身の回りの手助けを行い，訪問客や電話に応対しています。
予定外のことが起きても，通常業務を段取りよく行えていれば，時間の融通が利きます。また，急な用件も手際よく対応することができれば，通常業務に大きく支障を来すことは避けられます。

❸ 自己評価ー秘書機能を果たせているかの確認・改善

秘書として上司の信頼が得られていることは，上司から仕事を任せられたり，ねぎらいの言葉をかけられたりする際の雰囲気などにより実感できるものです。
また，上司が現状に満足しているようであっても，自分の仕事の仕方で改善すべき点はないかなどを上司に尋ねて，より上司の意向に沿えるように努力する姿勢も大切です。
しかし，もし秘書として当てにされていないとか信頼されていないと感じるようであれば，そのままにせず，直ちに対処しなければなりません。

＜仕事の指示をあまりされなくなり，信頼されていないのではと感じる場合＞

① 上司が指示をせずに自分でしようとする仕事があったときに，今手が空いているのでよければ指示してもらいたいと秘書の方から働きかけるようにする。

② 指示された仕事は途中で仕上がり方を上司に示して，このまま進めてもよいかを確認し，手直しがあったときはすぐに修正をする。

③ 今までの仕事の仕方の至らない部分をわびて，今後は改善に努力すると申し出るようにする。

もともと自分で何でもしたいタイプの上司は別として，指示をされないという状況では，秘書の仕事の仕方に問題があると考えるべきでしょう。上司の意向に沿った仕事の仕方をしていなかったのかもしれない，打てば響くというような即応性に欠けていたのかもしれない，仕事に丁寧さが足りなかったのかもしれない，細かいことに気が付かなかったのかもしれない，逆にささいなことにこだわるので煩わしく思われているのではないかなど，まずは自分の仕事の仕方を振り返り，思い当たることがあれば直ちに改善します。

ただし，上司が気分を害してしまっているなど，簡単に解決できない場合もあります。「上司と何となくかみ合わない」と感じたときは，仕事の仕方を改善するとともに，秘書課長などの監督者に早めに報告，相談することも必要です。

❹ **秘書不在時の対処**

さまざまな用件がある中で，取引先への届け物などの急な外出，体調不良や家庭の事情などでの早退などにより，自分が席にいられない場合があります。必要な仕事は代わりの人に頼み，そのことを上司に伝えてから外出・早退することになります。上司が不在の場合は，事情と仕事の状況についてメモを残します。

過去 **brush up**

Q 秘書Ａ（木村）の上司（山田部長）は外出中だが，４時からの取引先Ｔ氏との面談までには戻る予定で，面談後はＴ氏との会食がある。Ａは明後日の営業所長会議の資料を作っていたが，風邪らしく頭痛がする。明日は会議の準備があり休めないので，資料を作り終えたら後のことを後輩Ｂに頼み早退することにした。このような場合の，①上司への伝言メモを下の枠内に，②Ｂに伝えることや頼むことを箇条書きで三つ（１．以外）答えなさい。

①

　山田部長

　　　　　　　　　　　　　　　　　　　　　　　　○月○日○時　木村

② 　１．部長は４時までに戻るので，このメモを読んで部長が戻ったら渡してもらいたい

A 解答例

①
　山田部長

　外出中に申し訳ございませんが，風邪をひいたようなので早退させていただきます。

　　・４時からのＴ様の応対は，Ｂさんに頼みました。

　　・明後日の営業所長会議の資料は出来上がっております。

　明日は出社いたしますので，会議の準備は明日いたします。ご迷惑をおかけしますが，よろしくお願いいたします。

　　　　　　　　　　　　　　　　　　　　　　　○月○日○時　木村

相手が困ることのないように想像力を働かせる

上司宛てのメモには，事情を伝えて迷惑をかけることを謝り，自分が不在中の秘書業務を誰が行うか，業務の進行状況，先の予定と仕事の見通しを明記します。上司の外出中のことなので，メモには時刻も記載します。上司が心配しそうなことを予想して，それを解消できるように状況や予定を箇条書きで分かりやすく書くのがポイントです。

秘書業務を代わってくれる人には，頼みたいことのほか，上司にどのように伝えるかを（上司宛てのメモを見せて）知らせます。予定外のことが起きる場合に備えて，自分の連絡先を教えておく気遣いも必要です。

想像力を細部まで働かせて，自分がいなくても業務に支障が出ないように，また，上司も秘書業務を代わってくれる人も不安にならずに済むように気を使います。

② 秘書の業務

Lesson 1 スケジューリング

上司のスケジュール管理は，秘書業務の中でも特に重要な業務です。上司の仕事の生産性がより高まるよう，上司の意向に沿って行動予定を立てます。上司の体調などへの配慮も必要です。また，急な変更への対応の仕方についても確認しておきましょう。

 過去問題でポイントチェック！
POINT CHECK

秘書Aは上司から，「最近体調が優れないので面会の負担を少なくしたい」と言われた。このような場合，Aが面会の申し込みを受けるときに心がけるとよいことを，箇条書きで三つ答えなさい。

解答例
1. 特に重要とか急ぎの用件以外は，断るかまたは先に延ばしてもらう。
2. 相手や用件によっては代理の者でもよいかを尋ね，代理で済むものはなるべくそのようにしてもらう。
3. 予定が立て込んでいるなどと言って，面会時間を短くしてもらう。
4. あらかじめ聞いておいた上司が休養する時間帯には予約を入れないようにする。
5. 上司の体調が優れないことを，話しても差し支えのない人には伝えておくようにする。

面会の負担を少なくしたいということです。面会の数を減らす，代理で済ませる，面会時間を短くする，などが対応策となるので，申し込みを受けるときにそのことを相手に了承してもらうようにするのが答えとなります。

体調不良とは言わないのが原則。ただし，……。

面会を断ったり延期したり，代理で対応させてもらったり，時間を短くしてもらうなどについては，相手に何らかの理由を話して了承してもらわなければなりません。体調不良と聞けば即座に納得を得られるでしょうが，体調は上司の個人的な事情であり，また聞いた相手に心配させることにもなります。余計な心配が取引に影響することも起こり得ます。従って，一般の取引先には，「予定に空きがなくて」「仕事が立て込んでいるので」などの理由にしておくのがよいでしょう。ただし，話しても差し支えない人には事情を隠すことなく伝えます。上司と親しい関係の人や，仕事上頻繁に会うので隠してもいられない，など，事情を知ってもらっておいた方がよい場合もあります。上司の個人的な事情でもあるので，誰に話してよいかは，秘書が判断せず，上司に尋ねて確かめます。

❶ スケジュール作成に際しての心得

秘書は，上司が日々の業務をスムーズに行えるよう，スケジュールを組みます。
具体的な日程の組み方は「第5章　技能」（p.338）で学びますが，定例行事や定例会議の他，会議や面談，出張などの予定を，重複しないように，漏れのないように入れていきます。社外での予定については移動時間も考慮しなければなりません。
また，予定を詰め過ぎると，変更に対応できなくなったり，上司の過労など健康管理上の問題が生じかねないので，余裕を持たせることも必要です。
さらに，上司には経営判断や商談・交渉・企画などの策定についてのデスクワークや熟考の時間も必要です。秘書は，こうした時間をつくり出せるよう，無理なく無駄なくむらなく，スケジュールを組み立てます。
上司の健康が優れない場合は，面会の数をできるだけ減らし，個々の面会時間も短くするようにします。通院・受診の時間を確保するなどの配慮も必要です。

❷ 予定変更への対応

多忙な上司のスケジュールには，来客の不意の来訪，役員など上役からの呼び出し，会議の時間変更など，日々，予定されていなかったことが割り込んできます。既に入っている予定と時間が重なるとき，より優先度の高い用件や，やむを得ない状況の場合は，スケジュールを調整しなければなりません。また，変更するスケジュールに関わる人には，速やかに，失礼のないように連絡する必要があります。

＜出張中の上司（部長）の帰りが 1 日延びて，その対処を任せられたとき＞
◇上司が招集していた課長会議について
　　メンバーに事情を話して延期を伝え，日程は改めて連絡すると言う。
◇出席することになっていた取引先の新製品発表会について
　　部内の担当者に事情を話して代理出席はどうするか相談する。
◇面談予定だった取引先について
　　電話で「急用のため会えなくなった」と言ってわび，都合のよい日時を二，三
　　尋ね，後日こちらから連絡すると言う。

急な予定変更に伴い，他の予定を調整しなければならないときは，できるだけ早く関
係者に連絡します。代替の日時については後で連絡させてもらうので構いません。取
り急ぎ延期を伝えることが大切です。

＜上司から朝，体調不良で今日は休むと連絡があったとき＞
◇取引先へ訪問する予定について
　① 上司に，今日の訪問は延期すると連絡しておくと言う。
　② 取引先に連絡して，急用のため訪問を延期してもらいたいと言ってわび，
　　　都合のよい日時を二，三尋ね，改めて連絡させてもらうと言う。
　③ 同行者に事情を話して取引先の都合を伝え，同行者の都合を聞いておく。
　④ 上司が出社したら，取引先と同行者の都合を報告し，訪問日時を決める。
　⑤ 取引先に連絡した後，同行者にも伝える。
◇午前中に来訪予定の客で，連絡が間に合わない場合
　① 来訪したら，都合により面会できなくなったと丁寧にわびる。
　② 代理の者でよいか尋ね，よければ代理の者に対応してもらう。
　③ 上司に直接ということなら，日を改めた面会の都合のよい日時を二，三尋ね
　　　て，後日連絡させてもらうと言う。紹介状など上司に渡すものがあれば預
　　　かる。
◇取引先の祝賀パーティーへの出席
　① 上司の代行者（課長など）に事情を話し，代理出席する人を決めてもらう。
　② 代理出席者に事情を話して依頼する。
　③ 代理出席者に祝賀パーティーの案内状を渡し，必要な情報を伝える。
　④ 代理出席者に，用意しておいた祝儀袋を渡す。

Q 山田部長秘書Aは廊下で常務と擦れ違ったとき,「K団体主催の講演会へ山田部長と出席するのでよろしく」と言われた。Aはこのことについて何も聞いていない。このような場合,Aはどのようなことをすればよいか。順を追って箇条書きで答えなさい。

A 解答例
　1．常務秘書に,常務から言われたことを話して講演会の日時を確認する。
　2．講演会の日時に他の予定が入っていないか,上司のスケジュールを確認する。
　3．上司に,常務から言われたことを報告して出席の確認をする。
　4．スケジュール表に,講演会出席のことを書き入れる。

講演会の件を上司がAに伝え忘れていると思われる状況です。それに対し秘書としてすべきことを答えます。

予定は秘書に確認する

他の予定とダブルブッキングにならないか,まずは講演会の日時と場所を確認しますが,常務に直接尋ねるようなことをしてはいけません。常務の秘書に連絡して確認します。常務の手間にならないように,ということもありますが,開催場所や先方の担当者などの詳細は秘書でないと分からないものです。
また,恐らく上司が秘書に伝え忘れたのであろうと思われても,①実は,上司は出席を断っていたが,常務は上司が出席するものと思っている,②上司は,秘書に伝え忘れただけでなく,自分でも常務との約束を忘れている,などのケースもまれにありますので,上司への報告と出席の確認は必須です。

Lesson 2 受付・取り次ぎ

約束のない来客や，約束したと言うがスケジュールにない来客など，予定外のケースは多々あります。上司が別の来客と面談中の場合や，外出中，出張中などの場合はどのようにすればよいか，対処の仕方と気遣いについて学びます。

Q 過去問題でポイントチェック！
POINT CHECK

秘書Aの上司（常務）が応接室で来客中，取引銀行の支店長が退任のあいさつに訪れた。Aが応接室の上司へ伝えに行こうとしたところ，社長から「急用で常務に相談したいことがあるのですぐに来てもらえないか」と連絡が入った。このような場合の対処を，順を追って箇条書きで答えなさい。

解答例
1. 応接室に行き，来客には失礼を謝って，メモで上司を室外に呼び出す。
2. 上司に，社長の指示と支店長のあいさつの件を伝える。
   a　すぐに社長のところへ行くということなら，支店長への対応を確認する。
   b　支店長のあいさつを先に受けるということなら，社長秘書に連絡しておく。
3. 応接室の来客に替えのお茶を持って行き，もう少し待ってくれるようお願いしわびる。

上司が応接室で来客中に，支店長の来訪と社長からの指示が重なったという状況です。上司に伝えて指示を仰ぐことになりますが，そのためにはまず上司を呼び出さなければなりません。その後は，上司の指示によってAがすべきことなどを，順に答えます。

ここがポイント！

待ってもらう人へのわびと配慮を忘れずに
退任する銀行支店長を先にするなら社長に事情を伝えておく，社長を先にするなら支店長には待ってもらうか代行者があいさつを受ける，など，もう一方への気遣いが必要です。また，面談を中断させてもらっている先客へのわびと気遣いは特に丁重にしなければなりません。

必要とされる資質

職務知識

一般知識

マナー・接遇

技能

面接

❶ 取引先の退任のあいさつ

上司との関係にもよりますが，銀行支店長などの退任のあいさつは普通，一日に何社も訪問すること，１社当たりの所要時間が短いことから，アポイントメントなしで行われます。こちらが不在のこともあるのは承知の上なので，上司が不在の場合は代行者（上司が常務なら本部長や部長，上司が部長なら次長や課長）が代わってあいさつを受けるのでよいか尋ねます。退任が間近に迫り時間のない人に「出直してもらえないか」と頼むのは無理があります。

上司が社内にいる場合は，できれば少しだけ時間を取れないか，調整を試みます。今後なかなか会えなくなる人ですから，互いに今まで世話になった礼を言ってあいさつしたいもの。また，限られた時間の中で何社も回っている人ですから，あまり長く待たせるわけにもいきません。上司が来客と面談中のときは，面談がすぐに終わるようなら少し待ってもらいますが，面談がしばらく続くときは，面談中の上司にメモで知らせます。大体の場合，上司は面談を数分間中座して，退任者のあいさつを受けることになります。

なお，上司と親しい関係の人などが転勤する場合は，面談の約束をした上で歓談することもあります。

仕事上の儀礼か，親しい付き合いか（または，大変世話になった人か），などにより対応が変わります。

❷ 取引先の着任のあいさつ

着任の場合も，上司が不在の場合は上司の代行者でよいか尋ねますが，今後会える機会のある人なので，上司に直接会いたいということであれば出直してもらうので構いません。

＜新任の取引先支店長があいさつの来訪。上司（常務）は離席，部長は外出中＞
① 課長に事情を話して自席で待機してもらい，上司（常務）を捜す。
② 見つからなかった場合は，支店長に，常務は急用で席を外していると言ってわび，部長も外出しているので代わりに課長でよいかを尋ねる。
③ 出直すということなら，来社する予定の日にちを聞いておく。

相手は取引先の支店長ですから，しかるべき立場の人に取り次がないといけませんが，上司（常務）も部長も不在なので課長に待機してもらいます。その上で支店長の意向に沿って対処します。

❸ 約束していると言うが，スケジュールにない客の来訪

不意の客が，上司と面談の約束をしていると言う場合，上司が席にいるときは，客に少し待ってもらって，上司に尋ねます。上司が約束を忘れていた場合は，できる限り面談できるように他の予定と調整をします。上司が約束をしていない場合は，会うかどうかを上司に尋ねて，上司の意向に沿って対応します。上司が外出中の場合は，謝って，後でこちらから連絡すると言うのが適切な対応です。

＜初めての客が訪れ，この時間に面談の約束をしていると言うが，秘書は上司（部長）から何も聞いていない。上司は別の客と面談中で 15 分後に終了予定だが，その後は課長と打ち合わせの予定＞

① 来客に，どのような約束かを失礼にならないように尋ね，面談中の上司にメモで伝えて指示を仰ぐ。

② 上司が会う意向の場合は，客に「申し訳ないが 15 分ほど待ってもらえないか」と尋ねる。

    a　待つということであれば応接室に案内し，課長との打ち合わせ予定を調整する。

    b　出直すということであれば，大体の予定と連絡先を尋ねておく。

③ 上司が会えないという場合は，客に丁重にわび，「上司は今面談中で，その後にも予定が入っていて会えない。後でこちらから連絡させてもらう」と言う。

秘書への伝え忘れではなく，約束したこと自体を上司が忘れていたり，来客の勘違いでそもそも約束などしていなかったり，ということもあるので，まずは来客に用件を尋ねます。面談中の上司にはメモで伝える気遣いが必要。後は上司の意向に沿って対応します。会える場合，急用でなければ先客が優先なので，面談終了まで待ってもらえるか尋ねます。会えない場合は，事情を話して後で連絡させてもらいます。いずれにしても，来客を待たせたり断ったりすることになるので，丁重にわびた上でお願いするのが適切な対応です。

必要とされる資質

職務知識

一般知識

マナー・接遇

技能

面接

過去 brush up

Q 秘書Aの上司（部長）から電話が入った。外出先での用談が長引いたため，帰社するまであと20分ほどかかるとのことである。このような折，次の3件のことに対応しなければならなくなった。課長は在席している。

① この時間に面談の約束がある取引先のN氏が来訪した。
② 専務から，部長に取引先Y社について至急確認したいことがある，という電話があった。
③ 他部署での用件が終わったので立ち寄ったというS氏から，部長の在否を尋ねられた。
　このような場合の対処について，順を追って箇条書きで答えなさい。

A 解答例
1. N氏に，上司の帰社が20分ほど遅れることを話してわび，待ってもらえるかどうか尋ねる。
   a　待つと言うなら，応接室に案内しお茶を出す。
   b　出直すということなら，来訪してもらえる日時を二，三尋ね，後で連絡すると言う。
2. 専務に次のことを言う。
   a　外出していて20分ほどで戻る。
   b　1.のaなら，予約の客がある。
   c　課長は在席している。
3. 課長でよいということなら，課長に専務のところに急ぎ出向いてもらう。
4. S氏に，上司は外出していることだけを話し，伝言があれば伝えると言う。あと20分ほどで帰社することは言わない。

上司の帰社が遅れている状況で，予約客，専務からの電話，不意の来客に同時に対応しなければならない，ということです。優先度と緊急性を基準とする，相手の意向による複数の展開を考える，などが必要となります。

・・・・・・・・・・・・・・・・・・・・・・・・・・ **PLUS UP**

問題文にある状況説明は，解答に必要だからあえて記されている

同時に3人の用件が重なり，予約客，至急の確認，不意の客，それぞれ対処の仕方が異なる用件という状況です。まずは状況を整理して理解しなければなりませんが，その際，問題文に書かれているポイント（言葉）を丁寧に押さえていくことが大切です。この問題では，「課長は在席している」が落とせないキーとなります。これにより，専務への対処は，状況の説明をした上で，課長で用が足りるなら課長に代行を頼むということで帰着する，と見当を付けることができます。

Lesson 3 会議・会合

会議には，上司が参加者として出席する会議と，上司が主催する会議があります。前者では出欠の返事や欠席の場合の議決権行使書，委任状提出などの事務を秘書が行います。上司が主催する会議では，会場予約や招集通知などの事前準備や会議中の会場管理，後片付け，議事録作成などを行います。

Q 過去問題でポイントチェック！
POINT CHECK

秘書Aは上司から，「関係会社の取締役を招いて研究会を開くので，相当する会場を幾つか当たってもらいたい」と指示された。このような場合，Aはどのようなことを会場選定の条件とすればよいか。「会場使用料」「交通の便」「部屋の大きさ」の他に，箇条書きで四つ答えなさい。

解答例
1．出席者にふさわしい格のある会場か。
2．駐車場は完備されているか。収容台数は十分か。
3．ロビーなどの休憩用スペースはあるか。広さは十分か。
4．機器などの必要な設備はそろっているか。

解答例の他に，「どのような食事が用意できるか」などもよいでしょう。

出席者の格に会場を合わせる

社外の人を招いて行う会議の開催に当たっては，ホテルなど出席者にふさわしい会場を選びます。出席者それぞれが運転手付きの社用車で来る場合は，格式の高い会場であればエントランスの車寄せも混み合うことなくスムーズで，会場案内もホテルスタッフに安心して任せることができます。

❶ 上司が主催する会議

上司が主催する会議については，準備から終了までの事務や雑務を秘書が行います。遠方からの出席者がいる場合は，宿泊の手配が必要になることもあります。また，会議の後，引き続き懇親会を行う場合は，会場に頼むか，または近くの店に場所を移して行うか，なども決めなければなりません。いずれも，秘書は上司の意向を確認した上で，意向に沿って準備を進めます。独断で決めることのないよう注意しましょう。

❷ 会議の日程変更

上司が招集する会議の日程を変更することになったとき，秘書はまず，会議室を押さえます。重要会議や緊急会議の変更日時に，社内会議室が他の予定で予約済みの場合は，予約者や予約受付係に連絡して調整します。
会議室が予約できたら，会議のメンバーに時間変更を連絡します。また，変更日時に，上司の別の予定（面談など）が入っていた場合は，上司に尋ねて調整します。

過去 brush up

Q 秘書Aは上司（部長）から，「明日１時からの部長会議は，今回出席することになっているS常務が３時からにしてもらいたいと言っているので変更を頼む」と言われた。上司は今月，部長会議の当番である。このような場合，Aはどのようなことをしなければいけないか。箇条書きで四つ答えなさい

A 解答例
　1．会議室の使用時間の変更をする。他の使用予定が入っていたら調整する。
　2．会議の時間変更を各部長（秘書）に連絡する。理由を聞かれたらS常務の都合と話す。
　3．上司の明日のスケジュールを確認し，３時以降に予定が入っていたら上司に尋ねて調整する。
　4．各部長への連絡とスケジュール調整を終えたこと，出欠に変更が出たらそのことを上司に報告する。

会議予定の急な変更では，まず会議室の確保が必要です。また，出席者への連絡とともに，会議と重なる上司の予定の調整もします。上司への報告で一連の業務を完了するまでの流れを丁寧に答えます。

- -

直前の予定変更の連絡は，漏れがないよう細心の注意を払う

直前の予定変更の場合，関係者への連絡は「漏れなく速やかに」という点が特に重要です。社内の場合，通常の予定変更はメールや社内LANで連絡するのが一般的ですが，相手がすぐに見ない恐れがあるので，開催日時が近い場合は，電話連絡も加えて連絡漏れを防ぎます。

Lesson 4　出張に関する業務

上司の出張に関しては，準備，出張中の連絡，出張後の事務処理など，一般的なことは3級から準1級で学習済みです。1級では，緊急性の高い場合や，行き届いた気遣いなど，より高度な対処の仕方が問われます。

過去問題でポイントチェック！
POINT CHECK

秘書Aの上司がS支店に出張中，上司が社外取締役を務めている関連子会社の総務部F部長から，「明後日緊急の取締役会を開きたい」との連絡が入った。「上司は出張中で出社は三日後」と伝えると「時間は上司の都合に合わせるから何とかならないか」と言う。このような場合Aはどのように対処すればよいか。順を追って箇条書きで答えなさい。

解答例

1. F部長に議題などを教えてもらいたいと頼み，上司に連絡するが調整に時間がかかるかもしれないと言う。
2. S支店に連絡し，上司に緊急取締役会の件を伝え，意向を確認する。上司とすぐ話せない場合は，A宛てに連絡をくれるようにとメッセージを残しておく。
3. F部長に上司の意向を伝える。そのとき，
   a　出張を切り上げて取締役会に出席するということなら，時間を調整して知らせる。
   b　取締役会に出席できないということなら，上司から直接連絡を入れる必要があるか尋ねる。
4. 出張を切り上げる場合は，それに伴う必要な変更を行う。

緊急で，しかも時間を上司に合わせるという取締役会への対応です。上司は出張中なので，上司への連絡，出張を切り上げる場合，取締役会に出席できない場合のことまで含めて，それらへの対応と対処が答えになります。

必要とされる資質

職務知識

一般知識

マナー・接遇

技能

面接

81

細かい気遣いを省かずに書く

出張先で必要があって組まれていた予定には，それぞれ目的があり関係者もいるので，出張切り上げの調整は簡単ではありません。時間がかかるかもしれないことはF部長に言っておくのがよいでしょう。上司の判断材料になること（ここでは，議題など）を教えてもらっておくことも，より早い判断を助けることになります。また，出張先に連絡したが上司とすぐ話せない場合の伝言が「秘書に連絡するように」（緊急取締役会には触れない）である点も重要なポイントです。

❶ 出張準備

①上司に確認すること

出張期間，目的地，同行者，交通機関や宿泊ホテルの希望，
用意する資料，仮払いの金額，手土産の有無，スケジュールの調整

②手配すること

交通機関の予約，宿泊ホテルの予約，出張先での面談予約，旅程表
（海外出張の場合は，パスポート，ビザ，現地通貨，旅行傷害保険など）

③携行品の準備

仮払金，旅程表，名刺，搭乗券・切符，資料・書類，手土産など

❷ 出張中の連絡

出張中は，上司から連絡をもらう時間を決めておきます。取引先や関係者などから上司への連絡は，原則として秘書が間に入って伝えます。

＜得意先が，上司（出張中）に確認したいことがあると言って訪れたとき＞

① 上司が戻る日を言って，出張から戻り次第連絡するということではどうかと尋ねる。
② それでは遅いということなら，よければ代行者や担当者に取り次ぐがどうするかと尋ね，よいと言えば取り次ぐ。
③ 上司に直接ということであれば，出張中の上司に連絡を取ってみると言う。そのとき，すぐには連絡できないかもしれないことを承知してもらう。
④ 相手の連絡の取れる時間帯を聞いておく。

❸ 出張後の事務処理

留守中のことについて上司に報告する／出張先で世話になった人へ上司が出す礼状を作成する／出張費を精算する／出張から持ち帰った資料や名刺を整理する／出張報告書の作成を手伝う

＜礼状の草案を作成するに当たって，上司に確認すること＞
① 世話になった内容。
② 一般的な礼状の書き方でよいか。
③ 特に書き添えることはあるか。

＜出張費を精算するに当たって，上司に確認すること＞
① 領収書のない経費はないか。
② 仮払いは足りたか。
③ 請求漏れはないか。

過去 brush up

> **Q** 秘書Ａの上司は明日，業務視察のため地方へ出張することになっていた。ところが今日，やむを得ぬ急用のためその出張は取りやめ，代理の出張者もなしと決まった。このような場合，Ａがしなければならないことを箇条書きで四つ答えなさい。

> **A** 解答例
> 1. 出張予定先に，業務視察の中止を知らせる。
> 2. 社内の関係部署に，上司出張の中止を連絡する。
> 3. 予約してあるホテルのキャンセル，乗車券などの払い戻しをする。
> 4. 交通費，出張費について仮払いの払い戻し精算をする。
>
> 予定されていた出張が取りやめになったということです。出張先や関係者に連絡する，出張のために手配していたことを取り消す，などのことが答えになります。

- -

出張のキャンセルは，まず，関係先に知らせる

出張に関係する人々や取引先は，出張の取りやめによって影響を被ることになるので，中止が決まったらいち早く知らせないといけません。また，社内の関係部署のスケジュールにも上司の出張が織り込まれていますので，速やかに伝えます。宿泊，交通，仮払金などについては，準備したことを漏れのないよう一つ一つ取り消していきます。

必要とされる資質

職務知識

一般知識

マナー・接遇

技能

面接

交際範囲が広い上司は，慶弔に関わることや贈答の機会が大変多いため，秘書には交際についての知識が不可欠です。新たに着任した上司のあいさつ回りや得意先の接待についての段取りなどについても確認しておきましょう。

過去問題でポイントチェック！
P O I N T   C H E C K

秘書Aは上司（部長）から，「取引が一段落したので，今月中に得意先K社の部長，課長，担当者のL氏を接待したい。よろしく頼む」と指示された。このような場合の段取りを，順を追って箇条書きで答えなさい。

解答例
1．上司に，こちらから参加するのは誰かを尋ねる。
2．K社のL氏に連絡して
  a　接待のことを話し，部長と課長の都合を聞いてもらう。
  b　飲食の好みやアレルギーについて尋ねる。
3．2．を上司に報告して
  a　接待の日時を決める。
  b　店の希望や予算を尋ねる。
4．店を予約し，食事や席について打ち合わせておく。
5．L氏に日時や場所を連絡する。

接待の手配の段取りということなので，日程調整や店の手配，先方への連絡や上司への報告などの事項を順に答えることになります。

> **連絡は担当者に**
>
> 得意先の部長との会食をアレンジ（手配）する場合は普通，先方の秘書に連絡します。しかし，この場合のように担当者がいる場合は，担当者を通してアレンジします。先方の部長の飲食の好みなども担当者に尋ね，担当者が先方の秘書に確認した上でこちらに回答する，という流れになります。

❶ 得意先の接待

前ページの解答例の手順で調整します。会社間の連絡は秘書と先方の担当者（または秘書）の間で行い，社内での伺いや伝達は，それぞれが上司，上役に対して行います。日時や店を決定するのは上司。秘書が先方と勝手に話を進めてはいけません。

❷ 栄転や就任のあいさつ

上司が栄転（上の役職に昇進して勤務地が変わる）する場合は，世話になった取引先へのあいさつ回りの予定を組み，あいさつ状を作成します。上司の転任先の秘書への申し送りや引き継ぎも必要です。

＜上司（部長）が栄転することになったとき，秘書がすること＞
① 関係先へのあいさつ回りについて，スケジュールを作成する。
② 栄転に伴うあいさつ状を作成し，送付の手配をする。
③ 栄転祝いの金品が届いたら，礼状を出し，リストを作成する。
④ 転任先の秘書と連絡を取り，必要なことを引き継ぐ。
⑤ 送別会について，課長に相談し手配する。

＜上司が支店長に就任することになったとき（転勤せず，秘書も継続）＞
① あいさつ状の文面を作成して，上司に確認してもらい準備する。
② 新しい名刺を手配する。
③ 訪問してあいさつする取引先とあいさつ状を郵送する取引先をリストアップし，上司の了承を得る。
④ 同行者を確認してあいさつ回りのスケジュールを作成し，上司の了承を得て車の手配をしておく。
⑤ 上司に渡せるよう，訪問する取引先に関する情報を資料にまとめておく。
⑥ 社内の関係者に，あいさつ回りのスケジュールなど必要なことを連絡する。

❸ 祝賀会

例えば，上司が社長に就任し，社内外の人を招いて「社長就任祝賀会」を開く場合，秘書は，事前準備から当日の受付・接待，閉会後の後処理まで，担当部署（総務部など）と協力して対応します。

また，上司が会社関係や恩師の賀寿などの祝賀会の幹事を引き受けたとき，秘書はもろもろの準備や手配をしてサポートします。少人数のお祝い会から，多くの人を集めて開催する盛大な祝宴まで，祝賀の内容や参加者にふさわしい会場，食事，式次第を，上司の意向を確かめながら手配し，お祝いの主役はもちろんのこと，参加者にも喜んでもらえるよう気を配ります。

　　＜会長の喜寿を祝う会を，取締役全員で，ホテル（和食。予算は成り行き）で行う際，準備のために，幹事である上司に確認すること＞
　① 日時はどのように決めるか。
　② ホテルや和食の内容に希望はあるか。
　③ 記念品はどのようにするか。
　④ 二次会を準備するか。

　　＜社内外の人を招いて「社長就任祝賀会」をホテルで開いたときの事後処理＞
　① 費用の精算をする。
　② お祝いをもらった欠席者に礼状（あれば記念品も）を発送する。
　③ 出欠席者名簿の整理をする。
　④ 祝賀会の一連の状況の記録，資料などをファイルする。
　⑤ 寄贈品（祝い金）のリストを作成する。
　⑥ 手伝ってもらったり世話になった人に，終了を報告して礼を述べる。

④ 贈答

贈り物は，相手に喜んでもらえる品を選ぶことが，まずは大切です。また，品選びや贈り方が上司や会社の印象に影響することも忘れてはいけません。しきたりにかなった，ふさわしい贈り方についての知識が，秘書には求められます。

＜上司の指示で贈り物をするとき，秘書が気を付けなければいけないこと＞

① 親疎の度合いや取引状況など，贈る相手と上司との関係に気を付ける。
② 上司と相手の，年齢や職位などにふさわしい品物を選ぶ。
③ ①，②を踏まえた，届け方（添え状）を考える。
④ 贈る目的に合った品物と上書きを考える。

＜出来上がった社史を関係者に贈るとき，送付先の名簿作成の手順＞

① 各部署に，希望する社史送付先を挙げてもらう。
② 社長および役職者に，会社業務とは直接関係はなくても贈りたい先があれば挙げてもらう。
③ ①，②を合わせ，重複していないかチェックする。
④ 総務部長に送付先名簿を見せて，追加，訂正，削除はないか確認する。

＜社史の，送付の仕方＞

① 創立〇周年の記念のときは，「創立〇周年」のロゴや文字を印刷した専用の封筒を用意する。
② 添え状を同封する。
③ 「謹呈」か「献呈」の印を押した（印刷した）しおりを挟む。または，社史に「謹呈」か「献呈」の印を押す。

⑤ 慶弔に関わる業務

慶弔に関わる業務についての詳細は，「第4章　マナー・接遇」(p.232 ～ 249) で学びます。弔事の場合は，突然の訃報について，通夜や葬儀に間に合うように手配しなければなりません。日ごろから会葬者や香典等の前例をファイルにまとめておき，上司の速やかな判断を助けます。また，上司が不在ですぐに連絡が取れない場合は，取りあえず必要な情報を集めて待機しますが，それでは間に合わない場合は，上司の代行者（課長など）に指示を仰いで手配します。

過去 brush up

Q 総務部長秘書Aは土曜日の朝，取引先の社長の急逝を新聞で知った。通夜は明日，告別式は明後日ということである。月曜日が祝日のためAの勤務する会社は3連休である。部長は家族で旅行に出ていて帰宅するまで連絡が取れないが，課長は在宅と聞いている。このような場合Aはどのように対処したらよいか。順を追って箇条書きで答えなさい。

A 解答例
1. 課長の自宅に連絡し，新聞記事の内容と部長は旅行中で帰宅するまで連絡が取れないことを伝える。
2. 課長に会社としての対応を尋ね，Aが行うことの指示を得る。
3. 課長の指示により，弔電や供花の手配をする。
4. 課長が参列する場合は，何かすることはないかを尋ね，指示があれば従う。
5. Aが代理で参列するように指示されたら，香典は立て替えて用意して参列し，そのときの様子を課長に電話で報告する。
6. 部長に連絡がついた時点で，それまでの経緯を報告する。

在宅している課長に取引先社長の急逝を連絡し，指示に従うことになります。また自宅での対応になるので，それらを考えながら順を追って答えればよいでしょう。

関係者の訃報

取引先の役員や部長（またはその家族）の訃報は，多くの場合，その取引の担当部署か，総務課や秘書宛てに届きます。電話で連絡があった場合は，会社として対応するために必要なことを聞き取りますが，急なことなので，相手も十分な情報を得ていないことがあります。また，休暇で連絡が遅れることもあります。トップマネジメントに付く秘書は，上司の関係者に高齢の方も多いので，毎朝，新聞の死亡記事欄に目を通す習慣があるものです。
また，この問題では設問に，部長とは「連絡が取れない」と明記してあるので，その状況での最善策を答えます。勝手に，上司の携帯電話に連絡するとか，休暇先を調べて連絡する，などと問題の状況設定を変えてはいけません。実際には，不測の事態に備えて，上司には休暇中でも，メールなどで連絡が取れるようにしておくのがよいでしょう。

Lesson 6 情報収集

> 上司は日々，担当者や秘書が報告した情報をもとに，仕事の方針や対処の仕方を決めます。その情報に不足や誤りがあれば，上司は適切な判断ができません。経済一般や競合他社，取引についてなどの他，取材や講演，執筆依頼の条件，寄付依頼の内容なども上司の判断に必要な情報です。

過去問題でポイントチェック！
POINT CHECK

総務部長秘書Aは営業部長から，「取引先F社の工場で火災があり被害が出たという連絡が入ったが，知っているか」と聞かれた。総務部にはまだこの連絡は入っていない。上司は出張中で，数時間後でないと連絡が取れない。このことにAはどう対処したらよいか。順を追って箇条書きで答えなさい。

Answer CHECK

解答例
1．営業部長に，総務部にはまだ連絡が入っていないと言って，分かっていることを教えてもらう。
2．F社の総務部に電話をして，被害の状況を教えてもらう。
3．総務課長に1．と2．を伝え，上司と連絡が取れるまでの間にAが行うべきことについて指示を受ける。
4．上司と連絡が取れたら，次のことを行う。
　a　F社の被害の状況と，これまでに課長の指示で行ったことを伝える。
　b　会社としての対応について，指示を受ける。
5．会社としての対応が決まったら，営業部長にも知らせる。

取引先の工場火災で被害が出たということです。取引に影響を及ぼす被害だった場合は，Aの会社も対策を講じなければなりませんので，被害の状況をより正確に速やかに知る必要があります。まずは情報を集めること，上司と連絡が取れるまでにやること，上司への報告，のように時系列で答えることになります。

❶ 取引先の被災

取引先が火事や水害などで被災したという連絡が入ったときは，被害の状況について，社内の担当者に尋ねます。報道されるほどの災害・事故の場合は，テレビのニュースやインターネット情報も併用して，状況を確認します。時間の経過とともに被害状況が明らかになっていくことも多いので，初回の連絡だけで判断せず，全容解明まで様子を見ることも大切です。

上司には，現時点で分かっていることを速やかに報告して，行うべきことについて指示を仰ぎます。外出中など上司とすぐに連絡が取れない場合は，代行者に指示を仰いで対応するとともに，上司への報告事項をまとめておきます。

また，取引の影響の有無にかかわらず，被災見舞の気遣いも必要です。取引内容や付き合いの親疎により，程度（金額など）は変わってきますが，見舞状とともに見舞金を送るなどのことになります。過去の事例を調べ，あれば上司への報告の際に伝えれば，上司の判断材料となります。

❷ 取材や講演の依頼

上司の外出中に，上司宛てに取材や講演の依頼があったときは，上司の判断材料となる内容を聞いておき，上司に伝えます。

＜上司不在中，取引先の人から，関係する団体での講演依頼があったとき，聞いておくこと＞
① 講演の希望日時，場所
② 講演のテーマと時間
③ 講演の対象層と人数
④ その団体の活動内容，代表者名，会員数
⑤ 取引先の人の，その団体での立場
⑥ 返事の期限，連絡先
⑦ 謝礼の有無

過去 **brush up**

Q 秘書Aの上司が外出中に，Tと名乗る客が不意に訪ねてきた。Aが上司は外出中と言って用件を尋ねると，「上司の学生時代の友人から紹介されて，F福祉団体への寄付を頼みに来た」と言われ，寄付の趣意書を渡された。このような場合の，次の①と②について簡条書きで答えなさい。

① 　T氏に関することで確認しておかなければいけないことを二つ。

② 　寄付の趣意書にはどのようなことが書かれているか。「F福祉団体の事業内容」「寄付の目的」の他に一般的なことを三つ。

A 解答例
　　①1．上司の学生時代の友人（紹介者）の名前。
　　　2．T氏とF福祉団体の関係。
　　②1．寄付額の単位。
　　　2．寄付の期限・受付方法。
　　　3．代表者氏名

解答例の他に，①は「T氏の連絡先」，②は「目標額」「連絡先と事務局担当者名」などもよいでしょう。

● ●

寄付依頼

寄付の依頼は普通，総務部など担当部署に取り次ぎますが，上司の知人などの紹介で上司を訪ねてきたときは，まずは上司が応対します。上司が外出中の場合は，上司の判断に必要な事柄を聞いておき，後で上司に伝えます。多くの場合，寄付を頼みに来る人は「趣意書」（考えや目的などを記した文書）を持参します。また，寄付額の単位は「口」で表されます。（例:一口1万円など）

自分の仕事の一部などを，後輩に指示したり手伝ってもらったりするときは，後輩の状況をよく見て指示する，指示の仕方に気を使う，などの配慮が必要です。後輩たちの実務能力の向上は，上司の仕事の効率アップにつながります。指導やアドバイスも先輩社員の重要な職務であることを理解しましょう。

 過去問題でポイントチェック！
POINT CHECK

秘書Aは会議資料の準備をしていたが，急な仕事が入ったため，残りは少しということもあって後輩Bに後を頼んでおいた。ところが，Aが仕事を終わらせて戻ってみると，Bはまだ手を付けていない。Aは急いで後を続けたが，会議の始まる時間までに間に合わず上司から注意された。このような場合の対処を，次の①～③について答えなさい。

① 上司に対して
② Bに対して
③ 今後の仕事の頼み方について

 Answer CHECK

解答例
① 迷惑をかけたことをわび，言い訳などはしない。
② 会議資料が会議の始まる時間までに間に合わなかったこと，上司から注意を受けたことを話し，そのときのBの状況を尋ねておく。
③ 仕事を頼むときは，いつまでに必要かを話し，それまでにできるかどうかを確かめるようにする

③仕事を頼むときの基本を答えることになります。

注意の前に，自らの言動を振り返る

後輩に仕事を頼んだのは自分ですから，上司には，後輩のことには触れず自分のミスとして謝ります。次に，後輩に今回の結末を話して必要な指導をすることになりますが，頼んだときに後輩の仕事の状況を確認せず，頼む仕事の目的や期限も伝えなかったのであれば，自分のミスです。後輩に指示の受け方を指導することも大切ですが，まずは自分のこととして謝り，改善する姿勢が必要です。

❶ 指示の仕方

ミスの原因の多くは，指示の受け方がよくなかったか，ホウレンソウ（報告・連絡・相談）を適切に行わなかったか，です。仕事に慣れていない後輩にとって，指示の受け方を教えられて知識はあっても実践は難しいものです。まだスキルが身に付いてない後輩に仕事をさせるときは，指示の仕方を工夫して，内容がきちんと理解されているかを確かめます。また，指示の通りに進行しているかなど，仕事中も気を付けて様子を見ます。必要に応じて声をかけるなどフォローするのもよいでしょう。

❷ 新人・後輩の指導

新人や後輩の指導の仕方について，詳しくは「第4章 マナー・接遇」（p.178～190）で学びます。態度振る舞いや仕事の仕方について注意するときは，どういう点がよくないのか，それはなぜいけないのか（上司の仕事に支障を来す，上司や会社の印象に影響する，など），どのように改善すればよいかの具体的なアドバイス，の順に話します。

過去 🈺 brush up

Q 秘書Aは上司から，「新人Cは私への伝達事項をよく忘れるので困る。どうすればよいかを，君からCによく教えておいてもらいたい」と言われた。このような場合，AはCにどのようなことを話せばよいか。箇条書きで具体的に三つ答えなさい。

A 解答例
1. Cが伝達事項を忘れることによって，上司の仕事に支障を来すということを自覚すること。
2. 伝えなければならないことは，すぐにメモする習慣を付け，記憶に頼ることはやめること。
3. 伝達事項は専用ノートで管理し，伝達が済んだかどうかをチェックする習慣を付けること。

伝達事項を忘れることによる影響を自覚させること，忘れないようにするための具体的な方法や工夫などが答えになります。

• **PLUS UP**

問題文をビジュアル化してみる

新人が伝達事項をよく忘れるため上司が困っているということです。実際の職場では，新人の仕事の仕方を観察したり，本人に話を聞いたりして，具体的な事例を特定し，原因を究明した上での指導になるでしょう。解答に当たっては，新人Cの職場での様子，伝達事項を忘れたときの光景を思い浮かべて原因を幾つか考えてみると，具体的なアドバイスが思い浮かびます。その場ですぐにメモしているか，書き方はどうか，簡単なことも軽視せずメモしているか，書いたメモはきちんと整理できているか，散逸していないか，書きっ放しにせず見返してチェックしているか，など。答案練習の際も，設定されている場面や登場人物を思い描き，頭の中で動かしてみると，問題点が明らかになってきます。

③ 解答の仕方〈職務知識〉

「職務知識」の領域では，2問または3問（「必要とされる資質」「職務知識」合わせて5問）出題されます。多くの場合，記述式ですが，時々，選択問題が出題されることもあります。

Lesson 1 順を追って答える記述問題（場合分け）

 過去問題でポイントチェック！
POINT CHECK

部長秘書Aが出社してパソコンを開くと，常務秘書から上司の今日の夜の都合を尋ねるメールが入っていた。昨日Aは休んでいたので未回答のままになっている。今日，上司は支店に直行し，出社は昼ごろの予定である。このような場合どのように対処するのがよいか。順を追って箇条書きで答えなさい。

 Answer CHECK

解答例
1. すぐに常務秘書に内線電話をし，次のことを言う。
    a 連絡が遅くなってすまない。昨日自分は休みを取っていたのでメールは今見た。
    b 今日上司は支店に直行していて出社は昼ごろの予定だが，上司が出社してから返事をするのでよいか。
2. 返事を急ぐということなら支店に電話して，
    a 上司が到着していれば，上司を呼び出してもらう。
    b 到着していなければ，上司が着いたらAに電話をもらいたいと伝言を頼む。
3. 出社してからでもよいということなら，上司が出社したら常務からの用件を話し，指示に従う。

メールは未回答なので，常務秘書への連絡，返事の期限，それによる上司への連絡，連絡の結果への対処などを順に答えることになります。

 Point here!
ここが
ポイント！

二通りに展開するときは，それぞれについて追っていく

順を追って答えるので，まず行うこと「1」（常務秘書に電話）から始め，その結果（返事を急ぐ／急がない）によって次の行動（2と3）を書きます。また，「2」は展開が二通り（上司が到着している／到着していない）になるので，それぞれについて対処を書きます。

◇順を追って答える記述問題の解き方について，基本は「解答の仕方＜必要とされる資質＞」（p.47）で学びました。再度確認してください。

◇基本的には時系列に沿って，答えていきます。まず，すぐに行うことを書き，相手の返事や状況が二通りある場合は，それぞれについての対処を書きます。その対処の結果，さらに展開が細分化されることもあります。

◇大きな流れは「1」「2」「3」として箇条書きにし，その中の項目は「a」「b」「c」として箇条書きにします。「(1)」「(2)」「(3)」や「①」「②」「③」でも構いません。

◇全体の構図は，以下のようなフローチャートをイメージして組み立てます。

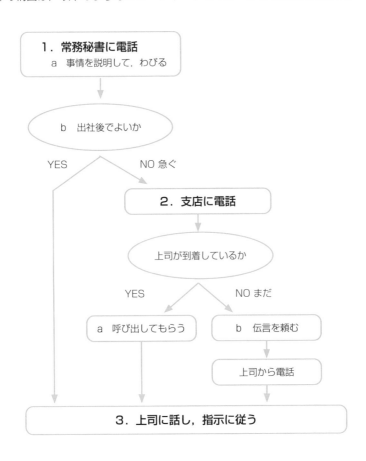

◇ただし，解答は「箇条書き」で答えるよう指示がありますので，例えば，

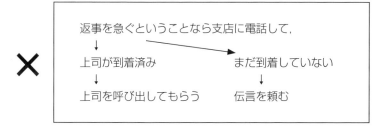

のように図示する答え方はできません。

○
　　2．返事を急ぐということなら支店に電話して，
　　　a　上司が到着していれば，上司を呼び出してもらう。
　　　b　到着していなければ，上司が着いたらAに電話をもらいたいと伝言を頼む。

◇「1」「2」「3」を先に書いて，必要に応じてその中に「a」「b」を書く場合は，
　あらかじめ全体をイメージして行間を広く取っておく必要があります。

過去問題でポイントチェック!
POINT CHECK

秘書Aは異動で人事部長秘書から総務部長秘書になった。総務部長秘書Cが退職するための後任である。次は，AがCから引き継ぎを受けている期間中に行ったことである。中から<u>不適当</u>と思われるものを選び，その番号を（　　）内に答えなさい。

1. Cが上司の家族の話をしたとき，よい機会と思い上司の家族構成について教えてもらいたいと言った。
2. 取引先からの電話でCの在否を聞かれたとき，Cの後任である自分のことには触れずにCに電話を回した。
3. 部長会議の資料を作成して上司に渡したとき，Cに教えられた通りに作ってみたが今後もその作り方でよいかと尋ねた。
4. Aの後任の人事部長秘書Bが，教えてもらいたいことがあると言ってきたとき，Cに事情を話し人事部に出向いて教えた。
5. 顔なじみの取引先の人と廊下で擦れ違ったとき，自分は総務部に異動した，後任はBだが自分と同様によろしくとあいさつした。

（　　　　　）

Aが教えられた資料の作り方は，今までCがしてきたこと。ということは，その作り方が定着していることになります。それを，教えられた通り作ったが今後もそれでよいかと尋ねるのは，今までの仕方を否定した言い方なので不適当ということです。

不適当は 3.

場面設定を丁寧に読む

退職する前任秘書からの引き継ぎ時に行ったことです。

1. 上司の家族については，秘書業務に必要なことは知っておくのがよいでしょう。家族構成を前任秘書に聞いたことは不適当ではありません。

2. 引き継ぎが進めば，Ｃは取引先にＡを紹介するでしょう。Ｃの退職を取引先に伝えているかどうかも不明です。自分のことに触れずにＣに電話を回したのは不適当ではありません。

3. 解説の通りです。部長がよしとしてきた仕方を，それでよいかと部長に尋ねるなどは不適当です。今まで通りに作ったが今後もそれでよいかと尋ねるのは，上司が異動で交代した際に新上司に尋ねることです。

4. 自分の後任秘書への引き継ぎも重要な仕事です。人事部の仕事は特に守秘が必要なので，部内で引き継ぎを行うのがよいでしょう。その間の総務部長の秘書業務はＣが行えるので，事情を話して人事部に出向いたのは不適当ではありません。

5. 顔なじみとは，よく会う，よく見知っているということ。異動したことは伝えておくべき間柄です。後任について自分と同様によろしくとあいさつしたのも不適当ではありません。

◇「職務知識」の領域では，時々，選択問題が出題されることがあります。内容は，上司が急きょ入院した場合の対応や，異動のため前任秘書から引き継ぎを受けた際の行動などです。

◇不適当と思われるものを選ぶ問題では，正解（不適当な選択肢）には，必ず不適当な理由があります。それ以外の選択肢は適当ではありますが，最適というわけでもないことがあり，それが問題の難しさにもなっています。正解を選ぶに当たっては，「不適当といえるか」という意識で読み，明らかに不適当な箇所を探します。

1

　秘書Aの上司（営業本部長）が夕方に戻る予定で外出しているところに，取引先のK社から「創立記念パーティーの招待状を出したが，出欠の返事をもらっていないようだ」という連絡があった。招待状は資料に紛れてしまい，上司に見せるのを忘れていた。上司はその日時に経済団体の会合に出席することになっている。このような場合，Aはどのように対処すればよいか。順を追って箇条書きで答えなさい。

2

　秘書Aが出社すると上司から電話があった。「昨夜家で転倒し，病院に行ったところ数日は大事を取った方がよいと言われた。今週は特に重要な予定は入っていないので自宅で二，三日安静にすることにしたが，何かあったら電話してもらいたい」ということである。このような場合，上司に確認することを箇条書きで四つ答えなさい。

3

　秘書Aの上司の今日のスケジュールは，3時から4時まで社外の会議に出席（会議は5時までだが途中退席），その足で羽田空港に向かって得意先のS氏を迎え，S氏と同道で料亭に向かい食事をすることになっている。空港への出迎えは5時。料亭の予約時間は6時である。今2時。上司は少し前に会社を出たが，携帯電話を持っていない。そこへS氏の秘書から電話が入り，「予定の便が欠航になった。Sは次の便で行くので到着は6時になる」と知らせてきた。このような場合の対処を，順を追って箇条書きで答えなさい。

4

　秘書Aは上司から，取引先E社のS部長に面談のアポイントを取るよう指示された。「新製品のことでどうしても今日明日中に相談したいことがある。時間と場所はS部長に合わせる」ということである。そこでS部長秘書に電話したところ，明後日まで休暇を取って自宅にいると言う。このような場合，AはS部長秘書にどのようなことを言えばよいか。箇条書きで三つ答えなさい。

必要とされる資質

職務知識

一般知識

マナー・接遇

技能

面接

5 チェック！

秘書Aは上司から，海外の取引先からK氏が来日するので，Tホテルの予約を頼むと指示された。ホテルへの到着は早朝で，出発は深夜になるという。このような場合，予約をするときホテルに確認しておくことや予約の仕方などを，箇条書きで四つ答えなさい。

6 チェック！

秘書Aの上司宛てに，上司に個人的に世話になったという人から，名産品を送ったと書かれたはがきが届いた。ところが，1週間たっても品物が到着しない。上司もこのことを気にかけているようである。Aは相手の人を知らない。このような場合，どのように対処したらよいか。順を追って箇条書きで答えなさい。

7 チェック！

秘書Aは支店へ出張する上司に書類を渡すため空港に出向いた。上司は自宅から直接空港へ来ることになっているが，出発時間の20分前になっても約束の場所に現れない。上司の携帯電話に電話をしたがつながらなかったので，メッセージを残しておいた。この場合Aは，携帯電話への連絡以外にどのような対処をしたらよいか。箇条書きで三つ答えなさい。

8 チェック！

秘書Aの上司は出張が多い。Aの会社では社員が出張する場合の交通や宿泊の手配は，総務部から指定の旅行代理店に依頼している。そこへ，上司の友人で別の旅行代理店の支店長をしているT氏が，上司の手配を自分のところでさせてもらいたい，と営業のW氏を派遣してきた。上司はAに対処を任せると言う。このような場合，Aは秘書としてどのように対処すればよいか。順を追って箇条書きで答えなさい。

9 秘書Aの後輩Eは，指示された仕事に漏れが多い。このようなことでは困るので，指示通りの仕事ができるよう，AはEに指導をすることにした。このような場合，AはEにどのようなことを言えばよいか。箇条書きで三つ答えなさい。

10 秘書Aが出社すると上司（部長）から電話があった。「昨夜（水曜日）帰宅途中，自転車を避けようとして転倒した。病院に行ったところ，大したことはないが二，三日は大事を取った方がよいと言われた。今週はあと二日で特に重要な予定は入っていないので自宅で静養することにした」ということである。次はこのときAが行ったことである。中から<u>不適当</u>と思われるものを一つ選び，その番号を（　　）内に答えなさい。

1．社内の関係者に上司は今週出社しないとメールで知らせたが，そのとき転倒したとは書かずに都合でということにした。

2．上司と気が合う他部署のM部長にはメールで不在の理由を説明し，見舞いに行くのなら上司に連絡しておくと書き添えた。

3．上司に確認したいことがあったので，上司の携帯電話にではなく自宅に電話し，家人に上司の具合を尋ねてから電話を取り次いでもらった。

4．課長から，今日のK社との担当者食事会に部長も顔を出すと言っていたのに残念だと言われて，次のとき改めて声をかけてみてはと言った。

5．先輩から，明日休暇を取るつもりでいたが出社した方がよいかと言われて，何かあったら先輩の携帯電話に連絡するので休んでもらいたいと言った。

（　　　　）

11 秘書Aは総務部長秘書である。総務課長の後任に広報課長だったJが異動してきたが，Jはこの異動に不満らしく表情がさえない。また部長もそのことを感じてかJに声をかけようとしない。Aは広報課にいたことがあり，Jとは同期入社で割と親しく気心も知れている。ある日，AとJは退社が一緒になり途中まで一緒に帰った。次はこのときAがJに言ったことである。中から<u>不適当</u>と思われるものを一つ選び，その番号を（　　）内に答えなさい。

1．様子を見ていて心配している。気持ちを切り替えて課を盛り上げてほしい。
2．総務の仕事のやりがいや面白さについて，一度部長に教えてもらったらどうか。
3．部長の仕事の仕方や性格など，知っていることは話す。部長の期待に応えるための協力は惜しまない。
4．前任者から引き継いだことで，分からないことがあったらいつでも聞いてもらいたい。自分も調べるなどして手伝う。
5．部長と話をする機会が少ないようなので，仕事以外のことも話題にしながら，課長から部長に話しかけてみたらどうか。

（　　　　　）

必要とされる資質

職務知識

一般知識

マナー・接遇

技能

面接

1
1. K社に, 自分の手違いで返事が遅れたと言ってわび, 返事を夕方まで待ってもらいたいと頼む。
2. 営業部長秘書に, 事情を話してこの日の営業部長のスケジュールを確認しておく。
3. 上司が戻ったら, 招待状を見せて謝り, 出席をどうするか指示を仰ぐ。そのとき, 2. で確認したことについても話す。
4. 上司の指示に従って,
   a K社に出欠の返事をする。
   b 経済団体の会合の出席に変更があればその連絡をする。
   c 代理出席を立てる場合は, その依頼をする。

※自分のミスで生じた手違いをどう処理するかです。解答のポイントとして, K社に上司が戻るまで返事を待ってもらう, 代理出席を想定してできることをしておくなどがあります。
◇上司は「営業本部長」であることを見落とさず, 代行者は「営業部長」であること, 代理出席を頼む可能性があることを踏まえて解答を整えます。

2
1. どのようなけがなのか
2. 不在中にしておかなければならないことはあるか。
3. 上司の不在を社内外の人にどのように説明するか。
4. スケジュールの調整はできる範囲でしてよいか。

※上司は転倒したということなので, まず, けがの状態を尋ねます。次に, 自宅で二, 三日安静にするということなので, 上司が出社しないことで影響の出ることへの対応について確認することになります。解答例の他に, 「関係者へ伝言することはないか」「自宅へ届けるものはあるか」などもよいでしょう。

3
1. 上司が出席する会議の場所へ電話し, 上司が着いたらAに連絡するように伝えてもらいたいと頼む。
2. 上司から連絡が入ったら次のことを伝える。
   a S氏の空港到着が6時になる。
   b 会議が終わってから空港に向かっても間に合う。
3. S氏の秘書に電話し, 6時に出迎えることを伝える。
4. 料亭へ, 到着時間が1時間ほど遅くなることを連絡する。
5. Aは, 上司やその他の人からの連絡があったときのために待機している。

※S氏の空港到着の時間が変更になったのですから, それによって影響を受ける人などへの対応を順を追って答えていくことになります。ポイントは, 上司は会議を途中退席しなくて済むようになったことと, Aは待機していることです。

4
1. S部長に, 今日明日中に上司と面談できるよう取り計らってもらえないかと頼む。
2. 次のことをS部長に伝えてもらう。
   a 用件は新製品に関する相談である。
   b 面談の時間と場所はS部長に合わせる。
   c 都合によっては, どこでもS部長の指定する場所に出向く。
3. 面談の見通しについて連絡をもらいたいと頼む。

※今日明日中という急な面談のアポイントを取るということです。都合はS部長に合わせること, 見通しについて連絡をもらいたいと頼んでおくことがポイントになります。

5 1. 早朝のチェックインと深夜のチェックアウトを予定していることを伝えて，それに対応する予約をする。
2. 支払い方法と金額を確認しておく。
3. 到着日の朝食の手配ができるか確認しておく。
4. 深夜出発の際の交通手段を確認しておく。

※変則的な時間のチェックイン，チェックアウトの予約ですから，それに伴い必要となることを確認して予約することになります。

6 1. 上司に，調べてみるかを尋ね，相手の名前，連絡先などを聞く。
2. 他部署などに間違って届いていないかを確認する。
3. 相手に電話をかけて，送ってくれた礼を言ってから，届いていないことを知らせる。
4. 上司に状況を報告する。

※上司の個人的な関係でのことなので，まず上司に調べてみるか尋ねます。また，相手に連絡する前に，社内に間違って配送されていないかの確認はしなければなりません。これらを順に答えることになります。

7 1. 上司の自宅に電話をして，上司が何時ごろ出たかを確認する。
2. 会社に電話をして，上司から何か連絡が入っていないかを確認する。
3. 空港のカウンターへ行き，アナウンスで呼び出してもらう。

※解答例の他に，「搭乗手続（チェックイン）は済んでいるかどうか，航空会社のカウンターで確認してもらう」「予定の便に上司が乗らなかった場合は，支店へ電話をして事情を説明し，また連絡すると伝える」などもよいでしょう。

8 1. 総務部の担当者に事情を話し，指定の旅行代理店以外に依頼することができるかを確認する。
2. 認められないという場合は
  a W氏に，指定の旅行代理店以外は認められないことを説明する。
  b 今後のために総務部への面会を希望すると言うのなら，総務部の了解を取った上で担当者を紹介すると言う。
3. 総務部が上司の立場を考慮して上司の裁量を認めるという場合は，W氏から営業案内やサービス内容の詳細を聞いておく。
4. 上司に報告し，3の場合は，T氏の代理店に依頼するかどうかを，W氏から聞いた詳細から判断してもらう。

※出張の手配は総務部の管轄なので，まずは総務部への確認が必須。また，それを受けたW氏への対応などを答えることになります。

9 1. 指示を受けるときは，指示の内容をメモし，用件の数を確認しておくこと。
2. 指示を受け終えたら復唱し，不明な点は確認すること。
3. 指示された仕事ができたら，報告する前に指示通りになっているか見直すこと。

※仕事に漏れが多い原因は，必要なことを忘れるから。それを防ぐための指示の受け方や仕事の仕方についての具体策が答えになります。解答例の他に，「他の仕事と並行して行うときは，注意が散漫にならないようにすること」などもよいでしょう。

必要とされる資質

職務知識

一般知識

マナー・接遇

技能

面接

10 (2)

※二,三日休むことを，上司と気が合うK部長に伝え理由を言うのは，秘書の気配りとしてはよいでしょう。しかし，休む理由は，転んだことに大事を取った方がよいと言われたから。その程度のことなのに見舞いに行くのならとは大げさ。事の理解が適切ではないので不適当ということです。

11 (2)

※異動に不満があるからJの表情がさえないのであり，部長も分かっているから声をかけないということです。異動の不満は自分で消化しないといけないことは，課長も十分承知しているはず。部長に教えてもらうよう言うなどは見当違いのことで不適当です。

第3章

一般知識

　会社の経営に携わる上司の仕事をサポートするためには，経営に関する知識や用語の理解が不可欠です。文書やスピーチの草案や会議の議事録を作成するなどに際し，上司が使う言葉の意味が分からなければ秘書業務は行えません。

　少なくとも，新聞の見出しに含まれる用語については意味が分かるようにしましょう。

　また，上司や得意先との会話では，経営・経済に関することにとどまらず，一般教養ともいえる言葉が多く使われます。話し手の真意を理解するために，故事成語などは一般常識として理解しておきましょう。

企業の基礎知識

株式会社の設立，組織概要，経営管理について，基本事項（用語の意味）を確認しておきましょう。

過去問題でポイントチェック！
POINT CHECK

次の用語を簡単に説明しなさい。

1）メセナ
2）特殊法人
3）執行役員
4）持ち株会社

解答例
1）社会貢献の一環として資金などを提供し，文化，芸術活動を支援すること。
2）公共的，国家的事業を行うために，政府からの出資を受けて設立された法人のこと。
3）法律上の役員ではないが，業務の執行を担当する責任者のこと。
4）他の会社の株式を保有することで，その会社の事業活動を支配することを主な業務とする会社のこと。

「持ち株会社」とは

持ち株会社とは，複数の株式会社を子会社として傘下に持つ会社のことで，ホールディングカンパニーとも呼ばれます。「○○ホールディングス」のような社名の会社は，持ち株会社です。
持ち株会社は，グループ全体の企業戦略を策定します。事業運営は子会社それぞれが行います。

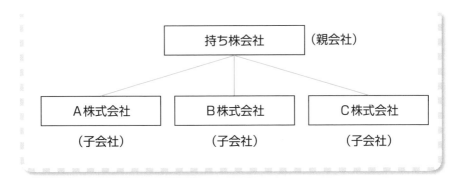

必要とされる資質

職務知識

一般知識

マナー・接遇

技能

面接

❶ 会社に関する基本用語

定款	会社などの組織や業務についての，基本的な規則のこと
上場会社	証券取引所で株式が売買されている会社のこと
代表取締役	会社を代表する権限を持った取締役
CEO	最高経営責任者
執行役員	法律上の役員ではないが，業務の執行を担当する責任者のこと
監査役	会社の活動が法令に違反していないかをチェックする社内機関
経営理念	企業の個々の活動方針の元となる，基本的な考え方のこと
社是	経営理念に基づいた，経営上の方針または主張。最も重要とすること
社訓	その企業で働く全社員が守るべき，会社の理念や心構え
クレド	企業活動の信条や行動規範
コーポレートガバナンス	企業統治。会社統治
コンプライアンス	法令順守。法律や規則を守り，企業としての倫理基準や行動規範を守った経営を行うこと
CSR	企業の社会的責任
ステークホルダー	企業などに利害関係を持つ人や組織のこと
トップダウン	企業の上層部が業務の方針，計画などを決定し，下部に実行させる管理方式
ボトムアップ	企業で，下部の意見を上層部が採り上げ，業務計画などに反映させる管理方式
現地法人	日本の企業が海外で設立した会社のこと

日本的経営	年功序列，終身雇用と定年制，企業別労働組合，稟議制度など，日本企業の経営上の特質
持ち株会社	他の会社の株式を保有することで，その会社の事業活動を支配することを主な業務とする会社のこと
産学協同	産業界と学校などの教育機関が協力し合って，技術の開発や技術者の養成を促進すること
背任	自分の地位を悪用して，会社などに損害を与えること
インサイダー取引	会社関係者から知り得た未公開の情報を利用して証券取引を行うこと

過去 brush up

ビジネスで用いられる次の用語を，簡単に説明しなさい。

1）コーチング
2）トップダウン
3）ボトムアップ
4）アウトソーシング

解答例
1）目標達成のために必要な能力を，対話を通して引き出すコミュニケーション技法。
2）企業の上層部が業務の方針，計画などを決定し，下部に実行させる管理方式。
3）企業で，下部の意見を上層部が採り上げ，業務計画などに反映させる管理方式。
4）企業が自社の業務の一部を外部の専門業者に委託すること。

意味とともに，メリット・デメリット，必要な理由などを調べてみる

トップダウンとボトムアップ，それぞれにメリットとデメリットがあります。また，企業がアウトソーシングをするには理由があります。必要性とそれに伴うリスクの双方を考え合わせて導入を決めることになります。
検定試験に合格するためだけに簡単な説明文を丸暗記するのでよしとするのはもったいないことです。インターネットで検索する程度で構わないので，これを機に，もう少し詳しく調べてみましょう。上級秘書になると，日々の補佐業務の中で，上司から意見を求められることもあります。知識が不十分だったり理解が曖昧だったりすると，上司の期待に応えてきちんと意見を述べることが難しくなります。より高度な秘書業務を目指すには，一般知識が不可欠です。

2 企業組織の活動

Lesson 1 人事・労務についての知識

上司が人事担当役員や人事部長でなくても，部門の長であれば部下の人事・労務について責任を持ちます。秘書は上司の仕事の補佐を通して，さまざまな人事案件に触れることになります。人事・労務についての知識をきちんと身に付けましょう。

過去問題でポイントチェック！
POINT CHECK

次のそれぞれの説明は何のことを述べているか。適切な用語を，□内に漢字を1文字ずつ書き入れて答えなさい。

1）会社などの組織や業務についての，基本的な規則のこと。

2）企業の個々の活動方針の元となる，基本的な考え方のこと。

3）従業員の規律や労働条件などを，使用者が定めた規則のこと。

4）成し遂げた仕事の結果に応じて，給与や昇格などを決定する人事方針のこと。

解答
1）定款
2）経営理念
3）就業規則
4）成果主義

漢字で答える

前ページの問題は，□内に漢字を1文字ずつ書き入れます。この他，「適切な用語を（　　）内に答えなさい」という指示の場合も，漢字の用語は漢字で書きます。

【例】

次のそれぞれの説明は何のことを述べているか。適切な用語を
（　　）内に答えなさい。

1）会社などが給料以外で，従業員の健康維持や生活向上のために行うこと。（　　　　　　）
2）企業などが，その人の処遇に反映させるために，従業員の業績や能力を評価すること。（　　　　　　）
3）会社などを，本人の願い出により退職すること。（　　　　　　）

解答例
1）福利厚生　　2）人事考課　　3）依願退職

❶ 人事・労務管理に関する用語

労働基準法 （労基法）	労働条件の最低基準を定めた法律
就業規則	従業員の規律や労働条件などを，使用者が定めた規則のこと
人事異動	従業員の配置や地位，勤務状態などを変えること
人事考課	企業などが，その人の処遇に反映させるために，従業員の業績や能力を評価すること
ベースアップ	賃金の基準を引き上げること。略して「ベア」ともいう
年功序列	従業員の年齢や勤続年数に応じて地位や賃金が上がること
終身雇用	定年までの長期の雇用関係を前提とした雇用形態のこと
年俸制	1年を単位として報酬を支払う制度のこと
成果主義	成し遂げた仕事の結果に応じて，給与や昇格などを決定する人事方針のこと
栄転	今よりも高い地位に転任すること。低い地位に転任するのは「左遷」

出向	現在の会社に籍を置いたまま，子会社や関連会社などに異動すること
賞与	夏期，年末などに，給与以外に支給する金銭。ボーナス
嘱託社員	正社員と異なり，一定期間限定で雇用され，特定の業務に携わる社員のこと
福利厚生	会社などが給料以外で，従業員の健康維持や生活向上のために行うこと
依願退職	会社などを，本人の願い出により退職すること
ワークライフバランス	仕事と生活の調和
ハローワーク	公共職業安定所
ダイバーシティ	多様性。人種・国籍・性別などを問わず人材を活用すること
エンプロイアビリティ	雇用される能力
ワークシェアリング	仕事を分かち合うこと。一人当たりの労働時間を短くして，多くの人で仕事の総量を分け合うことによって，社会全体の雇用者数の増大を図る考え方

必要とされる資質

職務知識

一般知識

マナー・接遇

技能

面接

企業会計や簿記，銀行取引に関する知識は，資料や議事録の作成などに活用できます。さらに，経営に関する数字が「読める」ようになると，より質の高い補佐業務が可能になります。その元になるのは，用語についての理解です。まずは，会計・財務・経理に関連する基本的な用語をマスターしましょう。

 過去問題でポイントチェック！
POINT CHECK

次の用語を簡単に説明しなさい。

1）棚卸し
2）付加価値
3）為替差益
4）決算公告

 Answer CHECK

解答例
1）決算や整理のために在庫を調べること。
2）生産活動やサービス活動によって新たに作り出した価値のこと。
3）円とドルなど，通貨間の交換比率で生じた利益のこと。
4）企業などが，その事業年度の決算の結果を一般社会に報告すること。

 Point here!
ここが ポイント！

「簡単に説明しなさい」

秘書検定で，「簡単に説明しなさい」と指示されているときの解答は，上記のような必要最小限の内容で構いません。その用語について意味を理解していることが採点者に伝わるように書けていればよいということです。
（p.144「解答の仕方〈一般知識〉」）

❶ 会計・財務・経理の関連用語

財務諸表	企業が財政や経営状態を利害関係者に報告するための書類の総称。代表的な書類は，貸借対照表，損益計算書，キャッシュフロー計算書
貸借対照表	企業の一定期日における資産，負債，純資産（資本など）の内容を一覧表にしたもののこと
損益計算書	決算期などある一定期間の企業の損益を計算して，企業の経営成績（売上・費用・利益など）を示した計算書
キャッシュフロー計算書	一定の会計期間における企業の資金の流れ（増減）を明らかにした計算書
決算公告	企業などが，その事業年度の決算の結果を一般社会に報告すること
連結決算	親会社と関連する子会社などを，一つにまとめて行う決算のこと
流動資産	現金や預金の他，売掛金など１年以内に現金化できる資産のこと
固定資産	１年以上企業にとどまっている資産のこと。土地，建物，機械など
減価償却	使用や時の経過で生ずる固定資産の価値の減少分を，決算期に費用として計上すること
粗利益	売上高から原価を差し引いた金額のこと
売掛金	商品やサービスを提供したがまだ受け取っていない代金
引当金	企業などで，将来の決まった支出や，損失があったときのために計上する金額のこと
損益分岐点	利益の発生と損失の発生の分かれ目となる売上高のこと
棚卸し	決算や整理のために在庫を調べること
粉飾決算	利益の操作を行って，決算の実態を正確に示さないこと
運転資金（ランニングコスト）	原材料の購入や商品の仕入れ，人件費など，会社を経営する上で必要な資金のこと
債券	国（国債），地方公共団体（地方債），会社（社債）が資金調達のために発行する有価証券
含み資産	帳簿に記載されている資産の価格を実際の価格が上回っている場合の差額分のこと
株式の含み損	保有している株式が，買ったときより値下がりしている場合の差額（評価損）のこと
利回り	利益，配当，利息の元金に対する比率のこと

変動金利	預け入れや借り入れの期間中に，最初に決めた利率が変わる金利のこと
貸し倒れ	貸付金や売掛金が回収できずに損失となること
資金繰り	事業資金のやりくりのこと
融資	銀行などが，資金を求めている人や組織に資金を貸し出すこと
担保	貸付金などが返済されないときの保証として，借り手から提供される物のこと
債権（者）	貸した金や財産を返してもらう権利（のある人）
債務（者）	借りた金や財産を返す義務（のある人）
抵当権	債権者が担保物件を債務者に使用させたまま，債務不履行の場合は優先的に弁済を受けられる権利のこと
負債	借りたままになっているお金などのこと
不良債権	貸出先の経営不振などにより，回収が滞ったり，不能になったりした債権のこと
貸し渋り	金融機関が条件を厳しくするなどして，融資に消極的になること
貸し剥がし	金融機関が，返済期限の前に返済を迫るなど，融資した資金を強引に回収すること
M＆A	合併や買収によって一方の企業を支配すること。企業の合併と買収
ディスクロージャー	企業が投資家などに対して，経営成績や財務状態の内容を開示すること
デリバティブ	債券，株式などの金融商品から派生した金融取引のこと
ペイオフ	銀行などの金融機関が破綻したとき，保険金で一定の範囲内での払い戻しを行う制度のこと

Lesson 3　税についての知識

企業に課せられる税金についての知識および個人に課せられる税金についての知識を，整理して理解しておきましょう。

過去問題でポイントチェック！
POINT CHECK

次の税に関する用語を簡単に説明しなさい。

1）確定申告
2）基礎控除
3）e－Ｔａｘ
4）可処分所得

解答例

1）その年に納めるべき所得税を計算して，税務署に報告すること。
2）個人の税金額を計算するとき，所得から差し引ける一定の金額のこと。
3）インターネットを利用して国税の申告や納税などが行えるシステムのこと。
4）個人所得から税金や保険料などを引いた後の，個人が自由に使える所得のこと。

Point here!
ここがポイント！

「可処分所得」とは「手取り」のこと

毎月受け取る給料の総額は，俗に「額面（がくめん）」と呼ばれます。そこから税金（所得税，住民税）と社会保険料（健康保険，厚生年金保険，雇用保険，40歳以上は介護保険）が差し引かれ（天引きされ）た残りが手取り＝可処分所得で，家賃や食費などの生活費や貯蓄に回せるお金です。

必要とされる資質
職務知識
一般知識
マナー・接遇
技能
面接

❶ 税に関する用語

直接税	納税者と税の負担者が同じである税のこと。所得税，法人税，相続税など
間接税	税を負担する人と納税義務者が違う税金。消費税，酒税，印紙税，関税など
法人税	法人の所得（利益）に課される国税
所得税	個人の所得に課される国税
相続税	亡くなった人の財産を受け継いだときに課される税金のこと
固定資産税	不動産の所有者に課される税金のこと
印紙税	契約書，領収書などの文書にかかる税金のこと。収入印紙を貼り消印することによって納税する
インボイス	適格請求書などを用いて消費税の仕入税額控除を受けるための制度
消費税	物品やサービスの消費に対して課される間接税
関税	国内産業保護のため輸入品に対して課される間接税
累進課税	所得額が多くなるに従って，所得税などの税率が上がる課税方式のこと
源泉徴収	会社などが給与などを支払うとき，その金額から所得税を天引きすること
年末調整	会社などが年末に行う，1年間の所得税の過不足の精算のこと
基礎控除	個人の税金額を計算するとき，所得から差し引く一定の金額のこと
確定申告	1年間の所得金額と所得税を納税者自身が計算し，申告，納税すること
還付金	所得税の支払い過ぎなどの理由により，確定申告により納税者に返還される税額
e－Tax	インターネットを利用して国税の申告や納税などが行えるシステムのこと
可処分所得	個人所得から税や社会保険料などを引いた後の，自由に使える所得のこと
軽減税率	特定商品の消費税を一般的な税率（10%）よりも低く（8%）する制度
ふるさと納税	自分の選んだ自治体に寄付した額の一部が，所得税と住民税から控除される制度

過去 🔲 **brush up**

Q 次のそれぞれは何のことを説明しているか。例に倣って漢字で ☐ 内に答えなさい。

（例）商品の売買やサービスの提供など，消費行動に課される税金のこと。

= | 消 | 費 | 税 |

1）不動産の所有者に課される税金のこと。

=

2）亡くなった人の財産を受け継いだときに課される税金のこと。

=

3）給与などを支払うとき，その金額から所得税を天引きすること。

=

4）1年間の所得金額と所得税を納税者自身が計算し，申告，納税すること。

= | | | |

5）会社などの所得（売上から必要経費などを差し引いた額）に課される税金のこと。　= | | |

 解答
　1）固定資産税
　2）相続税
　3）源泉徴収
　4）確定申告
　5）法人税

必要とされる資質

職務知識

一般知識

マナー・接遇

技能

面接

マーケティング（商品や物，サービスが売り手から消費者に円滑に流れる一連の
ビジネス活動）についての知識を確認しましょう。

過去問題でポイントチェック！
POINT CHECK

次の用語などのことをカタカナ語にして，（　　）内に答えなさい。

1）製品の市場での寿命　　（　　　　　　　　　　　　）

2）消費者主義　　　　　　（　　　　　　　　　　　　）

3）市場調査　　　　　　　（　　　　　　　　　　　　）

4）商品化計画　　　　　　（　　　　　　　　　　　　）

解答・解説等
1）ライフサイクル
2）コンシューマリズム
3）マーケットリサーチ，マーケットサーベイ
4）マーチャンダイジング

❶ マーケティングに関する用語

付加価値	生産活動やサービス活動によって新たに加えられた価値のこと
アドバタイジング	広告活動

オープンプライス	メーカーが希望小売価格を定めず，小売業者が決める販売価格のこと。オープン価格
カスタマー	顧客，得意先，取引先
クライアント	依頼人，顧客，得意先
クーリングオフ	訪問販売などによる商品購入の契約を，一定期間内であれば無条件で解約できる制度
グローバリゼーション	市場経済などが世界的規模に拡大すること
コンシューマリズム	消費者主義。（コンシューマー＝消費者）
コストパフォーマンス	費用対効果。費用に対する満足度の評価のこと
スケールメリット	規模が大きくなることによって得られる利益や効果のこと
セールスプロモーション	販売促進。商品の特性や価格情報などを消費者に伝えたり，景品を付けたりして消費者の購買意欲を呼び起こす活動のこと
トレードマーク	登録商標
ナショナルブランド	全国的に知名度や普及率の高い商品や商標のこと
パブリシティ	新製品などを新聞や雑誌などメディアの記事として扱ってもらう宣伝方法のこと
プライスリーダー	市場価格の決定に強い影響力を持つ企業のこと
プライベートブランド	ＰＢ。スーパーなどが独自に企画生産した商品の自家商標のこと。自主企画商品
フランチャイズチェーン	本部が加盟店に一定地域での営業権を与える営業方式
プレミアム	商品につく景品。手数料や割増金などの意味もある
マーケットシェア	市場占有率。市場でその商品やサービスが占める割合
マーケットリサーチ	市場調査。マーケットサーベイ
マーチャンダイジング	商品化計画。消費者のニーズに合う商品を，適切な数量・価格で市場に供給する企業活動のこと
マーチャンダイザー	商品化計画担当者
ライフサイクル	製品の市場での寿命
ロイヤリティー	特許権，著作権，商標権などの権利使用料
ロジスティクス	原材料調達から販売に至るまでの，顧客のニーズに合わせた物流を計画・実行・管理すること

B to B	企業が企業に向けて商品やサービスを提供すること。企業間取引
B to C	企業が消費者と取引するビジネス
CS	顧客満足
D2C	ダイレクト・トゥ・コンシューマー。メーカーが，自社のＥＣサイトを通じて製品を顧客に直接販売するビジネスモデル
eコマース	電子商取引（ＥＣ）
POSシステム	レジとコンピューターをつなぎ，販売時点で商品の売り上げ情報を管理できるシステムのこと

過去 問 brush up

Q 次は何の用語の説明か。（　　　）内にカタカナで答えなさい。

1） 市場経済などが世界的規模に拡大すること。

（　　　　　　　　　　）

2） 市場価格の決定に強い影響力を持つ企業のこと。

（　　　　　　　　　　）

3） 全国的に知名度や普及率の高い商品や商標のこと。

（　　　　　　　　　　）

4） 訪問販売などによる商品購入の契約を，一定期間内であれば解約できる制度のこと。

（　　　　　　　　　　）

A 解答
1） グローバリゼーション
2） プライスリーダー
3） ナショナルブランド
4） クーリングオフ

Lesson 5 職業や人を表す用語

企業に関わる職業や，人を表す用語を確認しましょう。

Q 過去問題でポイントチェック!
POINT CHECK

次の人のことを，それぞれ何というか。（　　）内に用語で答えなさい。

1）財務に関する書類の監査や証明を職業とする人。
（　　　　　　　　　　　　　）

2）官公庁に提出する書類の作成や手続きの代行を職業とする人。
（　　　　　　　　　　　　　）

3）特許，意匠などの申請，出願に関する手続きの代行を職業とする人。
（　　　　　　　　　　　　　）

4）裁判所や法務局などに提出する書類の作成や手続きの代行を職業とする人。
（　　　　　　　　　　　　　）

解答
1）公認会計士
2）行政書士
3）弁理士
4）司法書士

❶ 企業に関わる職業

公認会計士	財務に関する書類の監査や証明を職業とする人
税理士	納税事務の代行や税務相談などを職業とする人
行政書士	官公庁に提出する書類の作成や手続きの代行を職業とする人

必要とされる資質

職務知識

一般知識

マナー・接遇

技能

面接

司法書士	裁判所や法務局などに提出する書類の作成や手続きの代行を職業とする人
弁理士	特許や実用新案，意匠などの出願に関する手続きの代行を職業とする人
公証人	民事に関する公正証書を作成できる権限を持つ人
弁護士	訴訟当事者の依頼を受け，訴訟などやその他一般の法律事務を行うことを職業にしている人
顧問弁護士	企業が，さまざまな訴訟に備えて，また各種法律相談をするため，顧問契約を結んでいる弁護士
社会保険労務士	社会保険事務の代行や相談・指導を職業とする人
不動産鑑定士	土地や建物などの適正な価格の評価を職業とする人
中小企業診断士	中小企業の経営課題に対する分析・助言を職業とする人
経営コンサルタント	企業などの経営課題に対する分析・助言を職業とする人

❷ 人を表すカタカナ用語

アテンダント	随行者。接客者。劇場やホテルの案内人
アナリスト	分析家，評論家
インフルエンサー	世の中に与える影響力が大きい人
エージェント	代理人
エキスパート	専門家，熟練した人
エグゼクティブ	経営幹部，重役
エコノミスト	経済学者，経済の専門家
エコロジスト	自然環境の保護を唱える人
オンブズマン	行政に対しての監察と苦情処理に携わる専門委員。行政監察委員（団体）
キーパーソン，キーマン	中心人物。重要人物。ある特定の物事に影響力を持つ人
コーディネーター	物事の調整役やまとめ役
コンシェルジュ	ホテルの接客係で，宿泊客の要望に応じて観光などの相談を受けたり交通の手配をしたりする人

コンシューマー	消費者
スーパーバイザー	監督者
スポークスマン	政府や団体の情報や意見を，報道機関に発表する担当者
ゼネラリスト	多方面に知識，技術などを持つ人⇔スペシャリスト（専門家）
デイトレーダー	株取引専門の個人投資家。1日で株の売買を完了する個人投資家
デベロッパー	開発業者。住宅開発，リゾート開発などを行う業者
パネリスト	討論会などで代表発言や問題提起をする人
プロモーター	主催者

過去 brush up

Q　次の，人に関する用語の意味を簡単に答えなさい。

1）オンブズマン
2）コンシューマー
3）デイトレーダー
4）マーチャンダイザー

 解答
　1）行政監察委員（団体）
　2）消費者
　3）1日で株の売買を完了する個人投資家
　4）商品化計画担当者

必要とされる資質

職務知識

一般知識

マナー・接遇

技能

面接

③ 社会常識

Lesson 1 社会常識として知っておきたい用語

> 企業の経営は，社会の情勢や世の中の関心に影響されます。政治経済や商業，環境に関することの他，時事的なこと，最近の話題についても，ニュース等に興味を持って積極的に知識を得るようにしましょう。知識は思考と相まって教養の元となり，秘書の資質を高めてくれます。

過去問題でポイントチェック！
POINT CHECK

次の用語を，私たちの身近なものの例を挙げて簡単に説明しなさい。

1) バリアフリー
2) ハイブリッド
3) ハザードマップ
4) セーフティーネット

解答例
1) 高齢者や障害者の生活の支障をなくすために作られたもの。住居で段差をなくすなどはその一つ。
2) 異種の技術・素材などを組み合わせること。エンジンと電気モーターなど複数の動力源を持つ自動車もその一つ。
3) 災害予測地図。 緊急避難場所の経路を示した地図もその一つ。
4) 万一のために備える社会保障制度や金融機関の保護機構のこと。年金，医療保険，生活保護などもその一つ。

❶ 社会常識として知っておきたい基本用語

国内総生産 （GDP）	ある一定期間に国内で生産された財・サービスの合計
基幹産業	鉄鋼や電力など，一国の経済活動の基盤となる重要な産業のこと

内需拡大	個人消費や設備投資，公共投資などの国内需要を増やすこと
公的資金	政府の資金。国民の税金
金融緩和	日本銀行が，金利を引き下げて資金調達をしやすくしたり，市場への貨幣供給量を増加させたりして，景気を刺激すること
日銀短観	日本銀行が，全国の企業動向を把握し金融政策に役立てるため年4回行う統計調査
地場産業	その土地に根差した伝統的な産業のこと
地産地消	地元で生産されたものを地元で消費すること
先物買い	将来性を見越して，まだ評価の定まらないものに投資する（安いうちに買っておく）こと
貿易収支	輸出入によって生ずる収入と支出
貿易黒字	国際貿易において輸入よりも輸出の方が大きいこと　　⇔貿易赤字
貿易摩擦	輸出入の不均衡によって国家間に生ずる問題のこと
逆輸入	一度輸出した製品を輸入すること
並行輸入	正規輸入代理店以外から，別のルートで輸入すること
フェアトレード	公正貿易。発展途上国との貿易において，生産者の生活を助けるため，（買いたたかず）適正な価格で，公正な取引をすること
為替レート	一国の通貨と他国の通貨との交換比率。為替相場
為替差益	円とドルなど，通貨間の交換比率で生じた利益のこと
為替差損	円とドルなど，通貨間の交換比率で生じた損失のこと
知的財産	知的創作活動の成果として得られる，特許，著作，商標，意匠などの無形で財産的価値のあるもののこと
知的所有権	知的財産を保護する権利
家電リサイクル法	一般家庭などから排出された家電製品から有用な材料などを再利用し，廃棄物の減量を推進するための法律
環境基準	人の健康を保護するため，大気，水，土壌，騒音をどの程度に保つことが望ましいかという目標を定めたもの
PDCA サイクル	計画，実行，評価，改善を繰り返し，生産や品質などの管理業務を継続的に改善する手法のこと。

❷ カタカナ用語

アウトソーシング	社外調達。外注。企業が自社の業務の一部を外部の専門業者に委託すること
アカウンタビリティー	説明責任
アカウント	勘定。ネットワークの利用者を識別する記号や番号
アサイン	割り当てること。割り振ること
アジェンダ	会議の議題。議事日程。予定表
アセスメント	評価。査定
環境アセスメント	開発が環境に及ぼす影響を事前に調査し，予測，評価すること。環境影響評価
アップトゥーデート	最新の情報を取り入れること。最新の状態であること
アテンド	取引先の案内や接待
アドバンテージ	有利。優位性
アビリティー	能力
アメニティー	生活の快適さ
アライアンス	提携先
アンコンシャスバイアス	無意識の思い込み，偏見
イニシアチブ	主導権
イニシャルコスト	初期費用。新規事業開始までにかかる技術開発費や機械・設備の導入費などのこと
イノベーション	技術革新。新機軸
インセンティブ	奨励金や報奨金など，意欲を起こさせる刺激のこと
インターンシップ	学生が仕事を体験する制度。就業体験
インテンシブ	集中的
インバウンド消費	海外から日本を訪れる外国人観光客によって生み出された国内消費のこと
インフラストラクチャー	生産や生活の社会基盤となる構造物や施設
エージェンシー	代理店
エシカル消費	地球環境や人，社会に対して配慮されたものを購入・消費すること

エビデンス	証拠。裏付け
オーガナイズ	組織すること。計画すること
オーソライズ	公認すること。正当と認めること
オーソリティー	権威者
オプション	自由選択
オンデマンド	利用者の注文に応じてサービスを提供すること
カーボンニュートラル	温暖化ガスの排出を抑え，吸収・除去分と相殺して実質的な排出量をゼロにすること
カスタマイズ	ユーザーの必要や好みに合わせて設定を変更すること
キックバック	リベート。割戻金。支払い代金の一部を手数料・謝礼などとして支払人に戻すこと
ギブ・アンド・テイク	相手に利益を与え，自分も相手から利益を得ること
キャパシティー	容量。能力
キャピタルゲイン	有価証券や不動産などの資産の価格上昇から生じる売却益
ギャランティー	保証料。出演料
クールジャパン戦略	アニメや漫画, ファッションなど, 外国人が格好いい（クール）と捉える日本の文化やライフスタイルの魅力をアピールする戦略。日本の経済成長につなげることを目的とする
クラウドファンディング	インターネット上で不特定多数の人から資金や義援金を集めること
クリエーティブ	創造的
グローバリゼーション	市場経済などが世界的規模に拡大すること
ケーススタディー	事例研究
コアコンピタンス	企業の中核となる強みのこと。他社には真似のできない自社ならではの価値，能力
コーチング	目標達成のために必要な能力を，対話を通して引き出すトレーニング技法
コストパフォーマンス	費用対効果。支出した費用とそれによって得られたものの割合
コネクション	縁故。接続
コミットメント	責任を伴う約束

必要とされる資質

職務知識

一般知識

マナー・接遇

技能

面接

129

コミュニティー	地域社会
コラボレーション	共同制作。合作。共同作業
コンセンサス	合意。意見の一致
コンファレンス	会議や協議会などのこと
コンペティション	ゴルフコンペなどの競争，競技会。または，仕事の発注の際に複数の業者に提案を求めて競わせ，その中から最良のものを選択すること
サジェスチョン	提案。提言。示唆。暗示
サステナブル	持続可能な
サステナビリティ	持続可能性。環境・社会・経済を，長期にわたって持続させようとする考え方
サブスクリプション	定額制サービス。定額料金を支払うことで，期間内はサービスが使い放題になるビジネスモデル。サブスク
サマリー	まとめ。要約。概略
サンプリング	標本抽出
ジェンダー	社会的性別。文化的・社会的に構築された性差の概念のこと
シチュエーション	物事が置かれている状態や場面。設定場面。状況。情勢
シナジー効果	二つ以上のものが相互作用により効果を高めること。個々のものが合わさると，合計以上の働きになる効果のこと。相乗効果
ジョイントベンチャー	一つの事業を複数の企業などが共同で行うこと
シンクタンク	頭脳集団。さまざまな領域の専門家を集めた研究機関。調査・分析を行い，問題解決や将来予測などの提言をする
スキーム	計画（やり方）。枠組み（仕組み）
スキル	技能
スクリーニング	ふるい分け
セーフティーネット	網の目のように救済策を張ること。万一のために備える社会保障制度や金融機関の保護機構のこと
セカンドオピニオン	診断や治療選択などについて，現在受診している担当医とは別に，違う医療機関の医師に求める第二の意見
ゼネコン	土木・建築工事を一括して請け負う大手の総合建設業者のこと

セレクション	選び出すこと。選択。選抜。えりすぐり
ソリューション	問題解決
タイアップ	協力。提携
タックスヘイブン	租税回避地。課税が著しく軽減または免除される国や地域
ダメージ	損害
ダンピング	商品を不当な安価で販売すること。不当廉売。国内の市場価格より大幅に安い値段で海外市場などに売り込むこと
ニッチビジネス	隙間産業。市場の中の一部の特定の顧客，特定のニーズに対して商品やサービスを提供するビジネス。他の企業が進出していない分野の事業のこと
デノミネーション	従来の貨幣の呼称単位を新しい単位に切り下げること
デフォルト	債務不履行。コンピューターの初期設定
デフレーション	物価が持続的に下落していく経済現象 ⇔インフレーション
デモンストレーション効果	個人の消費が，自己の所得だけでなく，周囲の人々の消費水準や消費行動によって影響を受けること
ドクトリン	（政治，外交，軍事などにおける）基本原則
ドラフト	下書き。未完成の企画，草案
ニューノーマル	社会の変化により，新しい生活様式・常態が定着すること
バーチャルリアリティ	仮想現実（ＶＲ）。コンピューターによってつくり出された仮想空間を現実であるかのように疑似体験できる仕組み
ハイブリッド	異種の技術・素材などを組み合わせること
バイオテクノロジー	生命工学。生物工学
ハイリスク・ハイリターン	損失の危険が大きいほど高い収益が期待できるという投資の原則。大きく儲かる可能性もあるが大きく損をする恐れもあるということ
ハザードマップ	災害予測地図。緊急避難場所の経路を示した地図など
バリアフリー	高齢者や障害者の生活の支障をなくすために作られたもの
ハロー効果	ある対象を評価するとき，目立ちやすい特徴に他の特徴や対象全体についての評価がゆがめられる現象のこと

必要とされる資質

職務知識

一般知識

マナー・接遇

技能

面接

パンデミック	感染症が世界的に大流行すること
ヒートアイランド	都市部の地上温度が周辺より高温になる現象。またはその高温域
ビジネスモデル	企業が売り上げや利益を生み出すための仕組み
ビジョン	展望・理想像・未来像
ファンクション	機能
フィードバック	改善点や評価を伝えて、修正を促すこと
フィックス	日時や条件などを決定・固定すること
ブーメラン効果	相手を説得すればするほど、相手が反発して逆の行動に導いてしまうこと
フェイクニュース	意図的に流された虚偽の情報やでっち上げ
プライオリティー	優先権。優先順位
フレームワーク	枠組み。構造
フレキシブル	柔軟な。融通が利く
プレゼンテーション	提示、説明。得意先や依頼主などの前で行う、計画やアイデアなどの提示や説明
フローチャート	作業工程などを図式化したもの
ペーパーカンパニー	法人登記だけしてあって実質的には何もしていない会社のこと
ヘッドライン	新聞などの見出し
ベンチャービジネス	新規事業。新技術や高度な知識を軸に、大企業では実施しにくい創造的・革新的な経営を展開する小企業 社内ベンチャー：新規事業の開発を行う社内組織
ペンディング	保留、未決
ポテンシャル	潜在能力
マイノリティー	少数派　　⇔マジョリティー
ミッション	使命
ムーンショット型研究開発	大胆な発想に基づく挑戦的な研究開発（ムーンショット）を推進する、国の大型研究プログラム

メガバンク	合併などにより出現した巨大な銀行グループ。預金残高が莫大な都市銀行
メタバース	3D（3次元）空間で自分自身のアバター（分身）を通して現実世界のように他人とコミュニケーションを取ることができる仮想世界
メンタリティー	心理状態
メンテナンス	維持，整備，保守，点検
モチベーション	物事を行う動機や意欲。動機付け
ユーティリティー	有用性。役に立つこと。有益なもの
ライフライン	都市生活の維持に必要不可欠な，電気，水道，ガス，通信，輸送など
リカレント教育	生涯にわたって教育と就労のサイクルを繰り返す教育システムのこと
リコール	生産者が欠陥製品を公表し，回収して無料で修理すること
リスクヘッジ	危機回避のための施策。危険対策
リスクマネジメント	危機管理。企業に損失をもたらすさまざまな危険を，最小限に抑えるよう管理すること
リストラクチャリング	事業の再構築。不採算部門を縮小・廃止し，時代が要求する新規事業に乗り出すなど事業の再構築を図ること
リテラシー	読み書き能力。情報の活用能力（メディアリテラシー）
レジリエンス	回復力。弾性。困難をしなやかに乗り越え回復する力のこと
ワークショップ	参加者が共同で研究や創作を行う集まり。体験型講座

❸ 略語

AI	人工知能
APEC	アジア太平洋経済協力（会議）
ASEAN	東南アジア諸国連合

必要とされる資質
職務知識
一般知識
マナー・接遇
技能
面接

DX	デジタルトランスフォーメーション データやデジタル技術を活用して組織やビジネスモデルを変革すること
EPA	経済連携協定
EU	欧州連合
FTA	自由貿易協定
FX	外国為替証拠金取引。外国通貨を売買する取引
GDP	国内総生産
GPS	全地球測位システム
IAEA	国際原子力機関
ICT	情報通信技術。通信技術を活用したコミュニケーション
IT	情報技術
ILO	国際労働機関
IMF	国際通貨基金
IOC	国際オリンピック委員会 JOC：日本オリンピック委員会
ISO	国際標準化機構
JETRO	日本貿易振興機構
JAS	日本農林規格
JIS	日本産業規格
LCC	格安航空会社
NATO	北大西洋条約機構
NGO	非政府組織。民間の国際協力機構
NPO	民間非営利団体。営利を目的とせず公益活動をする民間団体
ODA	政府開発援助。先進国が開発途上国に経済的支援を行うこと
OPEC	石油輸出国機構。原油の安定供給，価格の安定などで共同歩調をとる原油国の連盟

OECD	経済協力開発機構。国際経済全般について協議することを目的とした国際機関
PKO	国連平和維持活動
SDGs	持続可能な開発目標
TOB	株式公開買い付け
TPP	環太平洋連携協定
UNESCO	国際連合教育科学文化機関
VR	仮想現実
WHO	世界保健機関
WTO	世界貿易機関
行革	行政改革・行財政改革
公取委	公正取引委員会
社労士	社会保険労務士
政府税調	政府税制調査会
中教審	中央教育審議会
東証	東京証券取引所
道交法	道路交通法
日商	日本商工会議所
労基法	労働基準法
労災	労働災害
文科省	文部科学省
厚労省	厚生労働省
農水省	農林水産省
経産省	経済産業省
国交省	国土交通省
アポ	アポイントメント
インフラ	インフラストラクチャー
インフレ	インフレーション。物価が上がり続ける経済現象 　　⇔デフレ（＝デフレーション）

キャパ	キャパシティー
コスパ	コストパフォーマンス
コネ	コネクション
コラボ	コラボレーション
コンペ	コンペティション
サブスク	サブスクリプション
デノミ	デノミネーション
プレゼン	プレゼンテーション
ベア	ベースアップ
メンテ	メンテナンス

過去 ⓪ brush up

 次の略語は何のことをいっているか。日本語で（　　　）内に答えなさい。

1）ODA 　　（　　　　　　　　　　）

2）WHO 　　（　　　　　　　　　　）

3）CEO 　　（　　　　　　　　　　）

4）NGO 　　（　　　　　　　　　　）

A 解答
　1）政府開発援助
　2）世界保健機関
　3）最高経営責任者
　4）非政府組織・民間の国際協力機構

Lesson **2** 慣用表現などの社会常識

> エグゼクティブの会話には，慣用句や熟語，故事成語などが織り込まれることが多く，それが知性と教養を醸す要素となっています。トップマネジメントに関わる秘書は，円滑なコミュニケーションを図るためにも，このような言葉の意味をきちんと理解する必要があります。

過去問題でポイントチェック！
POINT CHECK

次の中から下線部分の慣用句の使い方が<u>不適当</u>と思われるものを選び，その番号を（　　　）内に答えなさい。

1. 「彼は初めのうちは勢いがよかったが，<u>腰が砕けて</u>しまったな」
2. 「取引では謙虚さを忘れず常に相手の<u>足元を見る</u>ように心がけている」
3. 「以前，相談したことのある例の企画案だけど，ようやく<u>目鼻が付いた</u>よ」
4. 「これからお世話になるお得意さまだから，一席設けて<u>膝を交えて話す</u>ことにしよう」
5. 「佐藤さんがどういうつもりで言ってきたのか，それとなく<u>腹を割って</u>探ってみるよ」
6. 「ここしばらく取引がなかったが，来週あたりアポを取って<u>顔をつないで</u>おこうと思う」

（　　　　　　　）

Answer CHECK

「足元を見る」とは，人の弱みを見抜いてそれに付け込むこと。「腹を割る」とは，心の内をさらけ出すという意味の慣用句です。

解答（2，5）

縦書きタブ（右側）：必要とされる資質／職務知識／一般知識／マナー・接遇／技能／面接

言葉の意味を取り違えて使うと，言葉を知らないと失笑されたり，場合によっては（悪意があると誤解され）人柄を疑われかねません。また，相手の真意が分からず，会話がかみ合わなくなる恐れもあります。秘書は，エグゼクティブや年配の方が使う言葉を正しく理解できるようにしておく必要があるのです。

❶ 体の一部を使った慣用語

※読者特典として，「体の一部を使った慣用語」のそれぞれの意味をWEB上にまとめましたので，参考にしてください。右のQRコードを読み取り，アクセスしてください。

頭	頭打ち，頭が上がらない，頭が痛い，頭が固い，頭が切れる，頭が下がる，頭を下げる，頭越し，頭ごなし，頭割り，頭を抱える，頭を冷やす，頭角を現す
髪	後ろ髪を引かれる，間髪を容れず
顔	合わせる顔がない，顔が売れる，顔が利く，顔が立つ，顔が広い，顔から火が出る，顔に泥を塗る，顔ぶれ，顔負け，顔役，顔を貸す，顔を出す，顔をつなぐ，顔をつぶす
額	額に汗する，額にしわを寄せる，猫の額
眉	眉に唾を塗る（付ける），眉唾物，眉をひそめる，眉間にしわを寄せる
目	目から鼻へ抜ける，目が利く，目が曇る，目がくらむ，目が肥える，目が高い，目が回る，目が届く，目が離せない，目が無い，目から鱗が落ちる，目先を変える，目ざとい，目に余る，目端が利く，目鼻が付く，目も当てられない，目をかける，目を奪う，目を配る，目を付ける，目をつぶる，目を引く，目を細くする，目頭が熱くなる，目頭を押さえる
鼻	鼻が高い，鼻であしらう，鼻にかける，鼻に付く，鼻を明かす，鼻息が荒い，鼻持ちならない，木で鼻をくくる
口	口がうまい，口がおごる，口が重い，口がかかる，口が堅い，口が軽い，口が肥える，口が過ぎる，口が滑る，口が達者，口車に乗る，口さがない，口に合う，口にのぼる，口を合わせる，口を利く，口を切る，口を添える，口をそろえる，口を慎む，口を濁す，口を拭う，口を挟む

舌	舌先三寸，舌鼓を打つ，舌の根の乾かぬうち，舌を出す，舌を巻く，二枚舌，筆舌に尽くし難い
歯	歯が浮く，歯が立たない，歯がゆい，歯に衣着せぬ，奥歯に物が挟まる
耳	耳が痛い，耳が早い，耳に挟む，耳寄り，耳をそろえる
顎 （あご）	顎で使う，顎を出す
首	首がつながる，首が飛ぶ，首が回らない，首に縄を付ける，首をかしげる，首を縦に振る，首を突っ込む，首を長くする，鬼の首を取ったよう
肩	肩入れ，肩代わり，肩たたき，肩で風を切る，肩の荷が下りる，肩身が狭い，肩を落とす，肩を並べる，肩を持つ，右肩上がり
懐 （ふところ）	懐が温かい，懐が寂しい，懐が深い
胸	胸が痛む，胸が躍る，胸が騒ぐ，胸がすく，胸がつかえる，胸がふさがる，胸に納める，胸に刻む，胸を打つ，胸を借りる，胸を張る
腹	腹が据わる，腹が太い，腹に納める，腹に据えかねる，腹をくくる，腹を決める，腹を探る，腹を割る，片腹痛い
背	背に腹は代えられぬ，背を向ける
腰	腰が重い，腰が砕ける，腰が低い，腰を上げる，腰を折る，腰を据える
手	手が空く，手が切れる，手が込む，手が付かない，手が付けられない，手が出ない，手が届く，手が離れる，手がふさがる，手が焼ける，手取り足取り，手に余る，手に取るよう，手に乗る，手も足も出ない，手を入れる，手を打つ，手を替え品を替え，手を貸す，手を切る，手を組む，手をこまぬく，手を締める，手を染める，手を尽くす，手を握る，手を抜く，手を濡らさず，手を延ばす，手を引く，手を広げる，手を回す，手を結ぶ，手を焼く，手を緩める，手を煩わす，合いの手を入れる，大手を振る，かゆい所に手が届く，上手の手から水が漏れる，手ぐすねを引く，手玉に取る，手のひらを返す，濡れ手で粟，猫の手も借りたい，喉から手が出る，引く手あまた，諸手を挙げる，小手先
指	指をくわえる，指折りの，指折り数える，後ろ指をさされる
腕	腕が上がる，腕が立つ，腕が鳴る，腕に覚えがある，腕によりをかける，のれんに腕押し，右腕
爪	爪に火をともす
脈	脈がある

必要とされる資質

職務知識

一般知識

マナー・接遇

技能

面接

足	足が重い，足が地に着かない，足が付く，足が出る，足が遠のく，足が早い，足が棒になる，足が乱れる，足が向く，足で稼ぐ，足元に火が付く，足元にも及ばない，足元を見る，足を洗う，足をすくわれる，足を伸ばす，足を運ぶ，足を引っ張る，足を向けて寝られない，揚げ足を取る，蛇足，地に足を着ける，二の足を踏む

❷ 知っておきたい慣用語

一蓮托生 いちれんたくしょう	最後まで，行動・命運を共にすること
一石を投ずる	反響を呼ぶような問題を投げかけること
意味深長 いみしんちょう	表面上の意味の他に，別の意味が隠されていること
悦に入る えつ い	事がうまく運び，満足して喜ぶこと
大鉈を振るう おおなた ふ	切るべきものは切って，思い切った整理をすること
岡目八目 おかめ はちもく	当事者より第三者の方が客観的に判断できるということ
織り込み済み	前もって予定や計画に入れてあること。想定内
御の字 おん	大いにありがたい。非常に満足であるということ
隗より始めよ かい	物事はまず手近なところから始めるのがよいということ。言い出した人がまず実行せよということ
画竜点睛を欠く が りょうてんせい	最後の仕上げができていないこと。肝心なところが抜けていること。詰めが甘いこと
枯れ木も山のにぎわい	つまらないものでも，ないよりある方がまし，ということ
勘案する かんあん	あれこれと考え合わせること
侃々諤々 かんかんがくがく	遠慮することなく，発言，主張すること
閑話休題 かんわ きゅうだい	それはさておき。さて（話題を本筋に戻すときに使う）
気が置けない	気が許せる。遠慮や気遣いをする必要がないということ
鬼籍に入る きせき い	死ぬこと
忌憚（の）ない き たん	遠慮のない
胸襟を開く きょうきん	心に思っていることを隠さずにすっかり話すこと
金科玉条 きんか ぎょくじょう	守るべき決まり。絶対的なよりどころ
檄を飛ばす げき	自分の主張や考えを広く人に知らせて同意を求めること
喧喧囂囂 けんけんごうごう	多くの人が口やかましく騒ぎ立てるさま

研鑽を積む（けんさん）	学問や研究などを究めること
更迭する（こうてつ）	要職の地位にある人を解任し，他の人に代えること
虎穴に入らずんば虎児を得ず（こけつ・い・こじ）	危険を冒さなければ大きな利益は得られない
ご相伴にあずかる（しょうばん）	同席させてもらうこと。招待客の連れとして，もてなしを受けること
五里霧中（ごりむちゅう）	物事の判断がつかず，方針や見込みが立たないこと
言語道断（ごんごどうだん）	言葉に表せないほどひどいこと。とんでもないこと
時期尚早（じきしょうそう）	事を起こすにはまだ早過ぎるということ。機が熟していないこと
私淑する（ししゅく）	直接の教えは受けないが，師として尊敬し学ぶこと
昵懇の間柄（じっこん）	親しく打ち解けた仲
上意下達（じょういかたつ）	上位者の考えや命令を下の者に伝え徹底させること
上梓する（じょうし）	書物を出版すること
白羽の矢が立つ	多くの人の中から選ばれる
人口に膾炙する（じんこう・かいしゃ）	広く世間の人々の話題になること。もてはやされること
折衷案（せっちゅう）	それぞれのよい意見をまとめた案
船頭多くして船山に登る	指図する人が多いために統率が取れず，見当違いの方向に物事が進んでしまうこと
千載一遇（せんざいいちぐう）	めったに訪れそうもないよい機会
造詣が深い（ぞうけい）	特定の分野について深く理解していること
そごを来す（きた）	行き違うこと。かみ合わなくなること
遜色がない（そんしょく）	引けを取らないこと。見劣りしないこと
忖度する（そんたく）	他人の心を推し量ること
他山の石（たざん）	自分にとって戒めになる他人の誤った言行
天王山（てんのうざん）	勝負や運命の分かれ目
流れに棹さす（さお）	傾向に乗って勢いがつき，物事が思い通りに進むこと
背水の陣（はいすい）	一歩も退けない決死の覚悟で事に当たること
不易流行（ふえきりゅうこう）	変わらぬものと変化していくもの。伝統を踏まえながら新しいものを取り入れていくこと
布石を打つ（ふせき）	将来のために必要な準備をすること

必要とされる資質

職務知識

一般知識

マナー・接遇

技能

面接

141

不調法 <ruby>不調法<rt>ぶちょうほう</rt></ruby>	行き届かず，手際が悪いこと。酒などをたしなまないこと
<ruby>不惑<rt>ふわく</rt></ruby>の年を迎える	40歳になること
ひんしゅくを買う	良識に反する言動をして，嫌われること
<ruby>平身低頭<rt>へいしんていとう</rt></ruby>	恐縮してひたすら謝ること
<ruby>反故<rt>ほご</rt></ruby>にする	無効にすること
身を<ruby>粉<rt>こ</rt></ruby>にする	労力を惜しまず一心に仕事をすること
<ruby>諸刃<rt>もろは</rt></ruby>の<ruby>剣<rt>つるぎ</rt></ruby>	非常に役に立つが，同時に危険性もあるということ。 （「諸刃の<ruby>刃<rt>やいば</rt></ruby>」も同じ意味。諸刃は両刃とも書く）
役不足	その人の能力に対して，与えられた役目が軽過ぎること

過去 brush up

Q 次の言葉の下線部分の読み方を（　　）内に平仮名で書きなさい。また，言葉全体の意味を答えなさい。

1)「上梓する」　　　　（　　　　　　　　　　　　）

2)「私淑する」　　　　（　　　　　　　　　　　　）

3)「鬼籍に入る」　　　（　　　　　　　　　　　　）

4)「不惑の年を迎える」（　　　　　　　　　　　　）

A 解答・解答例
1)（　じょうし　）書物を出版すること。
2)（　ししゅく　）直接の教えは受けないが，師として尊敬し学ぶこと。
3)（　きせき　）死ぬこと。
4)（　ふわく　）40歳になること。

・・

読み方も確認する

慣用語についての問題では，言葉の意味に加えて読み方も問われることがあります。例えば，「悦に入る」「鬼籍に入る」の「入る」は「はいる」ではなく「いる」と読みます。なお，慣用句の中には故事成語など，その成り立ちに特別な意味やエピソードがあることも多いので，「なぜ，そのように言うのか」をぜひ調べてみてください。記憶に残りやすくなると同時に，より豊かな教養が身に付きます。

❸ ものの数え方

物	数え方
椅子	脚
エレベーター	基，台
絵画	点，枚
掛け軸	幅，軸
菓子折り	折，箱
議案	件
寄付	口
草木	株，本
コーヒーカップとソーサー	客，組
将棋	局，番
数珠	連
新聞	数は「部」，種類は「紙」，ページは「面」
スーツ	着，組，そろい
俳句・川柳	句
短歌・和歌	首
論文，詩・小説	編
倉庫・ビル	棟
たんす	棹
テーブル	卓，台，脚
人形	体
はさみ	丁（挺），本
箸	膳
花	輪，本（花束は「束」，鉢植えは「鉢」，生花スタンドは「基」，苗は「株」）
仏像	体
料理	品，皿，人前
和服	枚

必要とされる資質

職務知識

一般知識

マナー・接遇

技能

面接

143

4 解答の仕方〈一般知識〉

「一般知識」の領域では，2問出題されます。そのうち1問は，ほぼ毎回，用語を簡単に説明する形式です。

Lesson 1 「次の用語を簡単に説明しなさい」の形式の問題

過去問題でポイントチェック！
POINT CHECK

次の用語を簡単に説明しなさい。

1）累進課税
2）源泉徴収
3）確定申告
4）間接税
5）印紙税

解答例

1）所得が増えるに従って税率が高くなる課税方式のこと。
2）会社などが給与などを支払うとき，その金額から所得税を天引きすること。
3）その年に納めるべき所得税を計算して，税務署に報告すること。
4）税を負担する人と納税義務者が違う税金。消費税などのように品物やサービスの価格に上乗せして徴収される。
5）契約書，手形，領収書などの文書にかかる税金のこと。収入印紙を貼り消印することによって納税する。

ここが
ポイント！

意味を理解していることが分かるように書く

用語を簡単に説明する形式の問題では，本書に掲載されている用語の意味の部分をそのまま覚えて書くので十分に得点できます。上記の解答例を見ても，50字程度までの短文です。ただし，例えば「間接税」の説明を「間接的に納める税金」とだけ書いた場合，本当に理解しているとはいえません。用語の字面をなぞっているだけだからです。

◇簡単に説明するにしても，どのようなこととして理解しているかが，読んだ人（採点者）に伝わるように書かなければなりません。それには，それぞれに必要なキーワードを入れて書くのがよいでしょう。「間接税」であれば，「税の負担者」「納税義務者」「消費税」などの言葉を使って説明します。

◇「簡単に」説明するように指示されていますが，短文ではうまくまとめられない場合は，説明が多少長い文章になっても構いません。その用語をきちんと説明しましょう。

Lesson 2 カタカナ用語を漢字（字数指定）で書く問題

過去問題でポイントチェック！
POINT CHECK

次の用語を漢字４文字で書くとどうなるか。□内に１文字ずつ書き入れなさい。

1) ソリューション　　　＝ □□□□

2) プライオリティー　　＝ □□□□

3) ランニングコスト　　＝ □□□□

4) コンプライアンス　　＝ □□□□

解答例
1) 問題解決
2) 優先順位
3) 運転資金
4) 法令順守（法令遵守）

熟語に訳せるカタカナ用語はピックアップしておく

カタカナ用語に関する出題は，①簡単に説明する形式の他，②説明文が何のことを述べているか，その用語を答える形式もあります。用語を覚える際には，用語→説明，説明→用語，のように双方向に対応できるようにしましょう。また，②の形式では前頁の問題のように字数指定で漢字を書かせることもあります。本書の用語の説明の中に，漢字の熟語訳が含まれているものについては，印を付けたり別紙にリストアップしておいたりするとよいでしょう。

＜例＞

アカウンタビリティー	＝	説明責任
イノベーション	＝	技術革新
ケーススタディー	＝	事例研究
コーポレートガバナンス	＝	企業統治・会社統治
コミュニティー	＝	地域社会
トレードマーク	＝	登録商標
バイオテクノロジー	＝	生命工学・生物工学
マーケットリサーチ	＝	市場調査
リスクマネジメント	＝	危機管理

Lesson 3 選択問題

過去問題でポイントチェック！
POINT CHECK

次は，ものとその数え方の組み合わせである。中から<u>不適当</u>と思われるものを選び，その番号を（　　）内に答えなさい。

1. 箸　　　── 膳
2. 花　　　── 輪
3. 和服　　── 枚
4. 絵画　　── 額
5. 人形　　── 体
6. 数珠　　── 連
7. 川柳　　── 首
8. 倉庫　　── 棟

（　　　　　　　　　　　　　　）

絵画は「点」，川柳は「句」などです。

解答（4，7）

答えは一つとは限らない

この問題は，「不適当と思われるものを選び，その番号を〜」と指示しています。「一つ選び」とは言っていないので，解答は一つとは限りません。一つかもしれないし，二つかも，三つかもしれない，ということです。試験問題を読むときは，必ず解答数の指定があるかを確認しましょう。

◇解答が複数あるかもしれない場合は，消去法で解答の候補を絞っていくという方法が使えません。選択肢を一つ一つ精査して，×○を付けていくことになります。

実際に過去問題を解いてみよう

1 次の用語を簡単に説明しなさい。

1） ペイオフ
2） 含み資産
3） 不良債権
4） 減価償却

2 次の人のことを何というか。（　　）内に適切な用語を答えなさい。

1） 財務に関する書類の監査や証明を職業とする人。

（　　　　　　　　　　　　　）

2） 土地や建物などの適正な価格の評価を職業とする人。

（　　　　　　　　　　　　　）

3） 中小企業の経営課題に対する分析・助言を職業とする人。

（　　　　　　　　　　　　　）

4） 特許や実用新案などの出願手続きの事務・代行を職業とする人。

（　　　　　　　　　　　　　）

3 次は何についての説明か。それぞれの用語をカタカナで（　　）内に答えなさい。

1） 債券，株式など本来の金融商品から派生した金融取引のこと。

（　　　　　　　　　　　　　）

2） メーカーが希望小売価格を定めず，小売業者が決める販売価格のこと。

（　　　　　　　　　　　　　）

3） スーパーなどが独自に企画生産した商品の自家商標のこと。自主企画商品。

（　　　　　　　　　　　　　）

4）他人に先んじて内部情報を入手し，それによって株式などを違法に
売買すること。内部者取引。

（　　　　　　　　　　　　　　　　　　）

●チェック！

4 次の用語を簡単に説明しなさい。

1）シナジー効果
2）ニッチビジネス
3）ステークホルダー
4）イニシャルコスト

●チェック！

5 次のそれぞれの説明は,何のことを述べているか。適切な用語を（　　）
内に答えなさい。

1）会社などの組織や業務についての，基本的な規則のこと。

（　　　　　　　　　　　　　）

2）従業員の規律や労働条件などを，使用者が定めた規則のこと。

（　　　　　　　　　　　　　）

3）会社などが給料以外で，従業員の健康維持や生活向上のために行う
こと。

（　　　　　　　　　　　　　）

4）企業などが，その人の処遇に反映させるために，従業員の業績や能
力を評価すること。

（　　　　　　　　　　　　　）

●チェック！

6 次の略語は何のことをいっているか。日本語で（　　）内に答えなさい。

1）M＆A　（　　　　　　　　　　　　　　　　　　）

必要とされる資質

職務知識

一般知識

マナー・接遇

技能

面接

2）TOB （　　　　　　　　　　　　　）

3）NGO （　　　　　　　　　　　　　）

4）GDP （　　　　　　　　　　　　　）

チェック！

7　次は略称とその省略されていない用語との組み合わせである。中から**不適当**と思われるものを選び，その番号を（　　）内に答えなさい（番号の若いものから順に書くこと）。

1．FTA　＝　自由貿易協定
2．IMF　＝　国際通貨基金
3．WTO　＝　世界保健機関
4．ODA　＝　政府開発援助
5．IAEA　＝　国際原子力機関
6．OECD　＝　経済協力開発機構
7．OPEC　＝　アジア太平洋経済協力

（　　　　　　　　　　　　　）

チェック！

8　次の下線部分の言葉の読み方を，（　　）内に平仮名で書きなさい。また，その言葉の意味を答えなさい。

1）意味深長な発言をする。　　　（　　　　　　　　　　　　）

2）経費削減に，大鉈を振るう。　（　　　　　　　　　　　　）

3）仕事がうまくできたと悦に入る。（　　　　　　　　　　　　）

4）目端が利く人だから，任せておけばよい。

（　　　　　　　　　　　　　）

9　次はビジネスで用いられるカタカナ語である。該当する日本語の意味を右の枠内から選び，その番号を（　　　）内に答えなさい（番号は重複しないようにすること）。

チェック！□□□□□

1）シナジー　　　　　　（　　　　　）

2）エビデンス　　　　　（　　　　　）

3）リスクヘッジ　　　　（　　　　　）

4）ダイバーシティ　　　（　　　　　）

5）イノベーション　　　（　　　　　）

6）フローチャート　　　（　　　　　）

1．証拠
2．交渉
3．新機軸
4．多様性
5．選択肢
6．作業工程
7．危機回避
8．問題解決
9．相乗作用
10．優先順位

チェック！□□□□□

10　次の用語を簡単に説明しなさい。

1）基幹産業

2）地場産業

3）地産地消

4）知的財産

必要とされる資質

職務知識

一般知識

マナー・接遇

技能

面接

11 次は環境に関する用語の説明である。それぞれ何のことを述べているかを（　　）内に答えなさい
●チェック！

1）都市部の地上温度が周辺より高温になる現象。またはその高温域。

（　　　　　　　　　　　）

2）開発が環境に及ぼす影響を事前に調査し，予測，評価すること。環境影響評価。

（　　　　　　　　　　　）

3）一般家庭などから排出された家電製品から有用な材料などを再利用し，廃棄物の減量を推進するための法律。

（　　　　　　　　　　　）

4）人の健康を保護するため，大気，水，土壌，騒音をどの程度に保つことが望ましいかという目標を定めたもの。

（　　　　　　　　　　　）

チェック！

12 次の用語を簡単に説明しなさい。

1）産学協同
2）ゼネコン
3）POSシステム
4）フランチャイズチェーン

■ 解答 ◎ 解説 ■

1
1) 銀行などの金融機関が破綻したとき，保険金で一定の範囲内での払い戻しを行う制度のこと。
2) 帳簿に記載されている資産の価格を実際の価格が上回っている場合の差額分のこと。
3) 貸出先の経営不振などにより，回収が滞ったり，不能になったりした債権のこと。
4) 使用や時の経過で生ずる固定資産の価値の減少分を，決算期に費用として計上すること。

2
1) 公認会計士
2) 不動産鑑定士
3) 中小企業診断士・経営コンサルタント
4) 弁理士

3
1) デリバティブ
2) オープンプライス
3) プライベートブランド
4) インサイダー

4
1) 二つ以上のものが相互作用により効果を高めること。
2) 他の企業が進出していない分野の事業のこと。
3) 企業などに利害関係を持つ人や組織のこと。
4) 新規事業開始までにかかる技術開発費や機械・設備の導入費などのこと。

5
1) 定款
2) 就業規則
3) 福利厚生
4) 人事考課

6
1) 企業の合併と買収
2) 株式公開買い付け
3) 非政府組織・民間の国際協力機構
4) 国内総生産

7 3，7

【解説】 3.「WTO」は世界貿易機関のこと。世界保健機関はWHOです。
7.「OPEC」は石油輸出国機構のこと。アジア太平洋経済協力はAPECです。

8
1) （いみしんちょう）表面上の意味の他に，別の意味が隠されている。
2) （おおなたをふるう）切るべきものは切って，思い切った整理をする。
3) （えつにいる）事がうまく運び，満足して喜ぶ。
4) （めはしがきく）その場の状況を見計らう才知がある。

9
1) 9　　2) 1　　3) 7
4) 4　　5) 3　　6) 6

10
1) 鉄鋼や電力など，一国の経済活動の基盤となる重要な産業のこと。
2) その土地に根差した伝統的な産業のこと。
3) 地元で生産されたものを地元で消費すること。
4) 知的創作活動の成果として得られる，特許，著作，商標，意匠などの無形で財産的価値のあるもののこと。

11
1）ヒートアイランド
2）環境アセスメント
3）家電リサイクル法
4）環境基準

12
1）産業界と学校などの教育機関が協力し合って，技術の開発や技術者の養成を促進すること。
2）土木・建築工事を一括して請け負う大手の総合建設業者のこと。
4）レジとコンピューターをつなぎ，販売時点で商品の売り上げ情報を管理できるシステムのこと。
5）本部が加盟店に，一定地域での営業権を与える営業方式のこと。

第4章

マナー・接遇

　接遇とは，もてなしの心を持って相手に接することで，マナーはそれを表現する作法です。高度な秘書技能を支えるのは，上司や周囲の人々を気遣う心と，経験や自己啓発によって培ってきたマナーのスキルです。マナーについての知識をさらにブラッシュアップして，行き届いた補佐業務を目指すとともに，人間関係調整力を発揮して，後輩秘書のスキルアップを助けましょう。

ビジネスマナーの必要性

新人や後輩の指導において，話し方や所作などの知識や技能を具体的，かつ詳細に教えることも大切ですが，そもそもなぜマナーが必要なのかという点についての理解を促す必要もあります。マナーの基本は，相手への敬意と尊重です。そのことが分かれば，より能動的にマナーを学ぶ姿勢が生まれるとともに，対処に困ったときの判断基準にすることもできます。

 過去問題でポイントチェック！
POINT CHECK

人事課の兼務秘書Aは，新人研修で「ビジネスマナー演習」を担当することになった。そこでAはまず研修の初めに「ビジネスマナーの必要性」について話すことにした。このような場合，どのようなことを言えばよいか。箇条書きで三つ答えなさい。

 Answer CHECK

解答例
1. マナーを意識して人と接すれば，相手を尊重した接し方になるから，相手から好感を持たれ良好な関係を保てる。
2. 年齢や地位の違う人と接するときでも，マナーを守って振る舞えば相手に失礼な接し方とは思われない。
3. 社員のマナーのよさは，その個人に対してだけでなく，会社全体のイメージアップにもなる。

ビジネスマナーは接遇の基本であり，社会人としての適切な行動に欠かせないものである理由や効用などに触れたことが答えになります。解答例の他に，1. は「人と付き合うときマナーを守っていれば，相手を不快にさせずに済む。これは人間関係をよくする基本である」などもよいでしょう。

後輩指導には「なぜ?」の視点が必要

後輩指導の項目には，ビジネスマナーに加え，秘書としての心構えや心得，事務作業の進め方など具体的なことが多々ありますが，いずれも目的は，後輩がやがて独り立ちできること，心強い有能な秘書仲間として協働してくれるようになることです。目的達成のためには，後輩の判断力や調整力を伸ばす必要があります。判断力や調整力の発揮のためには，意味や理由，さらに背景や経緯についての理解が必要です。従って，指導に当たっては，必要に応じて必要性や理由を添えるのが効果的です。ビジネスマナーについては，①相手を尊重していることを表して良好な人間関係を保つ，②相手に失礼のないように気遣う，③会社のイメージ（好印象）を保つ，などがポイントとなります。

過去 問 brush up

 Aは知り合いの学生から，「学校で，社会に出たら敬語を使って話さないといけないと言われたが，なぜ敬語を使うのか」と尋ねられた。あなたならどのように答えるか。簡単に答えなさい。

A 解答例
人にはそれぞれ年齢，立場，職位，親疎などに違いや差がある。これらの違いや差のある人同士が，敬語を使って話すことにより，相手への敬意を示しつつ対等に話すことができるから。

敬語の必要性

解答例の中の「対等に話す」という言葉が少し気になるかもしれませんが，「相手への敬意を示しつつ対等に話す」とありますから，ここでは「言うべきこと（伝えたいこと）を十分に話す」というような意味合いになります。
例えば，上司に「いかがですか」「こちらでよろしいですか」と尋ねる場面で，仮に敬語が使えないとしましょう。上司に対して「どう?」「これでいい?」などの言い方（言葉遣い）をすることになり，敬意を示せないどころか失礼で，上司の心証を害することにもなるでしょう。敬語が使えなければ，もう何も言えなくなってしまうということです。敬語を使って話すことにより，自分の言いたいことを伝えることができるのです。

右側のタブ：必要とされる資質／職務知識／一般知識／マナー・接遇／技能／面接

2 話し方・聞き方

仕事は関係者との協働によって進められるので，良好なコミュニケーションは不可欠です。コミュニケーションの基本は「話す」ことと「聞く」こと。まずは情報を正確に話し，聞き取る必要があります。

過去問題でポイントチェック！
POINT CHECK

秘書Aの下に中途採用のBが配属された。Aは上司から，「Bの話し方がよくない。簡潔に分かりやすく話せるように指導しておいてもらいたい」と言われた。このような場合，AはBにどのようなことを言って指導すればよいか。具体的に箇条書きで三つ答えなさい（簡潔に分かりやすく話すための指導に限る）。

解答例
1. 間延びしたような話し方をしない。
2. 回りくどい話し方をしない。
3. 業界用語や社内用語，専門用語，外来語などは，一般的な言葉に言い換えるとよい。

解答例の他に，2. は「『できないわけではない』など，二重否定を用いた話し方は避ける」「『するのはやぶさかでない』など，持って回った言い方はしない」などもよい。

悪い例を挙げて指導することもある

簡潔で分かりやすく話すための具体策を挙げる問題です。解答例では，「簡潔でない話し方」「分かりにくい話し方」の例を挙げて「～（のような）話し方をしない」「～などは，言い換えるとよい」とまとめています。「Xのようにするとよい」を，Xと逆のZを使って「Zのようにしないのがよい」と言い換えても同じ意味です。どちらの言い方で指導してもよいということです。

❶ 分かりやすい話し方

業務連絡などで伝達ミスがあっては仕事に支障を来してしまいます。また，冗長な（無駄な部分が多く話が長い）話し方をするのは，上司の貴重な時間を奪っていることにもなります。そのため秘書には，簡潔（＝要領を得ていて無駄がない）な話し方が求められます。

簡潔な話し方の要素としては，話の構成（組み立て）が整然としていること，相手が理解できる言葉を使うこと，明瞭な発音で，はっきりと話すこと，などがあります。

<持って回った言い方の言い換え>

「できないわけではない」　→　　◯「（難しいが）できる」

　　　　　　　　　　　　　　　　◯「（時間はかかるが）できる」など。

「～するにやぶさかでない」→　　◯「ぜひ～したい」

　　　　　　　　　　　　　　　　◯「喜んで～する」など。

❷ きちんとした聞き方

正確な情報伝達のためには，分かりやすい話し方に加え，きちんとした聞き方も大切です。聞き方の基本は，相手が話しやすいように聞くことです。

<上司が指示をし終わらないうちに返事をしたり話し出したりする後輩に，落ち着いて話を聞くように指導するとき>

1. 上司の指示や言おうとしていることが途中で分かったとしても，最後まで聞くようにすること。
2. 自分が話をするときは，上司が言い終わるのを待ってからにすること。
3. 上司の話を急かすような相づちを打ったり，表情をしたりしていないか注意すること。
4. 自分から話し出すときは，「よろしいでしょうか」と尋ねてから話すようにすること。

過去 問 brush up

Q 部長秘書Aは上司から,「君はなかなかの『聞き上手』だね」と褒められた。この「聞き上手」とは,一般的にどのような聞き方をする人のことか。考えられることを具体的に箇条書きで三つ答えなさい。

A 解答例
1. 相手の話には相づちを打ち,相手が話を進めやすいようにする人のこと。
2. 相手の話に応じた質問などをして,相手が話を展開しやすいようにする人のこと。
3. なるべく相手が多く話せるように,自分の話は控えめにする人のこと。

聞き上手な人とは,相手に気持ちよく話をさせる人のこと。それには,相手の調子に合わせた聞き方をするとか,話に興味があることを示すなどがあり,その具体的なことが答えになります。解答例の他に,「興味を示す表情,態度で,相手の話に共感していることが伝わるような聞き方をする人のこと」「興味のない話や知っている話でも,途中で口を挟まず最後まで聞く人のこと」などもよいでしょう。

スムーズなコミュニケーションは,相手への配慮の上に成り立つ

聞き手が理解しやすいように,話し手が話しやすいようになど,相手を意識した話し方・聞き方をすることによって,情報や意思の伝達が正確に行われます。また,そのような気持ちのよいコミュニケーションは,良好な人間関係を築き保ちます。話を聞く,という誰にでもできそうなことにも,秘書の資質の有無が表れるものです。簡単なこと,細かいことをおろそかにしないことが大切です。

Lesson 2 信頼を得られる話し方

話の内容が正しくても，頼りない話し方だと，聞き手に不安や不信を感じさせて
しまいます。秘書の話し方は，上司や会社のイメージにも影響するものと自覚し，
お互いに気持ちよく仕事を進めるための話し方について確認しましょう。

 過去問題でポイントチェック！
POINT CHECK

秘書Aは後輩Bから，「取引先の人から信頼を得るには，どのような話し方をし
たらよいか」と聞かれた。このような場合，信頼を得られる話し方としてどの
ようなことを答えるか。箇条書きで具体的に三つ（1.～3.以外）答えなさい。

1．相手の目を見て明るく生き生きと話す。
2．きちんと丁寧な言葉遣いで話す。
3．相手にはっきり聞こえるような声の大きさで話す。

 Answer CHECK

解答例
4．用件を引き受けるときや理解したことを言う「かしこまりました」「確かに承りました」な
　どの言葉は，力強くはっきり言う。
5．相手の質問に正確に答えられないときは，言葉を濁すなどの曖昧な言い方はせず，確認して
　返事するなどと言う。
6．話のポイントとなる部分は，繰り返すなどして強調する。

 Point here!
ここがポイント！ 　信頼される人物像を思い描けば，その話し方もイメージできる

信頼を得る，ということは，頼りがいがあると思われる，この人
とならよい取引ややりとりができると期待される，ということで
す。従って，信頼を生む話し方は，相手への敬意を感じさせる，
積極的で力強い，はっきりしていて間違いがない，謙虚さと同時
に自信も感じさせる，というようなことになります。

❶ 話し方が頼りない，と言われたとき

話し方が頼りないと感じられる場合，その原因として，声が小さい，声に張りがない，言い方の調子が暗い，語尾が消える，などが考えられます。頼りない感じの話し方は，自信がない印象を相手に与えてしまいます。

＜話し方が頼りない新人へのアドバイス＞
1．大きめの声で，明るい調子で話す努力をする。
　　（トーンを上げて，生き生きと張りのある声で話す努力をする。）
2．語尾まではっきり分かるように話す。
3．話し方の印象には態度も関係するので，自信を持った態度で振る舞う。
4．相手の目を見て話す。

❷ 落ち着いて聞く，話す

落ち着きのない聞き方（相手の話の腰を折る，途中で遮る，相づちを打ち過ぎる，など）をされると，話し手は話しにくく，尊重されていないように感じるものです。話を最後までよく聞いていないと，伝達ミスも起きやすくなります。また，早口だったり整然としていなかったり（順序立てがなく散漫）など，落ち着きのない話し方は，相手の聞きやすさや理解への配慮がなく，感じがよくないと同時に，伝達ミスも引き起こします。

＜落ち着いて人の話を聞いたり，話したりさせるための指導＞
① 話の聞き方について
　　1．相手の言うことは最後まで聞く。
　　2．早合点や独り善がりに注意する。
　　3．タイミングよく相づちを打つ。
② 話の仕方について
　　1．早口にならないようにする。
　　2．内容を整理してから話す。
　　3．相手の反応を見ながら話す。

❸ 感じのよい話し方

感じのよさの土台となっているのは，相手を尊重する気持ちです。話し方の感じのよさも，相手への配慮（敬意と分かりやすさ）から醸し出されます。

過去 **brush up**

> 秘書Aは先輩から，「あなたが話をしていると，相手が不愉快になることが
> あるようだから注意するように」と言われた。相手を不愉快にさせる原因
> として考えられることを，次のそれぞれについて，二つずつ箇条書きで答えなさい。

① 　どのようなことを話しているからか。
② 　どのような話し方をしているからか。

A 解答例
　　①1.　相手の自尊心を傷つけるようなことを話している。
　　　2.　相手の話を否定するようなことを話している。
　　②1.　回りくどい話し方をしている。
　　　2.　不適切な言葉を使っている。

解答例の他に，①「相手に合わせることをせず，自分中心の話が多い」②「冷淡な話し方をしている」
などもよいでしょう。

PLUS UP

どんな話をされたら自分は不愉快になるか,想像してみる

相手の立場に立ってみて，話を聞いていて不愉快になる，という状況を想像します。自分が
ばかにされているように感じる，一方的に話をされてこちらの話を聞いてもらえない，相手
の話が支離滅裂，不快になる言葉遣いをされた，などの情景が浮かぶでしょう。それらを問
いに従って①話している内容，②話し方に分ければ，整理された解答になります。

必要とされる資質

職務知識

一般知識

マナー・接遇

技能

面接

③ 話し方と聞き方の応用

Lesson 1 報告・説明の仕方

> 報告・説明の仕方の基本を改めて確認するとともに，報告の際に意見を求められた場合や長い内容の説明を行う場合にも適切に対応できるようにしましょう。

Q 過去問題でポイントチェック！
POINT CHECK

秘書Ａは他部署の後輩Ｂから，「報告するときは私見を控えて事実だけを言うようにしてきたが，今度付いた上司からは『あなたの考えも聞かせてもらいたい』と言われる。どのようにすればよいか」と相談された。このような場合Ａは，どのようなことをアドバイスするのがよいか。意見の述べ方も含めて箇条書きで三つ答えなさい。

Answer CHECK

解答例
1. 秘書の考えも聞きたいというのが上司の意向であれば，それに沿うような報告の仕方をする必要がある。
2. ただし，まず事実を述べてから，事実とはっきり区別がつくように「あくまでも私の考えですが」などと前置きしてから話すのがよい。
3. 意見であっても秘書の立場を十分に意識して，憶測や思い込みによる断定，勝手な解釈をしないように気を付けること。

解答例の他に，3. は「個人の意見とはいえ，感情的になったり大げさな表現をしたりしないように気を付けること」などもよいでしょう。

Point here!
ここがポイント！

意見を求められたら

報告の際は事実のみを伝え，私見は控えるのが基本ではあります。しかし，上司から意見を求められれば，それに応じるのも上司の部下としての仕事です。ポイントは，①断らない（遠慮しない），②事実と分けて話す，③秘書として分別のある意見（内容も言い方も）を述べる，ということになります。

❶ 報告の仕方の基本

① 上司の繁忙時や熟考中などを避け，タイミングを見計らって報告する。
ただし，緊急なことや重要なこと，上司が気にかけていること，よくない情報は早急に報告する。

② 適切な順序で報告・説明する。
基本的には結論が先。理由・経緯は結論の後に伝える。

③ 簡潔に，要領よく報告する。
要点をまとめて報告する。複雑な内容はメモや文書にして報告する。

④ 分かりやすい説明のため，必要に応じて図や表，写真やイラストなどを用いる。

⑤ 事実と主観を混同しないように注意する。
推測や勝手な解釈をしてはいけない。自分の意見を求められたときは，事実とはっきり区別して，「あくまで私の考えですが」などと前置きしてから話す。

❷ 説明の仕方の基本

① あらかじめ内容を理解しておく。
② 相手の認識度を理解しておく。
③ 必要に応じて，グラフや図表，写真などを利用する。
④ 説明は，相手の理解を確認しながら進める。

過去 🈟 **brush up**

> 秘書Ａは後輩Ｅから相談を受けた。「報告のとき，長い説明になると要領を得ないことがあるので注意するようにと上司から言われた。どのように注意すればよいか」ということである。このような場合，ＡはＥにどのようなことを言えばよいか。具体的に箇条書きで三つ答えなさい。

解答例
1. 内容を十分に理解した上で，話が前後したり，つじつまが合わなかったりすることのないよう，あらかじめ話の順序を考えておく。
2. 要点が幾つかある場合は，最後に要点を繰り返す。
3. 相手の反応を見ながら説明し，よく分かっていない様子だったら分かったかどうか確認する。

必要とされる資質

職務知識

一般知識

マナー・接遇

技能

面接

長い説明になると要領を得ない場合の原因は，内容の理解不足，説明をするための整理がされていない，相手の反応に関係なく説明をしている，などです。従って，その対処が答えになります。解答例の1．は，「説明する内容の概略，結論などを最初に言ってから具体的な内容に入る」もよいでしょう。解答例の他には，「話をだらだらと接続詞で続けるのではなく，適度に区切って話す」などもよいでしょう。

PLUS UP

長い説明で注意するのは，内容の理解と整理，要点，相手の反応

説明は手短にするのが基本ですが，用件によっては長い説明を要する場合もあります。要領を得ないとは，筋道が立っていない，要点（ポイント）が不明確，という意味です。長くなるとそうなる，ということですから，切れ目なく続く話し方をしている情景を思い浮かべると，答えが出やすくなるでしょう。相手の反応を見て，理解を確認することも大切です。

C A L N E

演 習 問 題

1 　秘書Ａは社内の経費節減委員会に委員として出席した。委員会では，一部の事項について白熱した議論が交わされ，結論が出ないまま次回に持ち越された。総務部長である上司は戻ってきたＡに，委員会の状況について口頭で報告を求めた。このような場合，Ａはどのように報告すればよいか。順を追って箇条書きで三つ答えなさい。

解答例

1 　1．最初に，決定事項と次回に持ち越された事項を報告する。
　　2．次に，持ち越された事項の白熱した議論について，主な賛成意見と反対意見を説明する。
　　3．説明は，事実と主観を混同しないように注意する。

解答例の他に，3．は「発言者が誤解されないように，発言内容を的確に要約して言う」などもよいでしょう。

Lesson 2 断り方

相手から頼まれたことを断る場合は，曖昧な言い方をせず，はっきりと断ります。ただし，上司と相手との関係を良好に保つための配慮も必要です。上司が関係部署に働きかけをしたことを言い添えたり，やむを得ない理由を伝えたりした上で，丁寧に謝ります。

 過去問題でポイントチェック！

POINT CHECK

秘書Aの上司（部長）は，「業界紙を発行している友人が，広告の掲載を頼みに今日担当者を向かわせると言っていた。来社したら広報部長のところに行ってもらうように」と言って，予定の商談に出かけた。Aが広報部長に連絡し紙名などを伝えたところ，「予算がない。Aのところで断ってもらいたい」ということである。このような場合どのようにすればよいか。来社した担当者への対応と外出から戻った上司への対応を順に箇条書きで答えなさい。

解答例
1. 担当者に，
   ① 上司は外出しているが，広告のことは聞いていると伝える。
   ② 上司の指示で広報部長に話したが，予算がないため断るようにとのことだったと言って，引き取ってもらう。
2. 戻った上司に，
   ① 広報部長から予算がないと言われて断ったことを報告する。
   ② 友人への連絡はどうするか，上司の意向を尋ねる。

広告の掲載は会社として受けることです。担当部署の責任者である広報部長から断るようにということなので，その通りに対応することになります。しかし，上司の友人からの依頼なので，そのことへの気遣いを忘れてはいけません。

断るときは人間関係への配慮が必要

上司の友人からの頼みですが，会社は応じられないので，断らざるを得ません。ただし，断るに当たっては上司や関係する人のメンツや立場への配慮が必要です。この場合は，1－①で，「広告のことは聞いている」と言うことで，上司が相応の配慮をしていることを伝えます。②の「上司の指示で」も同様です。さらに，2－②で，「友人への連絡」について上司の意向を尋ねています。メンツは体面，面目（めんぼく），体裁ともいいます。秘書の仕事をする上では，上司や関係する人々のメンツを立てる，またはメンツを保つ配慮が大切です。

① 依頼を断るときの留意点

① 期待に応えられないことをわびた上で，はっきり断る。
② 期待を持たせる言い方や曖昧な言い方をしない。返事を先送りにしない。
③ 断る理由や根拠を伝える。
　引き受けられない事情を説明する。ただし，具体的な業務内容などは自社の内情なので言わない。「仕事が立て込んでいるので」「忙しいので」などの理由が適当。
④ 代案を示す。
⑤ 申し訳なく思う気持ちを，言葉や言い方の調子で表す。誘いを断るときは，誘ってくれたことへの礼を言って謝る。
⑥ 知人からの面談の申し込みなどは，時間が取れるようになったらこちらから連絡すると言う。知人の販売営業などには，購入するときはこちらから連絡させてもらうと言う。

＜上司の知人が製品紹介のための訪問を希望。上司から「購入予定はないので断るように」と言われたとき＞
1．購入の予定がないことをはっきり伝える。
2．上司の知人であるから，会えない理由は，仕事が立て込んでいるなど上司側の事情とする。
3．購入のお願いをするときは，こちらから連絡させてもらうと言う。

断るときには，期待を持たれないようにはっきりと伝えます。ただし，上司の知人なので，「購入予定はなくても一度会いたい」という展開も予想されます。会えば話は製品紹介になります。従って，仕事が立て込んでいて時間が取れないなどの理由で面会も断ります。この理由は，相手との関係を悪くしないための方便です。また，お願いするときはこちらから連絡すると言い添えるのも，相手との関係への配慮です。

＜断る言葉の例＞

「申し訳ございませんが，山田は仕事が立て込んでおりまして，お会いする時間をお取りできそうもございません。また，今は購入の予定はないと申しておりました。お願いするときはこちらからご連絡を差し上げたいと存じます」

② 依頼を断るときの言葉遣い

① わびて

　　「申し訳ございませんが」「あいにく」「せっかくですが」
② 期待に応えられないことを伝える（はっきり伝える）

　　「お引き受けいたしかねます」「ご要望に沿いかねます」

　　「ご意向に沿いかねます」
【例】「部長の山田は仕事が立て込んでおりまして，お引き受けいたしかねると申しております（ご意向に沿いかねるとのことでございます）」

過去 **brush up**

Ｑ　山田部長秘書Ａ（鈴木）は上司から，「先日得意先のＭ氏から依頼された寄付の件だが，総務部に話したところ会社としては応じられないという返答だった。Ｍ氏に電話をして君から断っておいてもらいたい」と指示された。このような場合Ａは，Ｍ氏を電話口に呼び出した後どのように言うのがよいか。その言葉を答えなさい。

Ａ　解答例

「お呼び立ていたしまして申し訳ございません。私，山田の秘書の鈴木と申しますが，ただ今お時間はよろしいでしょうか。実は山田からでございますが，先日ご依頼の寄付の件につきまして，総務部に話しましたが，会社としてはご意向に沿いかねるとのことでございました。お役に立てず誠に申し訳ございません」

電話ですから，まず相手の都合を尋ねます。会社として応じられないことをはっきり伝えます。相手の要望に応えられないことを謝る言葉も必要です。全体的に礼を尽くした改まった言い方が答えとなります。

- -

電話をかけて断るときの言葉：名乗るところから書き始める

相手を電話口に呼び出したときは，「お呼び立ていたしまして申し訳ございません」まず名乗って相手の都合を伺う：「○○（上司の名）の秘書の☆☆と申しますが，ただ今お時間（は）よろしいでしょうか」

自分が指導・確認した後輩の仕事に不手際があったときは，自分の責任として上司に謝ります。また，取引先から他の社員についての苦情があったときは，自社のこととして謝ります。

 過去問題で**ポイントチェック！**
POINT CHECK

秘書Aのところに新人Cが，会議の資料の不備を上司に注意されたと言ってきた。Cの指導はAがしていて，資料の確認にはAも立ち会っている。このような場合，Aは上司にどのように言ってわびるのがよいか。その言葉を答えなさい。

解答例
「会議の資料に不備があったとのことで申し訳ございませんでした。資料の確認は私もいたしましたので，（今回のことは）私の責任でございます。以後十分注意をいたします」

指導不足や確認ミスは自分の責任

新人の仕事ですが，自分が指導していて確認もしたことなので，上司には自分の不手際としてわびます。まず，①「～とのことで申し訳ございませんでした」と，わびの言葉を言って，次に，②自分が指導（確認）した（一緒にした，手伝ってもらった）など事情を話して自分の責任（不手際）だと言います。最後の③「以後十分注意いたします」も忘れないようにしましょう。

① **不手際を謝るとき**

仕事の手違いや，間違った気遣いなどによって上司や関係者に迷惑をかけたときは，まず謝り，今後注意すると言います。言い訳は無用です。

<上司の旧友からの面談申込を受けたが，後で上司から会いたくない用件だったと言われたとき>

「ご迷惑をおかけいたしまして，大変申し訳ございませんでした。私の不注意でご用件も伺わずに勝手にご予約をお取りしてしまいました。今後はこのようなことがないように注意いたします」

② 後輩のミスを謝るとき

自分が指導や確認を行った仕事でミスが生じた場合，
① 上司には自分の責任として謝る。
② 後輩に対しては，今後同じミスをしないように指導する。
③ 自分の指示の仕方や確認にミスがあった場合は，後輩に謝る。

③ 取引先から，他の社員についての苦情を言われたとき

① 迷惑をかけたこと，不快にさせたことについて，丁寧に謝る。自分以外の社員についての苦情でも，自社のこととしてわびる。
② 当人や関係者に伝えると言って，事情を具体的に聞く。
③ 会社に戻ったら，当人に話して事情を確かめる。
④ 上司に報告する。

過去 **brush up**

Q 部長秘書Aは，上司の使いで取引先のG氏を訪問した。その際，訪問した用事とは関係ないことでG氏から，「この前おたくに電話をかけたとき，用件がスムーズに伝わらなくて困ったよ」と苦情を言われた。このような場合，Aはどのように対応すればよいか。順を追って箇条書きで答えなさい。

A 解答例
1. 自社のことを言われたのだから，まずはG氏にわびる。
2. G氏にそのとき対応した者に伝えると言い，どのようなことだったのか具体的に聞く。
3. 会社に戻ったら当人にこのことを話して事情を確かめ，上司に報告しておく。

取引先から苦情を言われたらまずはわびて，帰社したら対処しないといけません。

苦情に対応するときは，ただ今後注意すると言って謝るだけでなく，原因を究明して再発を防がなければなりません。そのために，相手の言い分や事情を具体的に聞くとともに，社内側の関係者に事情を確かめます。また，その一連のことを上司に報告する必要があります。上の場合では，上司が今後Ｇ氏と会ったときに一言わびれば，礼を尽くすことができ，それによって報告がきちんと上がる会社であることがＧ氏に伝わります。社内の関係者をかばって上司への報告を怠るようなことのないようにしましょう。

C　　　A　　　L　　　N　　　E

演習問題

1　秘書Ａ（中村）が昼食から戻ると上司（山田部長）は外出していて，机の上に次のようなメモが置いてあった

> ・急用で少し出かけてくる。
> ・間もなく，知人の田中氏から電話がかかってくるので，依頼のあった件については検討した結果応じられないと言っておいてもらいたい。そのとき，私がすまない，後で連絡をすると言っていたことも伝えてもらいたい。

このような場合Ａは，田中氏からかかってきた電話にどのように言うのがよいか。下の言葉に続く適切な言い方を答えなさい。

> 「申し訳ございません。山田は急用で外出いたしました。私は秘書の中村と申します。
>
> 」

2　秘書Ａは上司の外出中，業界誌記者のＭ氏から上司宛ての電話を受けた。今週中に上司から原稿をもらうことになっている件はどうなっているかとのことだったので，上司が戻ったら連絡をすると答えた。その後帰社した上司に伝えたところ，「困ったなあ，まだ手を付けていない。週明け早々なら何とかなると思うが」と言う。今日は金曜日である。このようなことにＡはどのように対処すればよいか。順を追って簡条書きで答えなさい。

解答例

1 ご依頼の件につきましては，検討いたしましたところご意向に沿いかねるとのことでございます。山田からは，申し訳ない，後ほどご連絡を差し上げるとお伝えするよう申し付かっております。

2 上司に，原稿を来週早々まで待ってもらうようにＭ氏に頼もうかと言う。
1. Ｍ氏に電話をし，次のことを伝える。
  a　上司に確認したところ，まだ出来ていないと言っている。
  b　週明け早々には何とかなりそうだということなので，待ってもらえないか。
2. 原稿が出来上がったらこちらから連絡するのでよろしく頼む，と言ってわびる。

esson 4　感じのよさと話し方

人間関係の調整役を担う秘書にとって，感じのよさは不可欠です。感じのよい
あいさつの仕方や話し方について，確認しましょう。

Q 過去問題でポイントチェック！
POINT CHECK

秘書Aが同僚Dに，「おはようございます」「お疲れさまでした」などのあいさ
つをしても，Dは返しているのかどうか分からない返し方をする。他の同僚や
後輩に対しても同様のようだが，上司や先輩にはきちんとあいさつしている。
このようなことに対して，次の①と②にそれぞれ箇条書きで二つずつ答えなさ
い。

①　Dからはっきりしたあいさつを返してもらうには，AはDにどのよう
　　にあいさつすればよいか。
②　Dに忠告するとしたら，どのようなことを言うのがよいか。

解答例
①　1.「Dさん，おはようございます」などと，名指ししてきちんとあいさつする。
　　2. Dにしていることが分かるように，Dを見てきちんとあいさつする。
②　1. あいさつをされたらきちんと返さないと，その後の人間関係に影響を及ぼす。
　　2. 相手の職位によってあいさつの仕方を変えては，信頼を損ねる。

①あいさつは普通，一方の仕方に対応した仕方でされるので，こちらがきちんとしないと相手もしま
せん。この観点からの答えが出ればよいでしょう。②上司や先輩に対してきちんとあいさつするのは，
相手を意識してのことですから，この観点から答えが出ればよいでしょう。

必要とされる資質

職務知識

一般知識

マナー・接遇

技能

面接

❶ あいさつの心得

良好な人間関係を構築するのに「あいさつ」は欠かすことのできないものです。

① 相手が無愛想であいさつを返してくれない場合

相手が同僚や後輩なら，あいさつの大切さを伝えます。また，自分が率先してあいさ
つするよう心がけます。

相手が社外の人や社内の目上の人の場合は，あいさつしてもらおうと働きかけるなど
は自分の立場をわきまえず不適切な行動です。このような場合は，自分はきちんとあ
いさつをしますが，相手からあいさつがないことは気にしないでおきます。

② 廊下などで来客や上役と出会ったら，ちょっと立ち止まってあいさつする。

- 相手が誰かと一緒にいた場合も，立ち止まって会釈します。
- 自分が別の客を案内しているときは，立ち止まらずに会釈します（立ち止まると，
  案内されている客も足を止めなければならなくなります）。

❷ 話をするときの感じのよさ

話をしていて，感じがよい人と感じがよくない人がいます。言葉遣いの適切さは，感
じのよさを決める大きな要素です。それ以外の要素についても，整理して理解し，日
ごろから注意するようにしましょう。

<感じがよい人>
① 雰囲気が明るい。
② 相手に話題を合わせる。
③ 相手を見ながら話す。
④ 生き生きしている。
⑤ 場の雰囲気を読み取れる。

<感じがよくない人>
① 相手の自尊心を傷つける。
② 相手の話を否定する。
③ 話が回りくどい。
④ 自分だけ話をする。
⑤ 話しぶりに癖がある。

❸ 褒め言葉への返答

上司から褒められたときに，「恐れ入ります」などと言ってうれしさを素直に表すのは好感が持てます。上司の指導があったからこその場合は「ご指導のおかげです」，協力者がいた場合は「○○さんが～してくださったおかげです」などと言い添えます。

取引先から褒められたときは，秘書の立場として対応します。接待や贈答への返礼に対しては，上司の意向に従っただけと伝えます。自分の提案であっても，あるいは自分が手配を任されてさまざまな配慮をした場合でも，自分の手柄とすることなく，上司の意向で行っただけ，と謙虚に応じます。

過去 **brush up**

> **Q** 秘書Aの上司（山田部長）は親しくしていた取引先の原田氏が勇退すると聞き，一席設けることにした。Aの提案から実現したことで，原田氏から席上で「Aさんのおかげでよい機会を得た」と礼を言われた。このときAは原田氏にどのようなことを言えばよいか。その言葉を答えなさい。

> **A** 解答例
> 山田が，原田様には大変お世話になりましたのでお礼をしたいと申しまして，私はお席の準備をさせていただいただけでございます。
>
> 自分の提案とは言わずに，あくまでも上司の意向で準備したということを，丁寧な言葉で答えることになります。

・・・・・・・・・・・・・・・・・・・・・・・・・・・・

取引先への配慮は上司の意向

宴席の主催者は上司です。秘書の発案だったとしても，それは上司の補佐に含まれること。秘書の立場をわきまえて，上司の意向であることを強調します。

結婚披露宴のスピーチは，新郎新婦の門出を，出席者とともに祝福するためのものです。会社での関係から頼まれているスピーチでは，仕事上のエピソードなどを交えますが，仕事とは関係のない出席者にも分かりやすく楽しんでもらえる話にする気遣いも必要です。

Q 過去問題でポイントチェック！
POINT CHECK

秘書Aは後輩Fの結婚披露宴に招かれ，お祝いのスピーチをすることになった。披露宴には上司や同僚，社内の関係者も出席する。このような場合のスピーチの内容は，どのようなことに配慮すればよいか。箇条書きで四つ答えなさい。

解答例
1．楽しい雰囲気になるよう，多少のユーモアを交えて話す。
2．Fの人柄や仕事ぶりを，エピソードを交えて褒める。
3．参加者が共通して楽しく聞ける話題を選ぶ。
4．結婚する二人の前途を祝福する言葉を入れる。

結婚する二人を祝福するためのスピーチですから，明るく楽しい雰囲気になるようにしないといけません。またこの場合は，会社関係者が出席するので，Fの仕事ぶりに触れることも必要です。

自分はどのような立場で招待されているか

結婚式のスピーチは，主賓，会社の上司，会社の先輩・同僚，学生時代の友人など，新郎新婦とさまざまな関わりを持つ人たちに依頼されます。会社の先輩・同僚の立場でスピーチするなら，仕事ぶりを褒めて人柄を称えるという要素が必要になります。

① 結婚披露宴のスピーチ

前ページの解答例の他，忌み言葉や政治などの話を避ける，分かりやすい言葉で端的にまとめる（長くならないようにする）配慮も必要です。また，秘書は上司から，部下の結婚披露宴でのスピーチの草稿を作るように指示されることがあります。その場合は，上司の立場から，部下の人柄や仕事ぶりを，エピソードを交えて褒めることになります。なお，ありきたりなうんちく話や説教めいた話は，聞き飽きている人がいたり他のスピーチと内容が重複したりする恐れがあるので，できれば避けるのが無難です。

● 結婚披露宴での忌み言葉

※忌み言葉とは，縁起が悪いとして避ける言葉のこと。NG ワード。
　スピーチでは，忌み言葉をうっかり使わないように注意します。

＜離婚や別れ，関係の悪化を連想させる言葉＞
飽きる，褪せる，失う，薄い，終わる，返す，帰る，嫌う，切る，壊れる，
断る，裂ける，冷める，去る，捨てる，出す，離れる，冷える，ほどける，
戻る，もめる，破る，破れる，分かれる，別れる，割れる，など。

＜再婚を連想させる言葉＞
重ねる，繰り返す，再び，また，など。
かえすがえす，重ね重ね，くれぐれも，しばしば，重々，たびたび，
たまたま，だんだん，次々，どんどん，日々，ますます，またまた
みるみる，わざわざ，などの重ね言葉。

4 後輩との関わり

日々の仕事には，後輩秘書の指導も含まれます。指導の中で特に気遣いが必要なのは，ミスなどについての注意です。業務の必要に加え本人のためを思ってすることですが，注意の仕方を誤ると逆効果になる場合があります。配慮の仕方について確認しましょう。

過去問題でポイントチェック！
POINT CHECK

秘書Aの後輩Bは，明るく感じのよい応対ができるので来客からの評判はよいが，他の後輩たちに比べて仕事上のミスが多い。そこでAはBにそのことを注意することにした。この場合，どのような配慮をして注意したらよいか。箇条書きで四つ答えなさい。

解答例
1．具体的な改善の方法を示しながら言う。
2．周りの人に分からないような所で注意する。
3．他の人と比較した言い方にならないようにする。
4．感じのよい応対で来客からの評判がよいことは褒める。

注意を素直な気持ちで受け入れられるよう，感情的な部分に配慮することなどが答えになります。解答例の他に，「感情的にならないようにする」「受け入れられやすいタイミングを見計らう」などもよいでしょう。

注意のポイントは，具体策の提示と心情への配慮

注意をする際のポイントは，後輩の仕事の仕方が改善されるように具体的な方法を示すことと，後輩の心情に配慮することです。後輩といっても社会人です。プライドを傷つけないようにすることが大切です。

❶ 注意の仕方の基本

①事実を確認する。
人から聞いた話をうのみにせず，自身で確認する。

②原因を把握する。

③タイミングを見計らい，人のいない所で話す。

④改善すべき点を話す。
- 感情的にならず穏やかに話す。相手を追い詰めない。
- なぜ改善しなければならないのか，相手が納得する理由を話す。
- 具体的な改善策を提案する。
- 一方的に話さない。相手の言い分を聞くようにする。
- 後輩の性格を考慮する。
- 他の注意を追加しない。
- 他の人と比較しない。
- 嫌味に聞こえるような遠回しな言い方はしない。
- よい面は褒める。

例：「〜のような素晴らしい面があるから，(今注意されている)この部分を改善すれば，上司から確かな信頼を得ることができる」

⑤注意した後は，注意点が改善されているかどうか観察する。
- 改善されたら，努力を認めて褒める。
- 改善されなければ，再度注意するなどフォローする。
- 失敗を挽回する機会を設ける。

⑥注意した後は，普段通りに接する。わだかまりが生じないように，折を見て声をかける。
注意を受ける側は，注意に納得しても心に多少の痛みが生じるものです。また，十分に納得できていない場合は反発の気持ちも生まれます。注意を受けた側の心情に配慮して，お互いに気まずさが残らないように，肯定的で柔らかい調子の声かけをしましょう。

> ● 一時に一事
>
> 例えば，あいさつについて注意するついでに，そういえば報告の仕方も……あと整理整頓も……のように注意を追加すると，今注意していることがぼやけてしまう上に，注意を受ける側を追い詰め萎縮させてしまいます。何をやってもうまくいかないという劣等感を抱かせたり，気に入られていない・嫌われているなどの負の感情から人間関係が悪化したりもします。改善のための注意が，方法を誤ると人格攻撃になりかねないということです。原則として，注意は一つ，一時に一事，と覚えておきましょう。

必要とされる資質

職務知識

一般知識

マナー・接遇

技能

面接

過去 brush up

秘書Aの後輩Bは最近，遅刻が多く仕事上のミスも目立つ。今朝の掃除も，机の上の物をどけずに空いている所を申し訳程度に拭いている。そこでAは，その場で次のように注意した。

「そんな拭き方では駄目。大体，最近遅刻はするし，仕事上のミスも目立つ。新人のCさんだってもっときちんとしている。もう一度拭き直しなさい」

このAの注意の仕方で，不適切なこと（言い方や言葉遣いは除く）を箇条書きで三つ答えなさい。

A 解答例
1. 掃除以外のことも注意している。
2. 新人と比較している。
3. 具体的な机の拭き方を示していない。

このようなときの注意は，その場で必要なことだけを具体的な方法を含めてすればよい，ということが答えになります。また，注意は当人だけの問題なので，他の人を引き合いに出すなどはしてはいけません。

比較しない

よくできる同僚を引き合いに出されて見習えと言われたら，素直に注意を受けられなくなります。ましてや，新人の方がもっときちんとしている，などと言われたら，それが事実であっても反発心が芽生えます。その結果，改善もされないし人間関係も悪くなり，他の仕事にも影響するといった負の連鎖につながりかねません。注意をするときは，まず自分の（怒りなどの）感情をコントロールすることが大切です。そして，注意が相手の心にどのように響くかを考えて言葉を選びます。

● 褒め方
1. 具体的な事実を褒める。
2. タイミングよく褒める。
3. 同じことを何度も褒めない。
4. よいと思ったことは率直に褒める。
5. 大げさな褒め方はしない。
6. 他の人が褒めていたことを伝えるのもよい。
7. 同じ人ばかりを褒めない。

C A L N E

演 習 問 題

① 秘書AにはBとCの二人の後輩がいる。あるときAは他部署の秘書から,「Bの言葉遣いはよいが,Cはよくない」という話を聞いた。そこで秘書課のミーティングでCに「Bに比べて言葉遣いが悪いようだから,気を付けるように」と注意したところ,Cから「そのようなことはないはず」と反発された。この場合,AはCに対してどのように注意すべきだったか。箇条書きで三つ答えなさい。

解答例

① 1. 注意は,課のミーティングのようなみんなの前でではなく,Cが一人でいるときに行うべきだった。
2. 他部署の秘書から聞いただけでなく,Cの言葉遣いがどう悪いのか,A自身が確かめてから注意すべきだった。
3. 注意するとき,Bと比較して言うべきではなかった。
4. ただ「気を付けるように」ではなく,どこをどのようにすればよいのか具体例を示せばよかった。

秘書には，態度振る舞いや話し方の感じのよさが求められます。また，上司を補佐するに当たっては，困難な状況に負けない気持ちの強さが必要になることもあります。後輩の資質の向上を図ることが，上司の業務のバックアップにつながります。

過去問題でポイントチェック！
POINT CHECK

秘書Aは上司から，新人Bは服装などの身だしなみに問題はないが姿勢がよくないので秘書らしいきちんとした雰囲気が足りないと言われた。姿勢は外見に大きく影響し，感じのよさをつくる他の要素にも関係するので，AはBにそれらを含めて話し指導することにした。この場合Aが話すとよいことを箇条書きで三つ答えなさい。

解答例
1．姿勢にはその人の仕事への取り組み方などが表れるので，人と接することの多い秘書は，常によい姿勢を心がけないといけない。
2．よい姿勢は，見た目にもすっきりした感じを与え，お辞儀の仕方や歩き方などの振る舞いにも影響する。
3．振る舞いがよければ，話し方にも連動して落ち着いたきちんとした話し方になる。

姿勢は外見に大きく影響するということなので，姿勢を客観的に見て，そこから感じるビジネスの場への影響，印象などに触れたことが答えになります。解答例の他に，秘書としての感じのよさを表す前傾姿勢（上司や客に対して体を少し前に傾ける姿勢）に触れたものもよいでしょう。

問題文に含まれるメッセージを読み取る

問題文から，「秘書らしいきちんとした雰囲気」「姿勢は外見に大きく影響」「（姿勢は）感じのよさをつくる他の要素にも関係する」というキーワードを拾います。きちんとした雰囲気になるようにするには，背筋を伸ばす。秘書らしい雰囲気になるようにするには，謙虚な態度＝前傾姿勢。外見に大きく影響するということは，外見から感じられる取り組み姿勢や人柄の印象にも影響するということ。感じのよさをつくる他の要素とは，お辞儀や歩き方などの振る舞い，そして話し方。このようにキーワードから要点を列挙できれば，解答の方向性が見えてきます。

❶ 敬意の表し方

相手への敬意を表すために，敬語などを適切に使った丁寧な言葉遣いをします。しかし，相手がこちらの敬意を感じ取るのは，言葉からだけではありません。

＜敬意を表すのに必要なこと（丁寧な言葉以外）と，その具体例＞

1. 話すときの言い方の調子が整っている。
   例えば，同じ言葉でも丁寧な言い方と投げやりな言い方では，相手に与える感じが全く違う。
2. 相手に対する立ち居振る舞いが丁寧である。
   例えば，物の受け渡しを少し前かがみになって両手で丁寧にするのと棒立ちのまま片手でするのとでは，相手に与える感じが全く違う。
3. 相手に対する表情が柔和である。
   例えば何かを伝えるとき，笑みをたたえた柔和な表情するのと，無表情でするのとでは，感じが全く違う。

秘書らしいきちんとした雰囲気＝相手への敬意の表現。その要素は，言い方の調子（明るく生き生きとしている。丁寧で柔らかく，温かみのある調子），丁寧な立ち居振る舞い（姿勢，お辞儀，所作），表情（柔和な笑顔）です。

② 心構え（注意の受け止め方）

上司や先輩に注意されたとき，気持ちが沈んでしまうのはやむを得ないことですが，それでも気持ちを立て直して前に進まなければなりません。心が折れることなく改善や対処に取り組むことができる精神的な強さは，社会人，特に秘書には必要な素養です。いつまでも落ち込んだままでいると，周囲に気を使わせることにもなります。また，注意をした人も，その後の様子を心配しているものです。自分のためにあえて注意してくれた人への配慮ができるようにもなりたいものです。

＜上司に注意されるとすぐ涙ぐむ新人への指導＞
1. 仕事の場で注意されて涙ぐむなどは社会人としての自覚がなく，注意した上司を困惑させるので我慢しないといけない。
2. 注意は感情的にならず冷静に聞き，どこが至らなかったかをしっかりと受け止めること。
3. 注意されなければ気付かないこともあるのだから，注意は自分を成長させてくれるものだと前向きに受け止めること。

③ 親しみやすさ

きちんと丁寧にしていても，親近感が感じられないと好印象にはなりません。慇懃無礼（いんぎんぶれい）（あまりに丁寧過ぎて，かえって嫌味で誠意が感じられない様子）という言葉もあります。とはいえ，親しみやすさを意識するようにと教えられても，本人はどうすればよいか分からないこともあります。どのように改善すればよいか，具体的な指導が求められます。

＜来客応対がきちんとしているが，親しみやすさが感じられない後輩への指導＞
1. 柔和な表情で来客に接すること。
2. 明るい雰囲気で生き生きと話すようにすること
3. きちんとしようとし過ぎて，型にはまった応対にならないようにすること。
4. 話すときは漢語的表現をなるべく使わないこと。

過去 **brush up**

Q 秘書Aは新人Bから，「あいさつも自分の方からきちんとしているし仕事も一生懸命しているのに，自分に対する周りの人たちの態度がよそよそしい，どうしたらよいか」という相談を受けた。AはBについて周囲から，付き合いにくいという話も聞いている。このようなBにAはどのように言うのがよいか。具体的に簡条書きで三つ答えなさい。

A 解答例
1. 周囲の人がよそよそしいのは，そうさせる何かがBにあるのだろうから，それを考えることが必要。
2. あいさつを自分の方からするのはよいことだが，きちんとすることを意識し過ぎていると周囲は声をかけにくい。明るく親しみやすい話し方や態度を先輩や同僚から見習うようにしよう。
3. 仕事を一生懸命するのはよいことだが，自分の仕事のことだけを考えていないか。場合によっては，自分から手伝いを申し出るようにしよう。

付き合いにくいと言われているBの態度が，周囲の人によそよそしい態度をさせていると思われるので，Bの話すことからBの態度を推察して助言することが答えになります。解答例の他に，「雑談に加わる，昼食を一緒にするなど，仕事には直接関係のないことでも，周囲の人と積極的に付き合うようにしよう」などもよいでしょう。

相手の態度は自分の態度の鏡かもしれない

周りの人たちの態度がよそよそしいということですが，「付き合いにくい」という話を周囲から聞いているので，本人の行動変容によって状況を変えることができそうです。本人の話の中の「きちんとしている」「一生懸命している」とは実際にはどのようなことか，そこに周囲への配慮や思いやりなどが含まれているか，などを丁寧に聞き取りながらアドバイスすることになります。

仕事の手伝いなどを頼むときは，事情説明とともに，相手の都合についての配慮も必要です。依頼する内容によっては，相手の心情への配慮も必要になります。引き受けてもらえたら，感謝の気持ちを十分に伝えます。

 過去問題でポイントチェック！
POINT CHECK

秘書Aは上司（営業本部長）から，「君の仕事が立て込んで忙しいときは，営業部長秘書のCに手伝ってもらえるように営業部長に話してある。Cも承知している」と言われた。このような場合，Cに仕事を頼むときに気を付けなければならないことを，箇条書きで四つ答えなさい。

 Answer CHECK

解答例
1. 仕事を頼むときは都度Cの都合を尋ね，手伝ってもらうことに対して感謝の気持ちが伝わるような言い方を心がける。
2. 頼んだ仕事は進行具合などを小まめに尋ねるようにし，C自身の仕事が忙しくなったときに言い出しやすいようにする。
3. 頼んだ仕事の責任をCに負わすようなことはしない。
4. 仕事を頼むのは時間的にやむを得ない場合にし，Cに頼むのが当たり前にならないようにする。

仕事を手伝ってもらうときは，相手の仕事の都合と気持ちの両面への配慮が必要です。解答例の他に，「上司からCも承知していると言われていても，Cがどのように聞いているかを初めに尋ねてみる」などもよいでしょう。

 Point here! ここが ポイント!

責任は自分

仕事を手伝ってもらうときは，引き受けてもらえたからといって頼みっぱなしにしてはいけません。相手の仕事に支障がないように気を使い，また，心理的な負担にならないように配慮します。

❶ 後輩に手伝ってもらうときの手順

① 事情（自分の状況）を話し，頼みたい仕事の内容（質，量，所要時間）を伝えて，相手の都合を尋ねる。上司から手伝ってもらうよう手配済みだと言われていても，念のため，本人にはどのような話になっているか確認する（案外，本人の都合を確かめずに指示されていることもある）。

② 引き受けてもらえる場合は，感謝の気持ちを伝える。引き受けてくれるのが当たり前，のような頼み方をしないように気を付ける。

③ 相手が忙しいときを避け，終業時間にかかるような頼み方をしない配慮も必要（引き受けた時点では時間に余裕があっても，その後時間の調整が難しくなることもある）。

④ 頼んだ仕事は，途中経過の確認やフォローをして，相手が困らないようにする。

⑤ ミスが生じたときは，相手に責任を負わせず，自分の指示・確認やフォローのミスとして受け止め，上司に報告する。

＜別件の急用が入ったため，後輩に，定例会議の資料作成を一人でするよう頼むときの仕事の頼み方＞

1. 急に〜の仕事が入ったので，今している資料作りを一人でしてもらいたい。
2. 今回の資料作りで前回と異なるところには気を付けてもらいたい。
3. 作成中に分からないところがあったら，自分で判断しないで私に聞いてもらいたい。
4. 私も時々様子を見に来るが，終業時間（または指示された時間）までに出来上がりそうもないときは，早めに言ってもらいたい。
5. 出来上がったら，私が忙しそうにしていても遠慮しないで声をかけてもらいたい。

❷ 無理なことは頼まない，またはできる状態にして頼む

先輩から仕事を頼まれた後輩は，時間的に無理，あるいは実務能力不足で難しい仕事なのであれば，頼まれた時点で，それを先輩に言わなければなりません。言わずに引き受ければ後が大変になることは目に見えています。言って相談すれば，量の調整が行われたり仕事の仕方を教えてもらえたりして，手伝いをうまく引き受けることができます。しかしながら，先輩の事情も分かるので，後輩はなかなか「できない」とは言いにくいものです。

先輩としては，後輩が「できる」状態かどうかを最初に尋ねるのはもちろんのこと，本当に「できる」のか様子を見て，早い段階で必要に応じてフォローする必要があります。

必要とされる資質

職務知識

一般知識

マナー・接遇

技能

面接

過去 **brush up**

Q 秘書Aは後輩Bから相談された。新人Cに新しい仕事を頼んだが進まない。催促をすると忙しいなどの言い訳はするが，できないとも言わない。なぜだろうかということと，どのようにすればよいだろうかというものである。このような場合あなたがAなら，Bにどのようなアドバイスをするか。箇条書きで三つ答えなさい。

A 解答例
1．本当に忙しくてできないなら，時間的に無理なのに，仕事を頼んだことになる。
2．頼んだ仕事が進まないのは，Cには手に負えない仕事を頼んだからということも考えられる。
3．普通はできるつもりで引き受けるのだから，引き受けたのに手に負えないとなると，Cはできないと言えないでいることも考えられる。
4．仕事は遊びではないのだから，進まなければ何で進まないのかの理由をはっきりさせることが必要。
5．新しい仕事を新人にやらせるのだから，やり方を教えて，できるかどうか確認をすることが必要だったのではないか。
（このうち三つ）

- **PLUS UP**

相手を理解しフォローする

新人に仕事を頼んだが期待通りの結果にならない場合，原因はほとんど，頼んだ先輩の側にあります。新人がどのような状態か（業務量，業務知識の習得度，性格など）に配慮した頼み方をして途中のフォローをすれば，ミスや納期遅れは防げるはずです。

Lesson 4 同僚や，仕事に習熟してきた後輩への注意

同僚や，仕事ができるようになってきた後輩に対して，注意しなければならないこともあります。意欲が高じて行き過ぎた行動を取ったり，先輩を煩わしく思ったりなどの場合，そのままにしておくと，職場内の人間関係が破綻し，業務に支障が出てしまいます。社内の人間関係や秘書としての自分の職務の理解がきちんとできていれば起きないことではあります。注意やアドバイスの仕方について考えてみましょう。

Q 過去問題でポイントチェック！ POINT CHECK

営業部長秘書Ａは別の仕事を担当することになり，今の仕事は同僚Ｂが引き継ぐことになった。Ｂは秘書業務に意欲的で，Ａがしてきた上司と営業部員との仲立ちの仕事に特に関心を持っているという。そのＢが，引き継ぎもまだ始まっていないのに部員たちにいろいろと尋ね回っているので，部員たちは苦々しく思っているようである。このような場合，ＡはＢにどのような注意をすればよいか。箇条書きで三つ答えなさい。

Answer CHECK

解答例

1．まだ引き継ぎをしていないのだから，部員たちにいろいろと尋ね回るのはやめてもらいたい。
2．関心を持っているからといって，それを表に出すと周囲から反感を買うことになる。
3．仲立ちの仕事は，部員たちとのコミュニケーションがうまくいかないと難しい。それにはＢが秘書として信頼される振る舞いをしなくてはいけない。

Ｂが秘書の仕事に意欲的なのはよいのですが，行き過ぎた行動が反感を買っているということです。秘書の仕事は周囲との関係が大切なので，それらに触れたことが答えとなります。解答例の他に，「信頼関係は自分が謙虚な気持ちで接しないと築けない」などもよいでしょう。

❶ 後輩の成長のために

新人や後輩の指導は，その成長段階に応じて，スタイル（「逐一教える」から「徐々に任せる」を経て，「見守る」へ）を変えていくものです。後輩が成長するにつれて，細かい指摘は要らなくなってきます。未熟で行き届かない点はあるにしても，できるだけ仕事を任せて独り立ちできるようにフォローするのがよいでしょう。自分で経験してこそ技能が身に付くということがあるからです。指示が細か過ぎるなど，煩わしく思われるような言動をしていないか，セルフチェックをしてみましょう。

また，上司の指示によって後輩が仕事の仕方を改善する場合に，自分が行ってきた仕事の仕方を否定されたと思うのは筋が違います。業務は世の中の動きに応じて，またＩＣＴの発達などに応じて改善し続けるものです。

❷ 同僚であっても，問題行動は見過ごしてはいけない

仕事を任せられるようになり指導が「見守る」段階に達した後輩や，自分と同等の同僚に対してでも，出過ぎた行動や見当違いの言動については，きちんと注意しなければなりません。

意欲が高じて出過ぎた行動をしてしまうのは，仕事に慣れて自信がついてきたときや，新たに秘書になることが決まったときなどに起こしがちなケースです。同僚に注意するのは気が引けるかもしれませんが，自分の後任ということであれば自分が注意しないといけない立場になります。

敬語と接遇表現

esson 1 上司や社内の人に対して使われる表現

敬意を表すために使う敬語ですが，使い方を誤ると相手への敬意を示せない上に，礼を欠いたり誤解されたりもしかねません。敬語や接遇表現について，まずは上司に対して使われるものを確認しましょう。

 過去問題でポイントチェック！

POINT CHECK

次は秘書Aが，上司（総務部長）に対して言おうとしたことである。それぞれを適切な言葉遣いに直して答えなさい。

1）さっき営業部長が来て，部長を捜していた。
2）課長は30分くらいで戻る予定だが，それまで待つか。
3）手が空いていれば，原稿に目を通してもらえないか。

 Answer CHECK

解答例
1）先ほど営業部長がいらっしゃいまして，部長をお捜しでした。
2）課長は30分ほどで戻られる予定でございますが，それまでお待ちになりますか。
3）お手隙でしたら，原稿にお目通しいただけませんでしょうか。

Point here!
ここがポイント!

上司の部下でも，秘書の上役

課長は上司の部下ですが，秘書にとっては上役なので，社内では課長の動作についても尊敬表現で表します。課員についても同様です。

なお，敬語には敬意の高さの違いがあります。例えば「来る」に尊敬を表す助動詞「れる」を付けた「来られる」は，「いらっしゃる」「おいでになる」に比べると敬意が低くなります。そのため，上司の動作と部下の動作を同時に言う場合，△「部長が来られる30分前に課長がいらっしゃるとのことです」のように，部下である課長の方に敬意の高い敬語を使うのは望ましくありません。従って，2) は△「課長は30分ほどでお戻りになる予定でございますが，それまで待たれますか」のようにしない方がよいでしょう（課長の動作だけを言う場合は，「いらっしゃる」「来られる」，「お戻りになる」「戻られる」，どれも使えます）。

◇上司に対して使われる表現

上司の動作も，課長など上司の部下の動作も，敬意を表す表現（相手の動作は尊敬語，自分の動作は謙譲語）を使って話します。

普通の言い方	丁寧な言葉
今,手が空いているか。	ただ今,お手隙でしょうか。
何でも言い付けてくれ。 何でも指示してくれ。	何なりとお申し付け（お命じ）ください。
言ってくれれば何でもする。	おっしゃってくだされば何なりといたします。
この書類を見てくれるか。	こちらの書類にお目通しくださいますか。 こちらの書類をご一読くださいますか。 こちらの書類をご覧くださいますか。
体調はどうか。	お加減（お体の具合）はいかがでしょうか。
体の具合はもういいのか。	お加減はもうよろしいのでしょうか。
どこで買ったのか。	どちらでお求めになったのでしょうか。
あの人と会ったことはあるか。	あちらの方とご面識はおありですか。
その人なら,どこかで見かけた。	その方なら,どちらかでお見かけいたしました。
見たところ優しそうな人だったね。	お見受けしたところお優しそうな方でいらっしゃいましたね（ございましたね）。
もう聞いていると思うが,～したそうだ。	既にお聞き及びのことと存じますが,～したそうでございます。
私も用があるので,営業所まで一緒に行く。	私も用がございますので,営業所までお供いたします（お供させていただきます）。

●「ご一緒する」と「お供する」

一緒に行くことを言う言葉に「ご一緒する」があります。例えば部長が他部署の部長を「今日の昼，近くに出来たレストランへご一緒にいかがですか」と誘い，他部署の部長が「いいですね，ご一緒します」と応じるなどのように使います。ただし，対等の語感がある言葉なので，部下が誘われた場合，部下は「ご一緒します」ではなく，「ご一緒させていただきます」のようにへりくだった言い方をするのがよいでしょう。
営業所に行く上司に秘書が同行（一緒に行く）する場合は，連れ立って行くというよりは随行（目上の人に付き従って行く）になるので，「お供する」と言うのがよいでしょう。

普通の言い方	丁寧な言葉
用件を尋ねてこようか。	ご用件（ご用向き）をお尋ねしてまいりましょうか。
約束はないが，S社の山本さんが来ている。会うか。	お約束はございませんが，S社の山本様がおみえです。お会いになりますか。
待ってもらっているY社の田中さんを連れてこようか。	お待ちいただいているY社の田中様を，ご案内いたしましょうか。

● ✕「お連れしましょうか」

「連れる」は，伴う，同行するという意味の言葉ですが，一緒に付いてこさせる，従える，という意味もあります（例：子どもを連れていく，犬を連れて歩く）。従って，「お客さまを連れてくる」という言い方は，「お連れしましょうか」と謙譲語の形にしても不適切です。

普通の言い方	丁寧な言葉
M氏から電話が入っている。特別に頼みたいことがあると言っているが，つないでいいか。	M様からお電話が入っております。折り入って頼みたいことがあるとおっしゃっていらっしゃいますが，おつなぎしてよろしいでしょうか。
さっき廊下でY社のG氏から「部長によろしく伝えてくれ」と言われた。	先ほど廊下でY社のG様から，部長によろしくお伝えするようにと言付かりました。

※お客さまや目上の人からの伝言は，「頼みたいことがあると〜」のように言葉を変えずに伝えるので構いません。「伝えてくれ」は少し乱暴な言い方なので，自分（秘書）が「お伝えするように」，という言い方に変えるのも秘書のセンスです。

普通の言い方	丁寧な言葉
課長も用があるみたいで，一緒に行かせてもらいたいと言っている。	課長もご用がおありのようで，お供させて（ご一緒させて）いただきたいとおっしゃっています。
（部員の）Kが確認してもらいたいことがあるそうだ。今，手が空いているなら，Kを呼んでくるがどうか。	Kさんがご確認いただきたいことがあるそうでございます。ただ今，お手隙でしたら，Kさんを呼んでまいりますがいかがでしょうか。

※上司の部下の動作については尊敬語（秘書からの敬意）を使いますが，上司に対する部下の要望，伝言（一緒に行かせてもらいたい，確認してもらいたい，など）は，謙譲語（本人から上司への敬意）を使って「〜いただきたい」のように言います。

普通の言い方	丁寧な言葉
留守中に家の人から電話があって，6時にT駅にいるとのことだ。	お留守中にご家族の方（お宅）からお電話がございまして，6時にT駅にいらっしゃるとのことでございます。

※上司の家族からの伝言の場合，家族の動作については尊敬語を使います。

◇課長や先輩などに対して使われる表現

相手に対しても，話の中に出てくる上司の動作についても，敬意表現を用いて話します。

普通の言い方	丁寧な言葉
（相手の）考えは当然だ。	お考えはごもっともでございます。
それは大変だったね。気持ちは分かる（推し量れる）。	それは大変でございましたね。お気持ちお察しいたします。
支障がなければ，一緒に行かせてもらえないか。	お差し支えなければ，お供させていただけませんでしょうか。
部長が「課長を呼んでくれ。企画書を持ってくるように」と言っている。	部長がお呼びです。企画書をお持ちになるようにとのことです（「企画書を持ってくるように」とおっしゃっています）。

※部長の指示をそのままの言葉で伝えるのではなく，自分と相手の関係に応じた敬意表現に変えて（例：持ってくるように→お持ちになるように）言います。

Lesson 2　社外の人に対して使われる表現

社外の人に対しては，相手や話に出てくる社外の人の動作を尊敬語で，自分のことや上司など自社の人のことは謙譲語で話します。1級受験者にとっては，このような敬語表現はそれほど難しくないのではと思われます。難しいのは，改まった雰囲気を醸し出す慣用語でしょう。文法と違って法則のようなものはありません。使い慣れることが大切です。

　過去問題でポイントチェック！
POINT CHECK

次のそれぞれを，相手に好感の持たれる適切な言い方にして答えなさい。

1）客からもらった菓子を，お茶と一緒にその客に出すとき。
2）謙遜の意を込めて，贈り物を受け取ってもらいたいと言うとき。
3）食べ物を贈り，気に入ってもらえればよいのだがと言うとき。
　　※食べ物のときだけに使う言い方で。

Answer CHECK

解答例
1）お持たせで失礼ですが，どうぞ。
2）心ばかりの品ですが，どうぞお納めください。
3）お口に合えばよろしいのですが。

ここがポイント！

状況に応じた決まり文句

このような言い回しは，一つ一つ覚えるしかありません。なお，「粗品」や「ご笑納ください」は社交文書でよく使われる慣用語です。話し言葉では2）のような言い方をするのがよいでしょう。
同形式の出題では他に，「受け取れない贈り物を，相手の気持ちを害さないように断るとき」もあります。解答例：「せっかくではございますが，お気持ちだけ頂戴いたします」

◇お客さまや取引先に対して使われる表現

普通の言い方	丁寧な言葉
上司（山田部長）が会うのは無理だと思うが一応聞いてくる。	山田がお会いするのは難しいと存じますが，念のため<u>聞いてまいります</u>。
多分会えないと思うが，今聞いてくる。	恐らくお目にかかれないと存じますが，ただ今<u>聞いてまいります</u>。
その件は，上司（山田部長）から聞いている。そんなふうに言ってもできないが，他のことなら何でも言い付けてくれということだ。	そちらの件は，山田から<u>聞いております</u>。そのようにおっしゃいましても（言われましても）いたしかねますが，他のことでしたら何なりとお申し付けくださいということでございます。

※上司に聞くことを，×「お聞きしてまいります」×「伺っております」のように言うのは誤りです。「伺う」も「お聞きする」も謙譲語で，上司に対する敬意表現なので，お客さまに言う言葉としては不適切ということです。

普通の言い方	丁寧な言葉
上司（山田部長）は仕事が忙しいので	山田は仕事が立て込んでおりまして 山田は手が離せませんので
会えない。	お会いいたしかねます。 ご面会いたしかねます。 お目にかかることはできかねます。
代わりに用件を聞くように言われている。	代わりにご用件を承るよう申し付かっております。
代わりの人が話を聞くが，どうするか。	代わりの者がお話を承りますが（伺いますが），いかがいたしましょうか。
そんなことは断るように言われている。悪いが，帰ってもらえないか。	そのようなことはお断りするように申し付かっております。申し訳ございませんが，お引き取り願えませんでしょうか。
本当に言いにくいのだが，そんな要望には応じられない。	誠に申し上げにくいのですが，そのようなご要望には沿いかねます（応じかねます）。
前にも言ったように，会うことはできないのでお帰りください。	以前にも申し上げましたように，お会いいたしかねますのでお引き取りください。
Nさんの言うことはもっともだが，こっちにもどうしようもない（どうにもならない）事情があった。	N様のおっしゃることはごもっともでございますが，こちらにもよんどころない（やむを得ぬ・致し方ない）事情がございました。

普通の言い方	丁寧な言葉
うちの山田部長が，ぜひ会いたいと言っているが，都合はどうか。	私どもの山田が，ぜひお目にかかりたいと申しておりますが，ご都合はいかがでしょうか。
上司（山田部長）が力を借りたいと言っている。	山田がお力を拝借したいと申しております。
手助けしてもらえないか。	お力添え願えませんでしょうか。
上司（山田部長）が，ぜひとも（心をこめて）頼みたいことがあるのでそちらの会社の加藤部長のところに行く，ということだ。	山田が，折り入ってお願いしたいことがございますので御社の加藤部長様のところに伺う（お邪魔する），とのことでございます。
依頼のあった資料をさっきメールで送った。上司（山田部長）から見てもらいたいとのことなので，よろしくお願いする。	ご依頼のございました資料を先ほどメールでお送りいたしました。山田からご覧いただきたい（お目通し願いたい）とのことでございますので，よろしくお願いいたします。

※上司が相手に「～したい」「～してもらいたい」と言っていることは，心を尽くした謙譲表現で伝えます。

普通の言い方	丁寧な言葉
今日は忙しいときに呼び出してすまない。	本日はお忙しいところをお呼び立ていたしまして申し訳ございません。
寒い中，来てくれて，ありがとう。	お寒い中，ご足労くださいまして，ありがとうございます。
最近連絡していなかった。元気だったか。	ご無沙汰いたしております。お元気でいらっしゃいましたか。
長い間連絡していなかったが，変わりないか。	長らくご無沙汰いたしましたが，お変わりございませんか。
名前は以前から知っていた。	お名前はかねがね存じ上げておりました。
名前は前から聞いていたので，よく知っている。	お名前は，かねがね伺っておりましたので，よく存じ上げております。
会えて光栄に思う（会えてありがたく思う）。	お目にかかれて光栄に存じます。
今回は十分なことができず，本当にすまなかった。	このたびは至りませず（至りませんで，行き届きませんで），誠に申し訳ございませんでした。

自分が未熟なために迷惑をかけた。	私が至らぬためにご迷惑をおかけしました。
名前を忘れてしまった。	お名前を失念してしまいました。
着ている服に（お茶が）かからなかったか。	お召し物にかかりませんでしたでしょうか。
よければ上着を預かろうか。	よろしければお召し物をお預かりいたしましょうか。
そのことについては，よく分かっている。	そのことにつきましては，重々承知いたしております。
念のため，付け足して言う。	念のため，申し添えます。
今回のことは気にしないでくれ。	このたびのことはどうぞお気になさらないでください。
＜褒められたとき＞実際以上の言葉をもらい，恐縮に思う。	身に余るお言葉を頂戴し，恐縮に存じます。
さっきはよい品物をもらってありがとう。	先ほどは結構なお品物を頂戴いたしましてありがとうございました。
気を使ってもらってありがたい。	お気遣い（を）頂きまして お心遣い（を）頂きまして ありがとうございます。
こんな（いい）品をもらっては，むしろ逆に申し訳ない。	このような（結構な）お品を頂いては，かえって恐縮してしまいます。
これからはこんな心遣いは不要だ（しないでくれ）。	今後はこのようなお心遣いはなさらないでください。
＜受け取れない贈り物を，相手の気分を害さないように断るとき＞	せっかくではございますが，お気持ちだけ頂戴いたします。
＜謙遜の意を込めて，贈り物を受け取ってもらいたいと言うとき＞	心ばかりの品ですが，どうぞお納めください。
＜食べ物を贈るとき＞気に入ってもらえればよいのだが。	お口に合えばよろしいのですが。

◇**部長の家族に初めて会ったときのあいさつの言葉**

「初めてお目にかかります。私，部長の秘書をしております中村でございます。部長にはいつもお世話になっております」

C　　A　　L　　N　　E
演 習 問 題

１　次の「　　」内の言葉を，秘書が言う丁寧な言い方に直して答えなさい。

1）上司の指示で取引先にお願い事をするとき，
「手助けしてもらえないか」　　※『お助け』以外
2）会合に出席したとき，以前名刺交換をしたことがあった人に，
「名前を忘れてしまった」
3）上司に，「あの人と会ったことがあるか」　　※『お会い』以外
4）先輩（木村）に，「木村さんの考えは当然だ」
5）取引先に，「自分が未熟なために迷惑をかけた」

２　次の場合，山田部長秘書Ａはどのように言うのがよいか。適切な言葉遣いで答えなさい。

1）さっき廊下でＹ社のＧ氏から「山田部長によろしく伝えてくれ」と言われたとき，そのことを上司に。
2）上司から「課長を呼んでくれ。Ｘ企画書を持ってくるように」と言われたとき，そのことを課長に。
3）上司から不意の来客は取り次がないよう言われていたとき，「上司が会うのは無理だと思うが一応聞いてくる」ということを不意の来客に。

３　次の「　　」内のことを来客に言うとき，どのように言うのがよいか。適切な言葉を答えなさい。

1）「名前は前から知っていた。会えてありがたく思う」
2）「本当に言いにくいのだが，そんな要望には応じられない」
3）「Ｎさんの言うことはもっともだが，こっちにもどうしようもない事情があった」

4　次の言葉の下線部分を，来客に言う別の言葉に直して，それぞれ二つずつ答え
なさい。

「山田はただ今忙しいので，会うことはできない。代わりの者がお話を
　　　　　　　　　　a　　　　　　b
聞くが，いかがいたしましょうか」
　　c

5　次の言葉を秘書Aはどのように言えばよいか。丁寧な言葉で答えなさい。

1）先輩に，「それは大変だったね。気持ちは分かる（推し量れる）」
2）課長に，「支障がなければ，一緒に行かせてもらえないか」　※「同行」
　　以外の言い方。
3）上司に，「もう聞いていることと思うが，Kの結婚が決まったそうだ」
　　（Kは部員）

6　次の言葉を，秘書が言う丁寧な言い方に直して答えなさい。

1）上司に，「どこで買ったのか」
2）上司に，「見たところ優しそうな人だったね」
3）来客に，「今日は呼び出してすまない」
4）来客に，「さっきはよい品物をもらってありがとう」

7　次の「　　」内の言葉を，山田部長秘書Aが言う丁寧な言葉に直して答えなさい。

1）上司に，「約束はないが，S社の山本さんが来ています。会いますか」
2）得意先に，「うちの山田部長が，ぜひ会いたいと言っていますが，都合
　　はどうですか」
3）飛び込みのセールスに，「そんなことは断るように言われています。悪
　　いが，帰ってもらえませんか」

解答例

1 1）お力添え願えませんでしょうか。
　　2）お名前を失念してしまいました。
　　3）あちらの方とご面識はおありですか。
　　4）木村さんのお考えはごもっともでございます。
　　5）私が至らぬためにご迷惑をおかけいたしました。

2 1）先ほど廊下でY社のG様から，部長によろしくお伝えするようにと言付かりました。
　　2）（山田）部長がお呼びです。X企画書をお持ちになるようにとのことです。
　　3）山田がお会いするのは難しいと存じますが，念のため聞いてまいります。

3 1）お名前はかねがね存じ上げておりました。お目にかかれて光栄に存じます。
　　2）誠に申し上げにくいのですが，そのようなご要望には沿いかねます（応じかねます）。
　　3）N様のおっしゃることはごもっともでございますが，こちらにもよんどころない（やむを得ぬ・致し方ない）事情がございました。

4 a　仕事が立て込んでおりまして
　　　　手が離せませんので
　　b　ご面会いたしかねます
　　　　お目にかかることはできかねます
　　c　承りますが
　　　　伺いますが

5 1）それは大変でございましたね。お気持ちお察しいたします。
　　2）お差し支えなければ，お供させていただけませんでしょうか。
　　3）既にお聞き及びのことと存じますが，Kさんのご結婚が決まったそうでございます。

6 1）どちらでお求めになったのでしょうか
　　3）お見受けしたところお優しそうな方でございましたね
　　3）本日はお呼び立ていたしまして申し訳ございません
　　4）先ほどは結構なお品物を頂戴いたしましてありがとうございました

7 1）お約束はございませんが，S社の山本様がおみえです。お会いになりますか。
　　2）私どもの山田が，ぜひお目にかかりたいと申しておりますが，ご都合はいかがでしょうか。
　　3）そのようなことはお断りするように申し付かっております。申し訳ございませんが，お引き取り願えませんでしょうか。

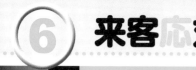

Lesson 1 来客応対の基本（受付の動作と感じのよさ）

上司を訪ねてくるお客さまに応対し取り次ぐ際に求められるのは，丁寧さと親しみやすさ，マナーにかなった所作です。秘書の話し方や立ち居振る舞いは上司や会社のイメージに影響します。上級秘書ならいちいち考えず自然にできてしまうことですが，後輩に教えるとなると，要点を挙げて理解を促す必要があります。

 過去問題でポイントチェック！
POINT CHECK

秘書Aは新人研修で，来客を上司に取り次ぐための名刺の受け取り方を教えることになった。このような場合どのようなことを教えればよいか。具体的に箇条書きで四つ答えなさい。

Answer
CHECK

解答例
1．両手で受け取るが，そのとき文字に指がかからないようにする。
2．手の位置（高さ）は胸の辺りにし，前傾姿勢で受け取る。
3．「お預かりいたします」と言って受け取る。
4．会社名，名前を読んで相手に確認する。

この場合は，一般的な名刺の受け取り方に加え，上司に取り次ぐときの特徴的なこととして「お預かりいたします」という言い方を教える必要があります。解答例の他に，4．は「読めない字があれば，お名前はどのようにお読みするのでしょうかと尋ねて確認する」などもよいでしょう。

要点それぞれに，理由がある

名刺は，自社に持ち帰った後は情報資料として書き込みをするなどして保管しますが，受け取ったときは，相手の分身と思うほどの丁寧さで扱うことによって，相手を尊重する気持ちを表します。従って，1. 両手で受け取る，文字に指をかけない，2. 手の位置は胸の辺り（下げない），ということになります。裏を見たり相手の前で書き込みをするなどはしてはいけません。また，名刺は相手が上司に渡すものであって，秘書はそれを取り次ぐ立場なので，受け取るときの言葉は「頂戴します」ではなく，3.「お預かりいたします」です。さらに，上司に取り次ぐために，4. 会社名と名前を（読み方も）確認する必要があるということです。マナーは単なる決まりではなく，意味や理由があってのこと。それを併せて教えれば，理解や定着の助けになります。また，この場合，解答の漏れも防げるでしょう。

❶ 名前の読み方を確認する

名刺を受け取ったら，相手の会社名と名前を「○○社の○○様でいらっしゃいますね」と読んで確認します。名刺を差し出すとき，相手は自分の名前を名乗りますし，名刺によっては英文表記もあるなど，多くの場合はスムーズに確認できるはずです。しかし，読み方が難しい字，あるいは読み方が複数ある字で，相手の名乗りが聞き取れなかった場合や社名だけを名乗った場合など，読み方が分からない場合は，そのままにしてはいけません。名前が分からなければ，この後，上司に正確に取り次ぐことができないからです。

読み方の尋ね方

秘書：「失礼ですが，お名前はどのようにお読みするのでしょうか」

来客：「○○と申します」

秘書：「○○様でいらっしゃいますね。ありがとうございます」

※名前を尋ねるときは，「失礼ですが」「恐れ入りますが」などのクッション言葉を用いる。

＜見知らぬ客から，「長田」という名前の名刺を出されたとき＞

①「大変失礼でございますが，お名前はどのようにお読みするのでしょうか」

②「恐れ入りますが，お名前は『ナガタ様』とお読みするのでしょうか。『オサダ様』とお読みするのでしょうか」

※「お呼び」ではなく「お読み」です。「どのようにお呼びすれば〜」だと，呼称やニックネームを尋ねることになってしまいます。

❷ 誰を訪ねてきたか確認する

「〇〇様はいらっしゃいますか」「〇〇様と3時にお約束をしております」などと言われたら,「〇〇でございますね」と確認します。

＜ナカジマさんに会いたいという客が来たが,ナカジマという人はいない。ナガシマならいる場合＞

「私どもにはナカジマという者はおりません。ナガシマでしたらおりますが,いかがいたしましょうか」

❸ 後輩の来客応対の仕方についての注意

受付には,感じのよさと正確さの両方が求められます。

＜ぶっきらぼうな後輩への指導＞

1. 話すときは明るく生き生きと話し,一本調子や語尾が強くならないようにすること。
2. お客さまに親しみを感じさせるような笑顔で応対すること。
3. お辞儀をするときは敬礼以上で,きちんと丁寧にすること。

＜お客さまの名前をよく間違える後輩への指導＞

1. お客さまが名乗ったら,必ず復唱すること。
2. 取り次ぐであろう人たちの名簿を作り,風貌と一致させて覚えること。
3. お客さまを取り次ぐなどのときは間違いのないように,意識して落ち着いて対応すること。

esson 2 臨機応変な来客応対

ビジネスはさまざまな人々との関係の上に成り立つものです。それぞれの人に予定や事情があり，それが相互に影響し合うので，上司の一日も全て予定通りに進むというわけにはいきません。予約客が来訪したのに上司が戻らない場合，面会を避けたい人が訪ねてきた場合など，臨機応変に対応しなければならないケースを見ていきましょう。

Q 過去問題でポイントチェック！
POINT CHECK

秘書Aの上司（部長）のところへ予約客Y氏が時間通りに来訪した。上司は近くの行きつけのレストランに，取引先の部長と昼食に出かけてまだ戻っていないが，そろそろ戻るころである。そこへ常務から，「部長に話したいことがあるので来てもらいたい」と連絡があった。このことにAはどのように対応すればよいか。順を追って箇条書きで答えなさい。

解答例
1. Y氏を応接室に案内し，上司は外出から戻るのが遅れているとわび，待ってもらうことをお願いする。
2. 常務に，上司の外出が長引いていることと来客があることを言い，急ぐかどうかを尋ねる。
　① 急ぐなら，上司に伝えると言う。
　② 急がないなら，いつまでに行けばよいかを尋ねておく。
3. 上司の携帯電話に連絡し，予約客の来訪と，2．の①または②について伝える。
4. 上司の携帯電話がつながらなかったら，レストランに電話をして上司がいたらつないでもらう。

Y氏は予約客なので，この場合待ってもらうことになります。また常務には，上司はすぐには行けないことを伝え，急ぎかどうかを確認しておくことになります。その上で上司に連絡し，今の状況を伝えることになります。

社内の人が急用でなければ，予約客が優先

基本的には，予約客が最優先です。急ぎでなければ，社内の人には事情を話して後にしてもらいます。 上司への伝達は早い方がよいので，携帯電話に連絡します。その際，社内の人（常務）のことも報告し，対応について指示を仰ぎます。

❶ 上司が，面会時間に戻ってこないとき

予約客には丁重にわびて，待ってもらえないかと頼みます。相手が後の予定などから待てない場合，また上司の戻りが大幅に遅れる場合は，①代行者が会う，②後でこちらから連絡（して再度予約）する，③伝言を聞く，のいずれがよいかを尋ねます。

❷ 上司が戻らない状況で，予約客と社内の人の来訪が重なったとき

予約客を待たせているところへ社内の人（役員や他部署の部長など）が来たり呼び出された場合は，予約客を待たせていることを伝えて，急ぎかどうかを尋ねます。
上司が別の来客との面談が長引いて遅れている場合は，予約客と社内の人の来訪（呼び出し）をメモで上司に伝えます。
外出からの戻りが遅れていて携帯電話で連絡が取れなかった場合は，戻り次第，伝えて指示を仰ぎます。
基本的には，約束をしたのに待たされている予約客との面談が優先されますが，社内の人の用件が急ぎの場合，優先順位は上司の判断に従います。

❸ 上司が時間を気にしない人で，予約客を待たせることが多い場合

予約をしているにもかかわらず何度も待たされれば，お客さまも快くは思いません。時間にルーズな会社だという印象を持たれてしまいます。特に，前回に続き今回も，という場合は，今回もまたご迷惑をおかけして申し訳ない，という謝り方をする必要があります。前回のことをすっかり忘れているような謝り方では誠意が伝わりません。このような状況が頻繁に起きるようなら，そもそもスケジュールの組み方が上司の性格に合っていないと考えられます。また，上司に小まめに時間を確認したりメモを渡したりなどの工夫も必要です。

＜前にも待ってもらったことがある予約客をまた待たせるとき＞
1. すぐ上司に来訪を伝えると言い，今回も待ってもらうことを特にわびる。
2. 長引いている前の予定が別のお客さまとの面談のときは，上司にメモで次の予約客の来訪を伝える。その際，前にも待ってもらったことを書き添える。

＜その後の上司への対応＞
1. 今までの面談スケジュールの組み方について，時間などに問題点がないか尋ねる。
2. 会議や面談などの後に次の予定があるときは，その都度，時間の念を押したり，メモを渡したりする。

④ 不意に訪れたお客さまの用件が他部署の担当だったとき

「その件は○○部が担当ですので，そちらでお尋ねください」と言うだけでは不十分です。お客さまの「用が足りる」ような心遣いが必要です。

＜名刺を出され用件を告げられたが，その用件を担当するのは他部署の場合＞
1. お客さまに，担当部署を伝える。
2. 担当部署に連絡しておくので，そちらに行ってもらいたいと言う。
3. お客さまに名刺を返し，担当部署への行き方を案内する。
4. 担当部署に電話して，お客さまの名前と用件を伝え，後の対応を頼む。

※お客さまが出した名刺は本来，担当部署に渡されるものです。間違って差し出されたのを受け取ったのですから，「お名刺をお返しいたします」などと言って返します。

⑤ 上司が会うのを避けている知人が来訪したとき

長居をするので困ると上司が言っている知人が不意に来訪したなどの場合，秘書は上司の在否や予定は伝えずに待ってもらい，上司に意向を尋ねます。上司から「会わずに済ませたい」と言われたら，予定が入っているなどと適当な理由を言って面会を断ることになります。ただし，今回の用件は上司にとって大切なことかもしれないので，用件は尋ねておくのがよいでしょう。

過去 brush up

秘書Aの上司のところへ上司の知人R氏が不意に来訪した。上司に相談したいことがあると言う。Aは上司から，「R氏は長居をするので困る」と聞いていた。そこでAは，上司の在否は言わずにR氏に待ってもらい，上司にこのことを伝えたところ「会わずに用件は電話で済ませたい」と言われた。このような場合Aは，来訪したR氏にどのようなことを言うのがよいか。箇条書きで三つ答えなさい。

A 解答例

1. 上司は予定が入っていて会う時間が取れない。すまないがこちらから電話させてもらいたいと言う。
2. 電話をしてよい日時，連絡先などを尋ねる。
3. どうしても会って話がしたいと言われたら，それについても上司に尋ねて連絡するが，よければどのような相談か簡単に教えてもらえないかと頼んでみる。

R氏は長居をするので電話で済ませたいと上司は言っているので，何か会えない理由を付けて電話で事を済ませるようにしないといけません。また，用件によっては会うことになるかもしれないので，その可能性に触れたことも答えになります。解答例の他に，「上司への伝言はないか尋ねる」などもよいでしょう。

相手に不信を抱かせない

上司の意向に沿って，上手に断るのも秘書の役割です。付き合いを拒絶されたと相手に感じさせることなく，双方の体面を保てるように断ります。

＜「上司は今，手が離せない」と言って面会を断ろうとしたら，相手から「今さっき課員（後輩）に聞いたが，そうは言っていなかった」と言われてしまった場合＞

1. 「先ほど急な用事が入ったため手が離せなくなった」と事情を話してわび，用件を尋ねて帰ってもらう。
2. 上司に，面会を断ったことと用件を伝える。
3. 上司の様子を話した課員に，上司の様子を聞かれたら知っていても分からないこととして答えないといけないと教えておく。

「先ほど（今さっき）急な用事が入って」などの理由でその場を切り抜けることになりますが，動揺を見せずに言い切る演技も必要で，冷や汗ものではあります。上司への報告も忘れずにします。上司の予定について社外の人に安易に口外してはいけないことを，後輩に教えておかなければならない例です。

Lesson **3** 来客応対の言葉

臨機応変に対応しなければならない場面では，実際にどのようなことを言って応対するのか，ケース別に確認しましょう。共通する言葉と，特別な状況に応じて付け加える言葉が分かれば，その場に応じてせりふを組み立てることができるようになります。付け加える言葉の多くは，上司と相手との関係を取り持つ気遣いや相手への心遣いから生まれます。

Q 過去問題でポイントチェック！
POINT CHECK

秘書Aの上司（山田部長）が外出中，上司の親しい友人E氏が訪ねてきた。現在午前10時。上司が戻ってくるのは午後1時の予定である。E氏は数日前にも訪ねてきたが，そのときも上司は不在だった。後で上司にE氏の来訪を伝えると，上司は会えなかったことを残念がっていた。このような場合，E氏にどのように言って対応すればよいか。次の言葉に続く適切な言い方を答えなさい。

「せっかくお越しくださいましたのに，誠に申し訳ございません。

山田が戻りましたらこちらからご連絡させていただきたいと存じますが，いかがでしょうか」

解答例
あいにく山田は外出しておりまして，戻ってまいりますのは1時の予定でございます。先日もお目にかかれず申し訳ございませんでした。山田も大変残念がっておりました。

上司はE氏に会えなかったことを残念がっていたので，そのことを伝えるのが秘書の気の利かせ方になります。

相手と上司の関係を良好に保つ気遣い

上司の不在をわびて帰社予定を伝えるのは，新人でもできるごく
普通の応対。この場合，Ｅ氏が数日前に訪ねてきたときも上司は
不在だったこと（重ねてわびるような謝り方をするのがよい），
上司は会えなかったことを残念がっていたこと（上司の誠意が伝
わる話し方をするのがよい），の２点を付け加えるのが，臨機応
変な気遣いです。

❶ 気配りの言葉

**＜上司（木村常務）は急な会議に出席中。面会の予約時間には戻るので連絡不要
と言われている。そこへ予約客が 15 分早く来訪した場合＞**

「申し訳ございません。せっかく早くおいでくださいましたが，木村はただ今席
を外しております。お約束の時間には戻ると申しておりましたので，それまでお
待ち願えますでしょうか」

◪ポイント

① 予約時間前の来訪でも，待ってもらうことになるので，まずわびる。
②「せっかく早くおいでくださいましたが」は相手への配慮の言葉。
③ 急な会議，などの内情は言わない。予約時間に遅れているわけではないので，「席
　を外しております」だけで理由は不要。
④「お約束の時間には戻ると申しておりましたので」で，上司は時間を分かってい
　ることが伝わり，来客は心配せずに済む。

**＜外出する上司（山田部長）から，Ｋ社の中村氏が来たら資料を渡すように，不明
なことはメールで尋ねてもらうように，と指示された。秘書は中村氏とは初対面の
場合＞**

「Ｋ社の中村様でいらっしゃいますね。いつも大変お世話になっております。申
し訳ございませんが，山田は外出しております。私は秘書の〇〇と申しますが，
こちらの資料をお渡しするよう申し付かっております。何かご不明な点がおあり
でしたら，メールでお尋ねいただきたいとのことでございます」

◪ポイント

秘書は中村氏と初対面なので，上司からの伝言を言う前に「私は秘書の〇〇と申し
ます」と名乗ることを忘れてはいけません。

<急用で面談予定のＦ氏が来社しない。上司（山田部長）は 30 分待っていたが，次の予定があり「Ｆ氏には後で連絡する」と言って外出。そこへ訪れたＦ氏に＞

「申し訳ございません。山田は先ほどまでＦ様をお待ちしておりましたが，次の約束がございまして，やむを得ず外出いたしました。後ほどＦ様にご連絡を差し上げると申しておりましたが，いかがいたしましょうか」

◘ポイント

① 30 分遅れてきたＦ氏ではあるが，来社したのに上司は会えないわけだから，まずわびる。

②「先ほどまでＦ様をお待ちしておりましたが」で，上司の誠意を示す。

③「次の約束〜，やむを得ず〜」で，上司の誠意を示す。

④ 上司の言葉を伝えるが，それで間に合うかどうか不明なので，「いかがいたしましょうか」と，Ｆ氏の意向を尋ねる。

<上司（山田部長）の出社が急用で遅れ，朝の面談は木村課長が対応することになった。来訪したＮ氏に言うこと＞

「大変申し訳ございません。本日山田は急用のためお目にかかることができなくなりました。ご連絡が間に合わず失礼いたしました。代わりに課長の木村がお話を伺いますが，よろしいでしょうか」

◘ポイント

① 面会のキャンセルは電話ですべきところ，間に合わなかったので，「ご連絡が間に合わず失礼いたしました」とわびる。

② 木村課長が対応することになっていても，Ｎ氏が上司との面談を希望する可能性もあるので，「よろしいでしょうか」のように尋ねる。

<取引先のＳ部長が着任のあいさつに訪れたが，上司（山田部長）は外出中で代わりに応対できる課員もいない場合＞

「ご丁寧にありがとうございます。私は山田の秘書をしております○○と申します。あいにく山田は外出しております。Ｓ部長様がおみえになりましたことを山田に申し伝えますので，恐れ入りますが，お名刺を頂けませんでしょうか」

◘ポイント

秘書はあいさつを受ける立場にないので，対応できる人が皆不在で取り次げない場合は，上司に伝えると答えて，名刺をもらっておく。

必要とされる資質

職務知識

一般知識

マナー・接遇

技能

面接

演習問題

1 　秘書Aは外出中の上司（山田部長）から，次のような電話を受けた。「訪問先の用件が長引いてしまいこれから戻る。S氏（予約客）来訪の時刻には20分ほど遅れるが，待ってもらって先に資料を見てもらうように」ということである。このような場合，来訪したS氏にどのように言うのがよいか。その言葉を答えなさい。

2 　秘書Aの上司（山田常務）と面談の約束をしていたT氏が，約束の時刻より遅れて来訪した。上司は，今は在席しているが間もなく出張するため，面談できる時間はあと20分くらいしかない。Aは上司から，T氏が来たらすぐに取り次ぐようにと指示を受けている。このような場合Aは，T氏に何と言えばよいか。その言葉を答えなさい。

解答例

1 大変申し訳ございません。山田は外出先から戻るのが遅れておりますが，あと20分ほどで戻る予定でございます。山田から，S様にお待ちいただき，先に資料をご覧いただくようにと申し付かっております。お待ちくださいますか。

2 すぐにお取り次ぎいたしますが，山田は間もなく出張することになっております。20分ほどしかお目にかかれないと存じますが，ご了承くださいませんでしょうか。

T氏が来訪したらすぐに取り次ぐように指示されているので，遅れて来ても取り次ぐことになります。が，面談できる時間は20分しか取れません。そのことを理由とともに話して，承知してもらうことが必要ということです。

Lesson **4** お茶，食事

来客へのお茶の出し方，会議のときのお茶や昼食の準備の仕方などについても，後輩に漏れなくきちんと教えるために，基本から復習しておきましょう。

 過去問題でポイントチェック！
POINT CHECK

秘書Aは新人Bに，会議や来客の際，お茶出しをするに当たり知っておかなければならないことを教えることにした。このような場合，AはBにどのようなことを教えればよいか。1．以外に箇条書きで三つ答えなさい（具体的な方法は不要）。

1．飲み物それぞれの入れ方について

解答例
2．飲み物の出し方と出すタイミングについて
3．出す順番について
4．どのようなときに入れ替えるかと，その仕方について

会議や来客の際の飲み物を，マナーにのっとって適切に出すために知っておくべきことが答えとなります。解答例の他に，「よく来社する客の好みの飲み物について」などもよいでしょう。

必要とされる資質

職務知識

一般知識

マナー・接遇

技能

面接

213

お茶の入れ方，お客さまへの出し方とタイミング，出す順番（席次），入れ替える場合とその仕方，全て新人秘書が学ぶことです。お客さまを歓迎する気持ちを込めて入れるという心得とともに，先輩として，細かいことを含め漏れなく教えられるようにしておきましょう。

最近は，自分が飲むお茶は給茶機で入れる，お客さまにはお茶を出さない，としている会社もあり，一般社員がお茶を出す場面は全体的に減ってきています。ただし，役員などを訪ねてくる特別なお客さまをお茶でもてなすことはあります。秘書は，おいしいお茶を手際よく丁寧に入れるスキルを身に付けておきましょう。お客さまの好みに合わせてコーヒーや紅茶を出す場合や，夏の日盛りに来社したお客さまには冷たい飲み物を出すなどの場合もあります。ベテランになっても，お茶出しを後輩に任せきりにせず，後輩と共に工夫して，お客さまをもてなす気遣いをしたいものです。

① 定例会議でのお茶出し

役員会議や部長会議などでは，議長の秘書や総務部長秘書がお茶出しを担当する場合や，出席者の秘書が当番制で担当する場合など，会社によってさまざまです。出すお茶も，日本茶，コーヒー，ペットボトルの水やお茶など，さまざまです。当番制の場合，秘書は異動で代わることもあるので，新人でも分かるようなマニュアルを作成しておくとよいでしょう。

＜部長会議のお茶出しのマニュアルに載せる項目＞
1．お茶の出し方
2．お茶やコーヒーなどの在庫確認と管理
3．容器などの数の確認と管理
4．部長たちの飲み物の好み
5．次回への申し送り

⬤ **得意先を訪問したときに出されたお茶を感じよく飲むには**

1. お茶を出してくれた人に「ありがとうございます」と言う。または，黙礼をする。
2. 「どうぞ」と勧められてから手を付ける。声がかからないときは，相手が飲むまでは手を付けない。
3. 右手で茶わんを持ち，左手を添えてゆっくり飲む。
4. ふた付きの茶わんの場合は，ふたを取ったらつまみを下にして茶わんの右側に置き，飲み終えたらふたをする。

❷ 昼食を挟んで行う会議の接待

上司の主催で，午前から午後にかけて行う会議を社内で開催する場合，昼食（お弁当）を用意することがあります。このような場合，会議室の中にいる上司や担当者から合図があったらすぐに出せるように段取りをつけておきます。会議出席者が多い場合は，同僚や後輩に手伝いを頼んでおくのがよいでしょう。

お弁当とともにペットボトルのお茶を出す場合もありますが，茶わんで出す場合は，午前中のお茶を片付けてから，新たに出します。

長時間の会議では，室内にポットを置くなどして，セルフサービスでお茶を飲めるようにしておくことがあります。その場合は，昼食時に，お茶やお湯を満たした新しいポットと取り替えます。

昼食後にコーヒーを出す場合もありますので，何をどのタイミングで出すかなど，あらかじめ上司に確認しておきます。

過去 🔒 brush up

秘書Aは，昼食を挟んで行う上司主催の会議に出席する人（20名）の接待を任された。昼食は幕の内弁当を仕出屋に注文してある。このような場合，合図があったらすぐに昼食を出せるようにするには，どのようなことをしておくのがよいか。箇条書きで三つ答えなさい。

解答例

1. 仕出屋に，届けてもらう時間と数について念を押しておく。
2. 同僚などに手伝いを頼み，手はずを説明して担当を決めておく。
3. 弁当が届いたら，弁当と箸，お絞りなどが人数分あるか確認し，出しやすいようにしておく。

合図があったらすぐ出せるようにするためにしておくことなので，時間に余裕を持って確実に届くようにしておく，必要な物を確認して出しやすくしておくなどの具体的なことが答えになります。また，出席者が20名なので，手伝いの人と手はずを整えておくことも必要です。解答例の他に，「予定時間の15分ほど前には廊下で控えている」などもよいでしょう。

昼食でも印象をアピールできる

仕出屋とは，注文を受けて料理や弁当を調理し，配達する店のことです。会議に出すお弁当は，役員会議用から一般会議向けのものまでさまざまあります。社外の人を招いて行う会議では，昼食も出席者へのもてなしの気持ちを表すアイテムになり，会社の印象に影響します。インターネットで「会議弁当」を検索するなどで情報を得ておくとよいでしょう。もちろん，「昼食の印象」には，手際のよい準備や心を込めて配膳する秘書の振る舞いも含まれます。

● 緑茶（日本茶）について

煎茶は，高級なものほど低めの温度でゆっくり時間をかけて入れます。茶葉が開く前に茶わんに注ぐと，色も味も薄くなってしまいます。面談の時間によっては，それでは間に合わないことも多いので，給湯室には深蒸し煎茶を常備している会社が多いようです。深蒸しの茶葉は抽出時間が短いので，手早く入れることができますが，逆に手早く入れないと濃過ぎて苦く渋いお茶になってしまいます。秘書検定では日本茶についての細かい知識は出題されませんが，お客さまから頂いた玉露のような高級茶，多忙で疲れている上司に出す濃い目のお茶など，時と場合によってお茶を選び，おいしく入れられるようにしておきたいものです。

7 電話応対

電話は，対面での応対とは異なり，音声で相手の様子を推察し，声でこちらの誠意を表さなければなりません。お互いの表情が見えないので，失礼や誤解のないよう特に注意が必要です。どのような気遣いが必要か，具体例を確認しましょう。

過去問題でポイントチェック！
POINT CHECK

販売部の兼務秘書Aは後輩Bに，顧客から苦情の電話があったときの受け方を指導することになった。このような場合AはBにどのようなことを言うのがよいか。1．以外に箇条書きで三つ答えなさい。

1．内容を聞く前に，迷惑をかけたことについてわびること。

解答例
2．相手が感情的に話していても，それに釣られず落ち着いた話し方をすること。
3．苦情が相手の勘違いであると分かっても，すぐにはそれを言わないで話は最後まで聞くこと。
4．こちらの言い分を話すときは一方的に言わず，相手の言い分を聞きながら話すようにすること。

苦情の電話では，相手の話をよく聞くことは当然ですが，こちらの事情を分かってもらうことも必要です。従って，この両面について具体的に答えていくことになります。解答例の他に，「自分では対応しきれないと思ったら，先輩や課長に代わってもらうこと」などもよいでしょう。

解決に加え，相手の「気が済む」ことが大切

苦情の電話の中には，相手の勘違いなど，こちらに非がない場合もあります。それでも，相手の不快感は自社の製品やスタッフの対応などが関係してのことなので，そのことについて，まず謝り，低姿勢で話を聞きます。相手の勘違いや，こちらにやむを得ない事情がある場合も，話を遮らずに聞きます。

❶ 苦情の電話への応対

苦情といっても，その内容は，商品の不良や故障，配送の手違い，スタッフの対応の悪さなど，さまざまです。謝ることは大変重要ですが，ただ謝るだけでなく，解決策を提示して早急に解決するか今後改善に努めることを明言する必要があります。ひたすら謝ってやり過ごす，というような対応をしてはいけません。「謝れば済むと思うのか」「謝られるだけではらちが明かない」という展開になってしまいます。

さらに，応対には一貫して相手の感情への配慮が必要です。謝って適切な解決をしても，相手が納得せず気持ちが収まらなければ，きちんと対応できたことにはなりません。

相手が事情を話している間は，話を遮らず，相づちを打ちながら丁寧に聞き取ります。気分を害しているときの話は，感情が高ぶって声が上ずったり口調がきつくなったりしがちですが，それに釣られず落ち着いて聞きます。話が前後したり必要な部分が抜けていたり，内容が不明確なときは，話の切りのよいところで尋ねて，事情を正確に把握します。

とにかく相手の気持ちに沿って「よく聞く」ことが大切ということです。よく聞くことは，適切な解決につながり，また，相手の気持ちを落ち着かせて，納得を得られやすくなります。

❷ 約束が果たせず変更を頼む場合

上司に急用が入って，取引先と約束していた仕事を引き受けられなくなったり面談予定をキャンセルせざるを得ない場合には，急ぎ相手に電話します。このような場合は，相手がすぐに読むとは限らないメールよりも電話の方が適しています。わびの言葉は，抑揚を付けた話し方で，申し訳ない気持ちが伝わるように言います。

> **＜上司が急な出張で約束が果たせなくなった。時期をずらせば引き受けられるが，ひとまず断りたいとき，わびの言葉に続けて言うこと＞**
> 1．急な出張が入ったため，約束が果たせなくなった。
> 2．上司は時期をずらせば引き受けられると言っていた。
> 3．時期をずらしても構わないということであれば，大体の期限を知らせてもらいたい。

まずはわびて，次に事情を話し，引き受けられる条件とその場合の期限を聞いています。面談の延期の場合も，同様の流れになります。

いずれも，相手に伝える理由は，ただ「別の用事が入ったため」では，相手を軽んじているように聞こえて失礼です。ただし，詳しい理由を言ってはいけません。会社の内情のようなことはお互いに言わないのがルールなので，相手も「急用」以上の理由は求めません。「急用のため」「急な出張のため」「やむを得ない用事ができて」程度が適当です。

❸ 相手の状況への気遣い

かかってきた電話で「ただ今お時間よろしいでしょうか」と聞かれたとき，結構忙しくても数分ならと思って「どうぞ」と答えることはよくあることです。それが思いがけず長い電話になってしまって困った経験がある人も多いでしょう。

電話をかけたとき，数分を超える用件の場合は「○○の件で○分ほどお時間を頂きたいのですが」などと前もって言うのが礼儀です。電話では，相手の姿や周囲の状況が見えません。従って，まず相手の都合を尋ねてから話し出すこと，さらに話の途中や最後で，相手に用件が確実に伝わっているかを確認することが大切です。

＜相手のことを気遣った電話とは＞
1．始業直後，終業直前，昼休みなどには電話をかけてこない。
2．話が長くなるときは，事前にそのことを断ってくれる。
3．複雑な内容の用件のときは，最後に確認をしてくれる。
4．こちらの理解を確認しながら話をしてくれる。

過去 🈔 **brush up**

　秘書Ａは，業界団体の理事長をしている上司から，数人の理事に電話で連絡事項を伝えるよう指示された。理事はいずれも他の会社の役員である。このような場合，連絡の仕方としてＡが注意しなければならないことを箇条書きで三つ答えなさい。

Ⓐ 解答例
1．最初に業界団体の理事長の代理であることを伝える。
2．秘書か秘書的な仕事をしている人がいれば伝言を頼む。いなければ直接伝える。
3．伝言の場合，電話を受けてくれた人の名前を聞いておく。

業界団体では，それぞれ他の会社の役員を本務としている人が理事を務めています。その辺りに注意をしなければならないマナーがあり，それらに触れたことが答えになります。

秘書がいる人への連絡は秘書に／どの立場で電話しているかを伝える

秘書がいる人への連絡は，本人へ直接ではなく秘書を通して連絡するのがマナーです。
また，業界団体としての連絡であることが分かるように伝える必要もあります。名乗るとき社名だけでは，仕事関係の電話のようで紛らわしく，用件（業界団体の連絡事項）がスムーズに伝わりにくくなります。

必要とされる資質

職務知識

一般知識

マナー・接遇

技能

面接

電話応対のポイントは，①相手（社内／社外／上司の家族）によって敬語表現を変える，②機転を利かせる（相手と上司の関係への気遣い，相手への気遣い，内情は言わないなど），③電話特有の言い回しを使いこなす，です。

過去問題でポイントチェック！
POINT CHECK

ＡＢＣ商事の中村は，山田営業本部長の秘書である。電話で次のような場合，中村はどのように言うのがよいか。「　　」内の言葉に続く適切な言葉を答えなさい。

1）休日に上司の自宅に電話をし，家人に上司の在否を尋ねるとき。
「ＡＢＣ商事の中村と申します。いつも大変お世話になっております。
　　　　　　　　　　　　　　　　　　　　　　　　　　　　　　　　」

2）専務秘書に，「上司がまだ戻ってこないが，専務との打ち合わせが長引いているのか」と尋ねるとき。
「営業本部の中村です。
　　　　　　　　　　　　　　　　　　　　　　　　　　　　　　　　」

3）上司がそろそろ到着するであろう取引先に，「すまないが，上司がそっちに着いたら，会社に電話するよう伝えてくれないか」と言うとき。
「ＡＢＣ商事の山田の秘書をしております中村と申します。いつも大変お世話になっております。
　　　　　　　　　　　　　　　　　　　　　　　　　　　　　　　　」

解答例
1）お休みのところ申し訳ございませんが，本部長はご在宅でしょうか
2）本部長がまだお戻りにならないのですが，専務とのお打ち合わせが長引いているのでしょうか
3）恐れ入りますが，山田がそちらに到着いたしましたら，会社に電話するようお伝えくださいませんでしょうか

秘書は敬語を自在に使いこなす

上司のことを，社内での電話や上司の家族との電話では尊敬表現で，社外との電話では謙譲表現で言うのは基本的なことですが，その場に応じた正確な表現がよどみなく自然と言えるようになるには，それなりの練習が必要です。自己チェックもしながら，新人や後輩のスキル定着を図りましょう。

❶ 相手に応じて変える敬語表現

例えば出先の上司に伝えたいことがある場合，①上司を電話口まで呼んでもらう方法と②上司に，自分宛てに電話するよう伝言を頼む方法があります。

〔上司（山田部長）が自社の支店で，支店長と打ち合わせ中のとき〕

① 「恐れ入りますが，支店長と打ち合わせ中の山田部長を電話口までお願いしたいのですが」

　「恐れ入りますが，支店長と面談なさっている山田部長を電話口までお呼びいただけますでしょうか」

② 「恐れ入りますが，支店長と打ち合わせ中の山田部長に，至急〇〇まで電話するようお伝えいただきたいのですが」

〔上司（山田部長）が取引先を訪問しているとき〕

① 「恐れ入りますが，そちらをお訪ねしております弊社の山田を電話口までお願いできますでしょうか」

② 「恐れ入りますが，そちらをお訪ねしております弊社の山田に，至急会社の〇〇まで電話するようにお伝えいただきたいのですが」

❷ 電話応対例—電話を受ける

＜取引先から電話が入ることになっているのに，上司（山田部長）はすぐに戻ると言って外出中。取引先から電話がかかってきたときの言葉＞

「お約束しておきながら誠に申し訳ございません。山田はどうしても外せない用事ができてしまい，外出しております。間もなく戻ると存じますが，戻りましたらこちらからお電話するということでよろしいでしょうか」

◪ポイント

① 約束を守れていないことを，まずわびる。

② 外出の理由は言わない。約束よりも優先している用事だから，「どうしても外せない用事」などやむを得ない理由にする。

③ 上司は約束のことを分かっていて，すぐに戻るとも言っていたから，「間もなく戻る」ことを伝える。

④ 電話したのにこちらが不在，という不便をかけたのだから，上司が戻ったらこちらから電話するのが筋。相手にも都合があるから，それでよいかを尋ねる。

＜上司（山田部長）が出張中，取引先から電話で商談の返事について尋ねられた。自分は上司から聞いていないが，様子からまとまりそうにないと分かっているときの言葉＞

「誠に申し訳ございません。その件につきましては私は何も聞いておりませんので，山田が戻りましたら，ご返事をお待ちになっていると申し伝えます」

◪ポイント

① 期限を過ぎているわけでなくても，相手は待っているのだから，謝る。

② 状況を知っていても，自分は答える立場にないので，「何も聞いていない」と答える。

③ 商談の不調については，しかるべきタイミングで伝えるもの。上司がまだ伝えていないのは，伝えられない事情や理由があってのことと考える。従って，「戻ったら返事する」「戻ったら電話する」などとは言わず，「返事を待っていることを上司に伝える」という言い方をする。

❸ 電話応対例─電話をかける

＜上司（山田部長）に急用が入り，経理部長（社内）に３時からの打ち合わせに20分程度遅れることを連絡しておくよう指示されたとき，経理部長への言葉＞

「（山田部長秘書の〇〇でございます。）山田部長からでございますが，３時からのお打ち合わせに急用のため20分ほど遅れるとのことでございます。誠に申し訳ございませんが，ご都合はいかがでしょうか」

◪ポイント

① 山田部長からの伝言だということが分かるように伝える。

② 社内なので，上司のことを言うのに謙譲表現は使わない。

③ 経理部長にその後外せない予定が入っていれば，打ち合わせ時間の変更などが必要になるので，都合を尋ねる。

＜上司（山田部長）から，取引先の佐藤氏に頼み事があって来週訪問したいと言われ，佐藤氏に都合を聞くためかけた電話での言葉＞

「お呼び立てして申し訳ございません。□□社の山田の秘書の〇〇と申しますが，ただ今お時間はよろしいでしょうか。山田からですが，佐藤様にお願いしたいことがございますので，来週そちらさまに伺いたいと申しております。ご都合はいかがでしょうか」

◘ポイント

① 電話を取り次がれて相手が出たら，「お呼び立てして申し訳ございません」と言ってから名乗る。
②「□□社の（営業部長の）山田の秘書の〇〇」という名乗り方をする。
③「ただ今お時間はよろしいでしょうか」と，相手の都合を聞く。
④「佐藤様にお願いしたいことがございますので（ございまして）」と，用件を伝える。
⑤「伺いたい」「申しております」のように，上司の動作は謙譲語で言う。
⑥ 相手の都合を尋ねる。

＜上司主催の社外会議の通知状に同封した出欠の返信はがきが期限になっても戻ってこない人に電話して，出欠を確認するときの言葉＞

「会議の通知状をお送りいたしましたが，ご返事がまだのようですのでご連絡いたしました。ご出欠がお決まりでしたらこのお電話で伺いたいのですが，いかがでしょうか」

「会議の通知状をお送りいたしました（が届いておりますでしょうか）。行き違いかと存じますが，ご返信を頂いていないようでございます。ご出欠はお決まりでしょうか」

◘ポイント

① 出欠の連絡（返信はがき）を送ってきていないと決めつけるような言い方，または送ってこないことを責めるような言い方をしてはいけない。
「ご返事がまだのようですので」「ご返信を頂いていないようでございます」のように，決めつけず低姿勢の言い方をする。
②「行き違いかと存じますが」もよく使う言い回し。
終始，相手を立てた言い方を心掛ける。相手の体面を傷つけないようにする気遣いが必要。
③ この場合，出欠は電話での口頭連絡で間に合うので，「ご出欠はお決まりでしょうか」「ご出欠がお決まりでしたらこのお電話で伺いたいのですが，いかがでしょうか」のように丁寧に尋ねる。

④ 電話の割り込み

電話中に別の電話がかかってきたとき，基本的には先にかかってきていて話し中の電話が優先です。従って，後からかかってきた電話には，今電話中と言って，後でこちらから電話するなどのことになります。ただし，急用の場合など，後からかかってきた電話の方を優先しなければならない場合は，例外の対応が求められます。

＜課長と電話中に，取引先から急ぎの電話が入っている旨のメモを渡されたので，課長との電話をいったん切るときの，課長への言葉＞

「お話の途中に申し訳ございませんが，私に〇社より急ぎの電話が入ったようでございます。いったん切らせていただき，後ほどこちらからおかけ直しいたしますが，よろしいでしょうか」

◘ポイント

① 話の途中でいったん電話を切るので，相手にかける迷惑をわびる。
② 相手は同じ部の課長だから，「〇社より急ぎの電話」のように理由を詳しく言って構わない。また，理由を言った方が不信に思われない。
　相手が外部の人の場合は，「〇社より」を言ってはいけない。
③ それまでの話の進行状況によって（話がほぼ終わっているなど），話を切り上げてもう電話しないこともある。上の場合はいったん切って後でかけ直すことにしたいので，それを伝えて相手の都合を尋ねる。

C　H　A　L　L　E　N　G　E

演 習 問 題

１ 　秘書Ａは，今日（水曜日）出張から戻る予定だった上司から，出張先でトラブルがあってもう二,三日かかりそうだという連絡を受けた。明日は取引先のＫ氏との面談が予定されている。このような場合Ａは，Ｋ氏に連絡して面談予約の変更をどのように頼むのがよいか。箇条書きで三つ答えなさい。

解答例

１ 　1．詳しい理由は言わずに，都合で出張から戻るのが遅れるため明日の面談ができなくなったと言ってわびる。
　2．戻るのは二,三日後の予定だが，分かったら連絡するのでそのとき次の面談予定を決めさせてもらいたいと言って，来週の都合のよい日時を幾つか聞いておく。
　3．上司に伝えることはないか尋ねる。

面談ができなくなった理由としてトラブルがあったことを言ってはいけません。二,三日かかりそうということですから，次の面談予定は来週になります。また，次に連絡するまで待ってもらうので，上司への伝言を尋ねておくことも重要です。

交際業務

日本では，六曜や二十四節気など，暦に関することが人々の生活に強く結び付いています。ビジネスにおいても，祝い事の日を選ぶ際に参考にしたり，季節に応じた贈答の気遣いをするなどに利用されています。

Q 過去問題でポイントチェック!
POINT CHECK

次のそれぞれの用語を，（　　）内に答えなさい。

1）「二十四節気」で該当する用語。

①　6月21日ごろ　　（　　　　　　　　　　　）

②　9月23日ごろ　　（　　　　　　　　　　　）

③　12月22日ごろ　　（　　　　　　　　　　　）

2）吉凶判断の基となる「六曜」で，「先勝」「友引」「仏滅」以外の三つ。

（　　　　　　　　　）（　　　　　　　　　　）

（　　　　　　　　　）

Answer CHECK

解答
1）①　夏至　　②　秋分　　③　冬至
2）先負，大安，赤口

自分は気にならなくても

六曜は日の吉凶を占う考え方です。迷信として最近は気にしない人も増えてきていますが，気にする人は多く，社会に浸透しているといえます。実際，結婚式場や引越業者は大安の日が繁忙，仏滅の日は受注が減ります。個人的な祝い事で気にならないのであれば，顧客獲得のため割引料金になっている仏滅を選ぶのがリーズナブルではあります。ただし，会社としてどの日を選ぶかということになると，経営者の考え方，不特定多数の顧客の印象などを勘案し，やはり六曜にこだわる例も多くなります。上司が祝賀行事などの日取りを決めるに当たって，秘書は参考知識として六曜を上司に知らせた上で，上司の意向に従うのがよいでしょう。

❶ 六曜について

六曜は六輝とも言い，暦上の日を6種の吉凶日に分けたものです。祝賀会の来賓あいさつなどで「本日はお日柄もよく……」と言うときの「お日柄」は，六曜のことです。また，「吉日」とは物事をするのによいとされる日のことで，六曜では大安，先勝の朝，友引の朝夕がこれに当たります。

先勝：（せんしょう，さきがち，せんかち）午前は吉，午後は凶。
急ぐことや訴訟によい日とされている。

友引：（ともびき）何事も勝負がつかない日。朝晩は吉，昼は凶。
「友を引く」として，葬礼を避ける習慣がある。

先負：（せんぷ，さきまけ，せんまけ）午前は凶，午後は吉。
平静を吉とし，急用や訴訟によくない日。何をするにも控えめにするのがよいとされる日。

仏滅：（ぶつめつ）一日中，凶。
何事も凶とする日。

大安：（たいあん）一日中，吉。
旅行、結婚式，引っ越し，開店など，何をするにも縁起がよいとされる日。

赤口：（しゃっこう，しゃっく）一日中，凶。昼（11時〜13時）のみ吉。

	先勝	友引	先負	仏滅	大安	赤口
午前	吉	吉	凶	凶	吉	凶
		凶				吉
午後	凶	吉	吉			凶

❷ 二十四節気について

二十四節気とは，1 年（太陽が地球を一周する日数）を二十四等分（四つの季節に分け，さらにそれぞれを 6 等分）したものです。

このうち，秘書業務を行う上で知っておきたいのは，立春，春分，夏至，立秋，秋分，冬至，大寒です。

立春	暦の上ではこの日から春で，春の気配が感じられる。前日が「節分」。	2 月 4 日ごろ
春分	昼夜がほぼ等しくなる。春の彼岸の中日。	3 月 21 日ごろ
夏至	昼の長さが最も長くなる。	6 月 21 日ごろ
立秋	暦の上ではこの日から秋で，秋の気配が感じられる。	8 月 7 日ごろ
秋分	昼夜がほぼ等しくなる。秋の彼岸の中日。	9 月 23 日ごろ
冬至	昼が一年中で一番短くなる。ゆず湯に浸かったりかぼちゃを食べるなどの慣習がある。	12 月 22 日ごろ
大寒	一年中で最も寒さが厳しい時季。	1 月 20 日ごろ

【二十四節気】

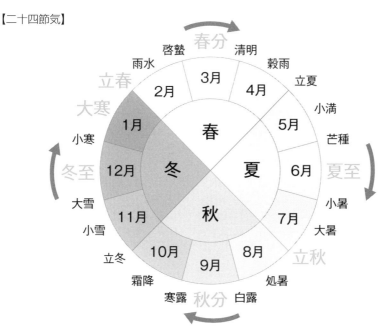

さらに，二十四節気を補う季節の移り変わりの目安に，「雑節」があります。

必要とされる資質

職務知識

一般知識

マナー・接遇

技能

面接

秘書が教養として知っておきたい雑節

土用	立春, 立夏, 立秋, 立冬の前 18 日間のことだが, 最近は夏の土用だけを指すことが多い。土用の丑の日はうなぎを食べる慣習がある。
節分	季節の分かれ目で, もとは四季にあった。今は, 立春の前日。豆まき, 恵方巻など。
彼岸	年 2 回。春分（秋分）と前 3 日間, 後 3 日間, 計 7 日間のこと。初日を彼岸の入り, 春分（秋分）の日を中日, 終日を彼岸の明けと呼ぶ。墓参り。春はぼた餅, 秋はおはぎ。暑さ寒さもこのころまでと言われる。
八十八夜	立春から数えて 88 日目。茶摘みが始まる頃。
二百十日	立春から数えて 210 日目。台風など荒天になりやすいといういわれがある。

二十四節気および雑節は, 年によって日が少し動きます。毎年 2 月に, 国立天文気象台が翌年の二十四節気と雑節を発表しています。

● 季節とは

例えば日本の春はいつからいつまでかについて, 絶対的な定義はありません。気象学的には, 春（3〜5月）, 夏（6〜8月）, 秋（9〜11月）, 冬（12〜2月）と区切られます。私たちの体感もこれに近いように感じます。

新人秘書が交際業務や社交文書作成の際に混乱するのは, これに加えて伝統的な季節分類があるからです。例えば, 正月のことを初春, 新春といいます。明治時代初めまで使われていた旧暦では, 春（1〜3月）, 夏（4〜6月）, 秋（7〜9月）, 冬（10〜12月）と区切られるので, 1月は春になります。

伝統的な季節分類には, 旧暦の他, 二十四節気で区切る分類があります。これは立春・立夏・立秋・立冬を四季の始まりとするものです。春（立春〜立夏）, 夏（立夏〜立秋）, 秋（立秋〜立冬）, 冬（立冬〜立春）と区切られるので, 春の始まりは2月になります。

贈答や社交文書で「『暑中御見舞』は8月7日ごろを過ぎたら『残暑御見舞』にする」と習うのは, 立秋を過ぎたら秋（夏の名残り）だからです。

③ 年中行事について

年末年始や季節に応じた行事のうち，秘書業務に役立つ知識を確認しておきましょう。季節のお菓子を差し上げたり，行事が話題に上ったりなど，日々のちょっとしたことに役立ちます。（日にちに色が付いているのは「国民の祝日」）

月	日にち	行事名・祝日名	関連事項,アイテム
1月	1日	元日	「元旦」は,元日の朝,の意 初詣
	2日	初荷,書き初め	
	4日	仕事始め 年始回り（あいさつ）	「御年賀」の品
	7日	七草粥	松の内（7日まで。15日までの地域もある）,松飾りを外す
	11日	鏡開き	お供えの鏡餅を割って食べる
	第2月曜	成人の日	
	1月中	賀詞交歓会	（賀詞交換会）
2月	3日ごろ	節分	豆まき,恵方巻
	4日ごろ	立春	
	11日	建国記念の日	
	14日	バレンタインデー	チョコレート
	23日	天皇誕生日	
3月	3日	ひな祭り	桃の節句,桜餅,ひし餅
	14日	ホワイトデー	
	15日	確定申告締切	
	20日ごろ	春分の日	春の彼岸（7日間）の中日 ぼた餅（春）
4月	1日	入社式 エイプリルフール	官公庁・学校で昇格・昇任
	上旬	お花見	イースター（復活祭）
	29日	昭和の日	ゴールデンウイーク 春の叙勲
5月	1日	メーデー	労働者の日,労働組合
	1日ごろ	八十八夜	茶摘み,新茶
	3日	憲法記念日	
	4日	みどりの日	
	5日	こどもの日	端午の節句,柏餅,ちまき,菖蒲湯
	第2日曜	母の日	カーネーション

月	日にち	行事名・祝日名	関連事項,アイテム
6月	1日	衣替え	
	第3日曜	父の日	
		各社　株主総会	株主総会後,役員就任
	21日ごろ	夏至	梅雨
7月	7日	七夕	笹飾り,短冊
		暑気払い,納涼会	
	1〜15日	お中元	(8月15日まで,とする地域もある)
	13〜16日	お盆	
	第3月曜	海の日	
	下旬	夏の土用の丑の日	うなぎ
8月	6日	広島原爆の日	
	7日ごろ	立秋	
	9日	長崎原爆の日	
	11日	山の日	
	15日	終戦の日	
	13〜16日	お盆	
9月	1日	防災の日	避難訓練
	9日	重陽の節句	菊の節句
	中旬	中秋の名月	十五夜,月見
	第3月曜	敬老の日	シルバーウイーク
	23日ごろ	秋分の日	秋の彼岸(7日間)の中日 おはぎ(秋)
10月	1日	衣替え 赤い羽根共同募金	
	第2月曜	スポーツの日	
	31日	ハロウィン	かぼちゃ,仮装
11月	3日	文化の日	秋の叙勲
	15日	七五三	千歳あめ
	23日	勤労感謝の日	
12月		クリスマスカード,年賀状	
	上中旬	お歳暮	
	上中旬	忘年会	
	22日ごろ	冬至	ゆず湯,かぼちゃ
	25日	クリスマス	24日クリスマスイブ
	28日	御用納め	納会
	31日	大みそか	除夜の鐘,年越しそば

年始回り：新年の最初の営業日に，得意先を回ってあいさつすること。「御年始」。「御年賀」「御年始」の上書きの品を贈ることが多い。

賀詞交歓（換）会：同業者や業界関係者で行う，新年のあいさつを交わす会のこと。新年を祝い，名刺交換を行う。

叙勲：勲章を授与すること。多くは，春（4月29日）と秋（11月3日）に授与される。

勲章：国や公共のために功労があった人を国が表彰して授与する。

褒章：各界で功績のあった人を国が表彰して授与する。（功績の内容により，黄綬褒章，藍綬褒章など色が異なる）

取引先や自社の役員が受章した場合，会社として祝賀すること（贈答や祝宴など）がある。

暑気払い，納涼会：暑さを打ち払うために行う，夏の宴会。

お盆：1年に1度，夏に行う先祖供養の儀式。もともと旧暦の7月15日であった。明治時代の改暦の際，東京を中心とした一部の地域では新暦7月15日に行うこととしたが，多くの地域では，本来の季節（30日遅れ）の8月15日をお盆とするようになった。帰省する人が多いので，8月中旬を夏季休業（お盆休み）にする会社が多い。

御用納め：各官公庁で，その年の執務を終わりにすること。これに合わせ，この日に仕事納めをする会社が多い。

納会：その年の最後に行う締めくくりの会。

必要とされる資質

職務知識

一般知識

マナー・接遇

技能

面接

お祝いの席に招待されたときの出欠の返事の仕方については，準1級までで学んできました。ここでは，会費制のパーティーを欠席する場合や，秘書自身がパーティーに出席する場合の留意点などについて確認しましょう。

過去問題でポイントチェック！
POINT CHECK

秘書Aの上司宛てに，上司と個人的に親しいK氏の叙勲を祝う会の案内状が届いた。案内状には日時や場所，会費や世話人名などが書かれていて，出欠の返信はがきが同封されていた。上司はその日は出張の予定で，Aは上司から「欠席で返信はがきを出しておいてもらいたい」と言われた。このような場合の次のことについて答えなさい。

① 欠席するに当たって，上司に確認することを答えなさい。
② 返信はがきには，どのようなことを書くか。三つ答えなさい。

解答例
① 祝う会の会費はどのようにするか。
② 1．欠席することと，その理由。
　 2．盛会を祈るということ。
　 3．上司が会費を払うということであれば，そのこと。

このような場合の会費には記念品代が含まれるので，出席しなくても会費を払うことがあります。従って，上司に確認して，払うのであれば返信はがきにそのことを書くことになります。解答例の他に，①は「祝電（お花）を送るか」などもよいでしょう。

出席できない場合の会費はケース・バイ・ケース

出席できなくても，会費を払うことができれば，K氏への記念品に添えられる「有志一同」のリストに名を連ねることができます。とはいえ，K氏と特に親しくしているので個別に祝いの品を贈りたいという上司の意向があることも考えられます。会費を払うものと決めつけず，上司に尋ねないといけないということです。

❶ 上司が招待されたときの対応

エグゼクティブの付き合いでは，叙勲や賀寿などお祝いの機会が多くなります。

❶ 招待状に出欠連絡の返信はがきが同封されているときは，そのはがきを使ってできるだけ早く返事を出す。ただし，他の予定が入るかもしれないなど，不確定の場合は，返信の締切直前まで保留にしてもよい。取りあえず出席で返信して後で電話などで変更するようなことは，先方の手間になるので避けたい。

❷ 祝賀会の場合，返信はがきには出席でも欠席でもお祝いの言葉を書くのがよい。欠席の場合は，「出張のため」など，当たり障りのない理由を書き，盛会を祈る言葉を添える。

❸ 出席する場合，上司に祝儀の金額を尋ね（社内の先例を提示して指示を仰ぐ），祝儀袋を用意してふくさに包み，上司に渡す。

❹ 欠席する場合は，祝電を打つ，花を届ける，などについて上司の意向を尋ねる。個別に祝儀や祝いの品を贈ることもある。会費制の場合は，会費に記念品代が含まれていることが多いので，世話人に連絡して会費を払う場合もある（世話人から，記念品代だけでよいと言われることもある）。

❷ 賀寿（長寿の祝い）の知識

- 還暦……満60歳　60年で干支が一回りし，生まれた年の干支に戻る（還る）ことから。
- 古希……70歳　中国の詩「人生七十年　古来稀なり」から。「古稀」とも。
- 喜寿……77歳　「喜ぶ」の草書体「㐂」から。
- 傘寿……80歳　八十を縦に重ねると「傘」の略字「仐」に見えることから。
- 米寿……88歳　八十八を組み合わせると「米」の字ができることから。
- 卒寿……90歳　九十を縦に重ねると「卒」の略字「卆」に見えることから。
- 白寿……99歳　「百」の上の「一」を取ると「白」になる（100−1＝99）ことから。

※本来，古希からは数え年で祝うが，最近は満年齢で祝うことが多い。

❸ 自分がパーティーに出席するときの一般的なマナー

＜パーティー出席に当たって＞
1. 招待状に服装の指定がないときは，会場の格，開始時間，どのような立場で出席するかなどによって決める。
2. 祝儀を持っていくときはふくさに包み，受付でふくさから出して差し出す。個人の祝いでは会費制の場合もある。
3. 受付で記帳するときは，用意されている筆記具を使う。（筆ペンでもサインペンでも，自分が書きやすい方を使って書けばよい）

＜立食パーティーのマナー（飲食について）＞
1. 料理は一度にたくさん取らないようにし，食べ残さない。
2. 食べ終わった皿は料理台以外のテーブルに置くか係の人に渡し，料理を取るときは新しい皿を使う。
3. 飲食は料理台の近くや壁際の椅子に座ってしない。
4. 会場の入り口で渡されるウエルカムドリンクは，開会の前に口を付けてよい（渡されたらすぐに飲んでよい）。

＜立食パーティーのマナー（飲食以外のことについて）＞
1. 関係者との交流の場なので，できるだけ多くの人と歓談する。
2. 会場に持って入るのは小さなバッグ程度にし，他の物はクロークに預ける。
3. 入退場は基本的に自由だが，来賓が祝辞を述べている最中は避けた方がよい。
4. 帰るときは主催者に知らせに行かなくてよい。

❹ 慶事における服装

	男性	女性
インフォーマル（略式）	ダークスーツ	ワンピースやスーツ
フォーマル（正装）	午前，昼はモーニング 日没後，夜間はタキシードにブラックタイ	洋装の場合は，アフタヌーンドレス（昼），カクテルドレス（夕方），イブニングドレス（夜） 和装の場合は，未婚者は振り袖・既婚者は留め袖

❺　上司からの祝儀を届けるとき

仕事関係の人や恩師，友人の趣味の個展や発表会に，上司が出張などのため行けず，秘書に祝儀を届けさせることがあります。このように上司の代理で行く場合，受付の芳名録には上司の名前を書いて，（代）と書き添えます。

＜例＞「山田　一郎（代）」

また，受付の人に「山田が出張のため参れませんので，こちらをお届けするようにと預かって（言い付かって，申し付かって）まいりました」と言って，祝儀袋をふくさから出して渡します。

C A L N E　演習問題

❶　次は秘書Ａが新人Ｆに，宴会の形式や料理について教えたことである。中から不適当と思われるものを選び，その番号を（　　）内に答えなさい。

1．「懐石料理」とは，特産の食材を使った酒宴向けに出す料理のことである。
2．「精進料理」とは，肉や魚類を使わず野菜や果物，海草などを用いた料理のことである。
3．「会席料理」とは，会合の席で提供する酒のつまみになる一品料理の総称のことである。
4．「ビュッフェスタイルパーティー」とは，昼に開かれるドレスコードのない宴会のことである。
5．「ディナーパーティー」とは，夕食の時間に合わせて開かれるコース料理が出る宴会のことである。
6．「カクテルパーティー」とは，カクテルなどの飲み物と軽食を中心とした立食形式の宴会のことである。

（　　　　　　　）

解答

❶　1，3，4

「懐石料理」は，元は茶席で出される食事のことで，今は客に一品ずつ出す高級な日本料理のこと。「会席料理」は，宴会用にセットされた料理のこと。「ビュッフェスタイルパーティー」は，立食形式で好きな料理を取って食べる宴会のことで，昼とは限らず，またドレスコードが指定される場合もあります。

秘書は，会社や上司が祝賀会などを主催する際，準備や進行を手伝ったり，受付などを担当したりします。終了後の事務整理も含めて，必要な事項を確認しましょう。

過去問題でポイントチェック！
POINT CHECK

秘書Aは，新社屋落成祝賀パーティーの受付の責任者になった。そこで，失礼や落ち度のないよう，担当する後輩たちに丁寧な言葉遣いや振る舞いの指導をすることにした。次のそれぞれについて，Aはどのように指導すればよいかを答えなさい。

1）祝儀袋を出されて，受け取るときの言葉としぐさ。
2）来賓のそばに行って，胸章を着けさせてもらうときの言葉と行動。
3）急用が入った，と言って遅れて来た客への言葉と行動。
4）所用のため途中だがこれで失礼する，と言われたときの言葉と動作。

解答例
1）「恐れ入ります。お預かりいたします（ありがとうございます）」と言って，両手で受け取る。
2）「失礼いたします」と言って少し膝を折り，左胸の辺りに着けさせてもらう。
3）「お忙しいところお越しくださいまして，恐縮でございます」などと言って受け付けし，会場の案内係のところまで案内する。
4）「本日はお忙しいところをありがとうございました」と言って，深くお辞儀をして見送る。

振る舞いでも感謝の気持ちを表現する

場面ごとに，言葉遣いと振る舞いが問われています。言葉だけでなく，しぐさや行動，動作を忘れずに答えましょう。

❶ パーティーの受付を担当するとき

- 改まったスーツを着用するのが一般的。
- 名刺や祝儀を受けるための盆を用意する。
- 芳名録に記帳してもらう。
- 祝儀や会費はきちんとした所作で受け取る。金銭の管理をする。
- 来賓に胸章を着けてもらう（着けるのを手伝うこともある）。
- 遅れて来た人を会場内へ案内する。
- 引き出物（記念品）を渡す（帰りに渡すことも多い）。

パーティーの受付は，開始時間の直前に大変混み合うものです。受付を待つ人の列ができてしまい，余裕を持って早めに訪れた人が開始時間に会場に入れないようでは，パーティーの進行にも影響します。パーティーの規模に応じた受付者数を確保したり芳名録を何冊か用意するなどの準備が必要です。

受付担当者は，てきぱきと動く必要はありますが，「大量の仕事をさばく」ような印象を持たれないように気を付けなければなりません。一人一人のお客さまに感謝の気持ちを込めて，落ち着いて丁寧に迎え入れます。

❷ 来賓受付を設けるとき

会社として特に世話になっている人を来賓として迎え，一般招待客とは別格の扱いをすることがあります。

<来賓の受け付けの仕方>
1. 一般客とは別に来賓の出席者名簿を作っておき，それにより確認する。
2. 来賓用の胸章は，受付の担当者が着けさせてもらう。
3. 受け付けが済んだら来賓の介添え役に引き継ぎ，控室に案内してもらう。

必要とされる資質

職務知識

一般知識

マナー・接遇

技能

面接

❸ パーティーで使われる慣用語

乾杯：祝福の気持ちを込めて，杯を顔の高さに上げたり互いに触れ合わせたりした後，
　　　酒を飲み干すこと。「乾杯」の段になったら出席者はグラスを取り，互いにビー
　　　ルなどを注ぎ合う。グラスにはまだ口を付けず，手に持った状態で，（テーブ
　　　ルには置かず，）乾杯の音頭を取る人の話を聞く。

乾杯の音頭を取る：乾杯に先立って声を上げること。

ご発声：乾杯の音頭を取ること（声を出すこと）。
　　　　司会「乾杯のご発声は，〇〇様にお願いいたします」

ご唱和：乾杯の音頭を取る人の「乾杯！」という発声に続いて，全員で「乾杯！」と
　　　　声をそろえて言うこと。
　　　　乾杯の音頭を取る人：「それではご唱和ください。　乾杯！」
　　　　唱和したら，グラスに口を付ける。一口飲んだらグラスをテーブルに置き，
　　　　拍手する。

鏡開き：祝宴などで樽酒のふた（鏡板）を割って，酒を飲み交わし，福を分かち合う
　　　　こと。「割る」（忌み言葉）を「開く」と言い換えている。

中締め：閉会近くの一区切りのこと。帰り（エレベーターやクロークなど）の混雑を
　　　　避ける配慮であるとともに，閉会後に速やかに部屋を空けられるようにとい
　　　　う運営上の都合でもある。中締めの後は，長居をしないように退出する。
　　　　司会「いったんここで中締めとさせていただきます」
　　　　中締めでは，手締めをすることがある。

手締め：物事が無事に終わったことを祝い，感謝の気持ちを込めて，かけ声とともに
　　　　打つ手拍子。

お手を拝借：手締めの音頭を取るときに言う言葉。「お手を拝借　イヨーオッ」のか
　　　　け声に続いて全員が手拍子を打つ。

お開き：閉会のこと。「閉会（閉じる）」「終わり」（忌み言葉）に代えて言う。
　　　　司会「お時間になりましたので，お開きとさせていただきます」

● 手締め

主な手締めの仕方は，次の3種類です。この他にも，地域や業界などによって，
さまざまな仕方があります。

一本締め：シャシャシャン，シャシャシャン，シャシャシャン，シャン
　　　　　　（3回＋3回＋3回＋1回＝計10回の手拍子）

三本締め：一本締めを，かけ声に従って3回行う。

一丁締め：1回だけ，パンッと手を打つ。関東一本締めともいう。
　　　　　　一本締めと間違えて一人だけ「シャシャ…」と手を打って気恥ずか
　　　　　　しい思いをする人がいないよう，先に「1回だけ，イヨーオッ，ポ
　　　　　　ン！でお願いします」などと言っておくとよい。

❹ 祝賀会の後処理

祝賀会について，当日の受付や接待の他，事務的なことも任されている場合は，祝賀会後も仕事が続きます。礼状や欠席者への記念品の発送などは，時間を空けずにすぐに行います。また，一連の記録は，将来，前例として重要な情報になるので，分かりやすくきちんとファイルしておきます。

＜祝賀会の翌日以降にすること＞
1．費用を精算する。
2．出席者名簿，資料など，当日の一連の記録をファイルする。
3．祝い金（祝いの品）のリストを作成する。
4．出席者と祝いをもらった欠席者へ，礼状を準備し発送する（欠席者には記念品も送る）。
5．手伝ってもらったり世話になった人に，礼を言う。

秘書は，宴席や接待の手配などを任されることがあります。祝い事，日ごろの礼
や感謝など，目的はさまざまです。上司や担当者の意向を確認しながら，相手に
喜んでもらえるように細やかな気遣いをします。

過去問題でポイントチェック！

POINT CHECK

秘書Aの上司（M会長）の趣味の絵画が展覧会で入賞し，役員による祝いの会
が開かれることになった。準備は総務課長とAで行い，当日も同席することに
なっている。このような場合の次の①と②について，それぞれ箇条書きで三つ
ずつ答えなさい。

① 　Aが総務課長と打ち合わせをしながら前日までに行うこと。
② 　当日の席上でAが配慮すること。

⚘ Answer CHECK

解答例
①1．日時・店・料理などの決定と，予約などの手配。
　2．祝いの品などがあればその準備。
　3．必要に応じて車の手配。

②1．末席に座る。
　2．飲食の提供など全体のことだけでなく，主賓（M会長）へ気を配ることを忘れない。
　3．明るく和やかな雰囲気になるように気配りをする。

入賞の祝いの会を行うのですから，①は，その会を開くのに必要なことから滞りなく終了するまでのこと，
②は，AはM会長の秘書であるとともに全体の世話役でもあるので，そのことを答えることになります。
解答例の他に，①は「会場のレイアウトなどのチェック」などもよいでしょう。

主賓への気配り

自社の会長のお祝いなので，食事の好みなどは分かっており，取引先の接待よりも準備しやすいでしょう。出席者は役員なので，店の格も考慮します。初めのうちは会長の趣味の話で全体が盛り上がっても，社内の役員の会なので，そのうち幾つかに分かれて仕事などの話が始まることになるでしょう。会長の周りの人たちの様子にも気を配り，会長が楽しんでくれているかを気にします。また，会長が高齢の場合は，記念品や花束などの荷物は秘書が車まで持ち運び，運転手に託すなども必要になります。

① 取引先を接待するとき

① 日時と店を決める

- 先方の秘書または担当者に連絡を取り都合を尋ねる。
- 相手から返答があったら，上司に候補日を伝え，日時を決めてもらう。
- 店は，料理の好み，交通の便，店内の雰囲気，予算，個室の有無などから候補を挙げ，上司に選んでもらう。
- 店に連絡し，上司の名前で予約する。連絡先は自分にする。
- 先方の秘書または担当者に，日時と店を伝える。

② その他の気遣い

- 二次会を行うか，上司に確認し，上司の意向に従って予約をする。
  行う場合は，先方に，二次会の用意があることを伝えておく。
- 土産や帰りの車（タクシー）などを必要に応じて手配する。

② 社内事情による中止は避ける

取引先への接待は，仕事上の礼と感謝の気持ちを表すためにするものです。こちらは礼をする側で，忙しい相手に時間の都合をつけてもらっています。直前の中止や延期はできる限り避けて，予定通り行いたいものです。不測の事態が起きてやむを得ず欠席者が出る場合は，中止を考える前に，① 一人欠席でも接待を行えるのではないか，② 代役を立てられないか，を考えます。相手との職位のバランスを考えることも重要です。

Q 販売本部長秘書Aは課長から相談された。「G社の部長と課長を明日の夜接待することになっているが，同席予定の部長が出張先のトラブルで帰って来られない。接待は中止しようと思っているがどうか」というものである。このような場合，Aは課長にどのようなことを言うのがよいか。順を追って箇条書きで答えなさい。

A 解答例
1. どうしてもできなければやむを得ないが，直前に接待を中止するなどはしない方がよいのではないか。
2. 部長の代役を立てるとすると本部長になるので，本部長に何とか都合をつけてもらいたいと頼んだらどうか。
3. 本部長の都合がつかなければ，G社に事情を話して部長は欠席ということにさせてもらったらどうか。

問題文の趣旨を正確に読み取る

「中止しようと思っているがどうか」と聞かれています。接待を直前に中止するなどは避けるべきと答えて，それではどうするかを続けて答えることになります。「中止するに当たっての手順」と読み間違えると，「丁寧に謝る→別の日を設定→後日，部長からも謝る，店のキャンセル」のように，全く展開の違う誤答になってしまいます。問題文の趣旨をきちんと読み取るように注意しましょう。

Lesson 5 弔事の知識

関係者の訃報に接したときに集める情報，葬儀への参列の仕方，葬儀の受付を担当する場合の留意点など，後輩に適切に指導できるよう，基本的なことも含めて確認しておきましょう。

Q 過去問題でポイントチェック！
POINT CHECK

秘書Aは後輩B（男性）と後輩C（女性）から，「仕事の関係先の告別式（仏式）に参列することになった。初めてのことなのでいろいろと教えてもらいたい」と言われた。このような場合，次の①～③について，どのようなことを言えばよいか。簡単に答えなさい。

① 身なりについて。
② 受付で言う，一般的な言葉。
③ 顔見知りの人と会ったときの対応。

解答例
① 男性は，黒色のスーツに黒のネクタイを締める。ワイシャツは白色のものにする。靴下は黒色。靴は黒色で光沢のないものにする。ネクタイピンを着ける場合は，弔事用の地味なものにする。
　女性は，黒色のワンピースかスーツ。ストッキングも黒色のものにする。靴やバッグは黒色で光沢のないもの。アクセサリーは着けるなら真珠の一連のネックレスにする。
② このたびはご愁傷さまで（ございま）した。
③ 個人的な会話は慎み，黙礼程度のお辞儀をするだけにする。

告別式に参列する場合の身なりや言動などの多くは，慣習として決まっています。初めて参列する後輩に教えるので，基本的なことを具体的に答えることになります。

葬儀の身なりについての新入社員へのアドバイス

最近はリクルートスーツが黒色の場合が多いので，葬儀参列の際，新人でも男女ともにスーツや靴が無くて困る例は少なくなりました。ただし，葬儀に大きいビジネスバッグは不向きです。男性は貴重品をスーツの胸ポケットに入れることができますが，女性は葬儀にも使える黒いハンドバッグを持っておくのがよいでしょう。また，傘とコートにも気を配る必要があります。傘は黒色で安価なものがありますが，コートはすぐに買うというわけにもいきません。派手な色柄ものしか持っていないようであれば，黒でなくても地味なものを1着持っておくと重宝することをアドバイスしましょう。

❶ 訃報を受けたときの対応

新聞や関係者から上司に関係する人の逝去を知ったときは，以下のことを確認して上司に報告し，指示を仰ぎます。

- 逝去の日時
- 経緯と死因
- 通夜，葬儀，告別式の日時と場所
- 葬儀の形式（宗教など）
- 喪主の氏名と続柄，住所，電話番号

❷ 弔事への対応

弔事への対応は，上司に確認しながら，次の手順で行います。

- 社内関係者に知らせる。
- 香典，弔電，供花等について前例を調べる。
- 通夜や葬儀（告別式）に参列できない場合は弔電を打つ。
- 供物，供花の手配をする。（先方の意向を確認して手配する）
- 香典を用意する。香典の金額，誰の名前で出すか（前例や社内規定に従うのでよいか），上司に確認する。上書き（薄墨で書く）は葬儀の形式（主に宗教）によって異なる。
- 上司が参列する場合は上司のスケジュールを調整し，それに伴う連絡をする。
- 参列に上司の代理を立てる場合，その人へ連絡する。

❸ 弔事に関する用語

訃報 （ふ ほう）	死去したという知らせのこと
逝去 （せいきょ）	死去。人を敬ってその死を言うときの言葉
享年 （きょうねん）	亡くなったときの年齢のこと
故人 （こ じん）	亡くなった人のこと
黒枠 （くろわく）	死亡通知や死亡広告のこと
通夜 （つ や）	故人が家族と別れる最後の晩の儀式。家族・親戚以外の人も決められた時間に参列できることが多い
弔問 （ちょうもん）	遺族を訪ねて悔やみを言うこと
弔辞 （ちょうじ）	亡くなった人を弔い，その前で述べる言葉
会葬 （かいそう）	葬儀に参列すること。参列する人は会葬者
ふくさ（袱紗）	祝儀袋や不祝儀袋などを包む小形の四角い布のこと
焼香	仏前で香を焚いて拝むこと
喪主 （も しゅ）	葬儀を行う代表者，主催者
遺族	亡くなった人の残された家族のこと
社葬	会社での功績が大きかった人が亡くなった場合に，会社主催で行う葬儀
密葬	身内の人だけで内々に行う葬儀のこと
法事・法要	仏式で死者の冥福を祈る儀式。初七日，四九日，一周忌など
一周忌	死去した翌年の命日やそのときに行う法事のこと
三回忌	没後2年（数えで3年，満2年）の命日やそのときに行う法事のこと
回忌	毎年巡ってくる命日のこと。年忌
喪中・忌中 （も ちゅう・き ちゅう）	喪に服している（死を悼み身を慎む，服喪）期間
香典 （こうでん）	霊前に供える金品のこと
供物 （く もつ）	霊前に供える物のこと
供花（くげ） （きょうか）	仏前に花を供えること，またはその花のこと
喪章 （も しょう）	人の死を悲しむ気持ちを表現するために着ける黒い腕章やリボン，布のこと。喪主，遺族，手伝いの人などが着ける
御布施 （お ふ せ）	僧侶に渡す金品のこと。葬儀や法事などでの僧侶への謝礼
香典返し	香典への返礼のこと

忌明け （きあけ）	喪の期間が終わること。忌み明け。仏式では四十九日が一般的（地域や宗派などによって異なる）。
忌引 （きびき）	近親者が死んだため学校や勤務先を休むこと
玉串奉奠 （たまぐしほうてん）	神前に榊（玉串）をささげること。
二礼二拍手一礼	二拝二拍手一拝。神前の拝礼の作法
忍び手	拝礼の際，両手を打ち合わせる（かしわ手）とき，音を立てないようにすること
お別れの会	偲ぶ会。葬儀を近親者のみで行った後日，友人・知人や仕事関係者が集まって告別をする会

④ 弔電

葬儀が遠方などで行われ参列できない場合は，弔電を打った上で，悔やみ状と香典を郵送します。また，世話になっている取引先などの葬儀では，部長や課長，担当者が会葬する上に，社長名で弔電を打つこともあります。

弔電は，通夜の日の昼間に葬儀の式場に届くように送るのが一般的です。日時を指定して宛名は喪主で送ります。（例えば取引先部長の家族の葬儀の場合，部長が喪主でないのに宛名を部長にすると，式場ではどの葬儀宛てか分かりません）

（※葬儀の式場：葬祭場，葬儀場，斎場，葬儀会館，セレモニーホールなど）

電報は電話の他，インターネットでも申し込めます。

一般的な文例：「ご尊父様（ご母堂様・ご令室様など）のご逝去を悼み謹んでお悔やみ申し上げます」（ご令室様は，夫人のこと）

「ご尊父様のご訃報に接し，心から哀悼の意を表します」

「ご尊父様のご逝去の報に接し，謹んでお悔やみ申し上げますとともに，心からご冥福をお祈りいたします」

＜取引先専務の母親が亡くなり弔電を打つために確認すること＞

① 取引先に確認すること

   1．喪主の名前と続柄。

   2．葬儀の日時と場所，形式。

② 上司に確認すること

   1．電文は一般的なものでよいか。

   2．台紙はどのようにするか。

   3．差出人は誰にするか。（社長名／会社名と役職付き上司名／上司個人として名前のみにするかなど）

⑤ 弔事の服装

	男性	女性
通夜	ダークスーツ	地味な色のワンピースやスーツ
葬儀・告別式	黒のスーツ，黒のネクタイ。白のワイシャツ。靴下は黒色。靴は黒色で光沢のないもの。ネクタイピンを着ける場合は，地味なものにする。	黒のスーツかワンピース，黒のストッキング。バッグや靴も黒色で光沢のないものにする。化粧は控えめにする。結婚指輪と真珠の一連のネックレスは着けてもよい。

＊通夜でも，訃報を聞いた翌日以降は，喪服（黒のスーツなど）で参列するのが一般的。
＊真珠でも，二連のは，「二重」「繰り返し」を連想させるので着けない。
＊ジェット，黒サンゴ，オニキス，黒曜石などの黒色のアクセサリーで光らないものは着けてもよい。

⑥ 上司の代理で葬儀に参列するときの注意点

・受付では「このたびはご愁傷さまでした（ご愁傷さまでございます）」と控えめにあいさつする。
・香典は「〇〇（上司の名前）から預かってまいりました」「ご霊前にお供えください」などと言って渡す。
・記帳は，上司名でする。または上司名の下に（代）と書き添える。
・遺族へはあまり声をかけない。
・顔見知りに出会っても，親しげに声をかけない。黙礼程度。

⑦ 上司の家族の葬儀を手伝う場合

上司の家の葬儀を手伝うときは，上司の家族側の立場で会葬者のあいさつを受けます。ただし，自分も会葬者の一人なので，会葬者芳名録に記帳し，香典も出します。また，タイミングを見て他の受付係と交代で焼香させてもらいます。

＜葬儀の受付係の心得＞
・喪章を着けるなどして，受付係と分かるようにしておく。
・服装は会葬者と同様の黒のスーツかワンピース。靴，アクセサリーなども同じ。
・受け取った香典は盗難や紛失に気を配り，確実に世話役に渡す。
・会葬者には遺族側の立場であいさつをする。
・会葬者への記帳依頼や会葬礼状の手渡しなどを間違いなく行う。
・知人や顔見知りであっても個人的な会話は慎む。

247

❽ 礼拝の仕方

仏式，神式，キリスト教式のそれぞれで礼拝の仕方が異なります。いずれも，遺族に会釈し，礼拝の位置に進みます。礼拝の後は遺族に会釈してから席に戻ります。通夜では，席に戻らず退出して構いません。

なお，バッグは置くか小脇に抱えます。改まった場では肩にはかけません。

一般的な作法（宗派，地域などにより異なることもある）は，次の通りです。

❶ 焼香（仏式）

1）焼香台に進み，祭壇に一礼する。

2）指先で香をつまみ，押しいただいて香炉に入れる（焼香）。1 回ないし 3 回行う（宗派によって異なる。会葬者が多いときは 1 回，ということもある）。

  線香の場合は，端をろうそくの炎に入れて火をつけ，香炉に立てる。炎が出て消えないときは，手で静かにあおいで消す。

3）焼香のあと合掌し，二，三歩下がって一礼。

❷ 玉串奉奠（神式）

1）神官から玉串を受け，そのまま案（台）の前まで進み，胸の高さに上げて一礼。

2）玉串を右に回し，下図のように持ち替えて，根元を祭壇に向けて案に供える。

3）二礼し，音を立てずに（忍び手）手を打つ（二拍手）。さらに一礼する。

玉串を90度回す　　右手と左手を　　180度回して両手で
　　　　　　　　　持ち替える　　　台に載せる

❸ 献花（キリスト教式）

1）花を受け取る（花が右，茎が左）。

2）胸元にささげて献花台の前まで進む。

3）一礼して花を右に回し，茎を向こうにして献花台に置く。

4）黙とうする。

花を右側に向ける　　花を手前に向ける　　左手を持ち替える　　献花台に両手
　　　　　　　　　　　　　　　　　　　　　　　　　　　　　　で置く

❾　葬儀の記録

上司が関係した葬儀とそれへの対処の記録を，後々の参考のために残しておきます。

＜葬儀について記録すること＞

- 逝去者名（会社・役職）
- 逝去日
- 葬儀の日時・場所
- 香典の金額
- 葬儀の形式
- 喪主
- 供物・供花
- 上司参列の有無
  （無の場合，代理参列者名）
- 弔電文と台紙の種類
- 上司との関係

❿　上司の家族に不幸があった旨の電話を受けたとき

上司から，家族に不幸があった旨連絡があったときは，お悔やみの言葉を言い，葬儀に関する情報を尋ねます。上司の同僚や部下，社内関係者が参列する場合もあり，また会社から弔電を打つこともあるので，取引先の葬儀の場合と同じ内容を尋ねます。
また，訃報は取引先にも知らせるのかなど，知らせる範囲を確認します。
上司は忌引休暇を取ることになるので，不在の間の業務についての確認も必要です。

＜上司（部長）からの電話を受けたとき，お悔やみの言葉を言った後，確認しておくこと＞（葬儀以外のこと）

1．不在の間の業務やスケジュール変更などは，代行者（課長）と相談して決めてよいか。
2．訃報は社内外とも通例の範囲でよいか。特に知らせる必要のある人はいるか。
3．不在の間にしておくことはあるか。
4．この電話を代行者（課長）に代わらなくてよいか。
5．出社はいつからか。

見舞いのマナーと，見舞い品の手配，社員を見舞う場合と取引先部長を見舞う場合の段取りについて，確認しましょう。

 過去問題で**ポイントチェック！**
POINT CHECK

秘書Aと同じ課の先輩Cが入院した。面会は可能ということなので，Aは見舞いに行くことにした。このような場合，Aが見舞いに行ったときに心がけることを，箇条書きで三つ答えなさい。
※　見舞いの品に関すること以外。

解答例
1．短時間で切り上げる。
2．仕事に関する話題は必要なことだけにする。
3．同室の患者への配慮を忘れない。

解答例の他に，「Cを力づけるように明るく振る舞う」などもよいでしょう。

 仕事の話題は必要なことだけ

ここが**ポイント！**
病気やけがで入院しているところを見舞うので，体に負担をかけないよう，短時間で切り上げるようにします。患者は，自分が働けない状態にあることを残念に思い悔しさを感じていたり，仕事を代わってくれている同僚に対して申し訳なく思っていたりするものです。上司や部員からの伝言の他は，仕事に関する話は必要なことだけにしておくのがよいでしょう。

① 病気見舞いの準備

社員を見舞うとき
- 家族に，見舞いの可否を尋ねる。
- 病院の所在地，面会時間を調べる。
- 家族に，見舞いに行く日時を知らせ，病室を尋ねる。
- 上司や部員に，言づてなどがないか確認する。上司や部員から見舞金（品）を預かる。

取引先の部長を見舞うとき
- 取引先の秘書または担当者に，見舞いに行きたい旨を伝え，見舞いの可否を尋ねる。
- 取引先の秘書または担当者に，見舞いに行く日時を知らせ，病院名と病室などを尋ねる。
- 見舞いの品を用意する。

② 見舞いの品

＜自宅療養中の取引先部長に見舞いの品を贈るとき＞
1. 上司に，予算と希望の品を確認する。希望の品がない場合は，リストアップして上司に選んでもらう。
2. 上司に，自宅に送るか，自分（秘書）が届けるか確認する。
3. 送る場合の見舞状について指示を受ける。
4. 取引先部長の秘書に，上司が見舞いを贈りたいと言っていることを話し，自宅住所などを確認する。

③ 災害見舞いのマナー

地震，火事などに遭った人や会社への見舞いは現金を贈るのが一般的です。見舞状を同封して現金書留で送ります。
災害見舞いを受け取った場合，お返しは不要ですが，落ち着いてからでよいので礼状を出します。

④ その他の見舞い

- 陣中見舞い‥‥‥‥ 競技大会へ向けて合宿したり，イベントを開催・準備している人たちへの激励のための金品。
- 楽屋見舞い‥‥‥‥ 演奏会や発表会などに出演する人への祝いの気持ちを込めた金品。

必要とされる資質

職務知識

一般知識

マナー・接遇

技能

面接

- **寒中見舞い** ‥‥‥ 寒さが厳しい時期（年賀の時期の後から立春まで）に相手を気遣って送るあいさつ状や品物。
- **暑中見舞い** ‥‥‥ 暑さが厳しい時期（7月7日ごろから立秋まで）に相手を気遣って送るあいさつ状や品物。
- **残暑見舞い** ‥‥‥ 立秋を過ぎても暑さが厳しい日々が続いている時期に相手を気遣って送るあいさつ状や品物。

● 入院見舞いの品の選び方

お見舞いの品は，病気や治療に差し支えないものを選びます。食事制限がありそうな病状の場合は，食品を贈らないようにします。

花は，贈ってよいかをあらかじめ病院に確認します。院内感染防止のため生花を禁止する病院が増えています。贈ってよい場合でも，匂いの強い花や深紅の花は病室に向きません。また，鉢植えの花は「根付く」から「寝付く」を連想させるので避けます。

その他：櫛は，「く＝苦，し＝死」を，また，「歯が欠ける」を連想させるので避けます。

目上の人には，靴下や履物など，腰から下に身に付けるものは贈らない方がよいといわれています。

相手の趣味や好みに合った物，入院中の気晴らしになる物など，相手を気遣った品選びをします。

目上の人に現金を贈るのは失礼とされています。事情により見舞の品を選べないときは，商品券やギフトカードなどを贈ることもあります。

esson **7** 贈答のマナー

日ごろのお礼や特別に世話になったお礼，お祝いなど，贈り物はその目的に応じた品，相手に喜んでもらえる品を選びます。上司の意向を確認した上で，時機を外さずに贈ることも大切です。しきたりにかなった贈り方についても確認しましょう。

過去問題でポイントチェック！
POINT CHECK

秘書Aは，歳暮と中元の手配を後輩Bに引き継ぐことになった。このような場合，品物の選び方についてどのようなことを教えればよいか。箇条書きで四つ答えなさい。

解答例
1．以前に贈った記録を参考にする。
2．上司に予算を確認する。
3．新たな贈り先については，上司に相手の好みなどを聞いておく。
4．特殊な物は避け，無難な物を選ぶようにする。

解答例の他に，「会社宛てに送る場合は，社内で分けやすい物にする」などもよいでしょう。

新しい贈り先については，相手を知ることが大切

新たな贈り先については，上記（相手の好み）の他，相手の年齢や社会的地位を考慮します。個人宅宛てに送る場合は，できれば家族構成が分かると品選びがしやすくなります。最近，何か特別に世話になった人には，一般的な送り状ではなくその人宛てのあいさつ状を作成することもあります。

<上司の友人の出版記念パーティーに花を贈る場合，上司に確認すること>
1．花束，籠花，鉢植え，スタンド花などのどれがよいか。
2．花屋の希望はあるか。
3．贈り主名はどう書くか。
4．メッセージは添えるか。
5．花の種類に希望はあるか。

① 季節の贈答

上書き	贈る時期
御中元	7月初めから15日ごろまで
暑中御見舞	7月7日ごろから立秋（8月7日ごろ）まで
残暑御見舞	立秋（8月7日ごろ）から8月下旬まで
御歳暮	12月初めから20日ごろまで
御年賀	1月1日から7日ごろ（松の内）まで
寒中御見舞	寒の入り（小寒 1月5日ごろ）から立春（2月4日ごろ）まで

＊中元や歳暮は，日ごろの礼として贈るもの。年賀状とは異なり，喪中でも贈る。
＊取引先への年賀の品は，担当者やその上司が喪中でも，会社宛ての物なので贈る。
　年始のあいさつに出向いたときに手渡す。
贈答品をデパートなどから直送する場合は，送付を知らせるあいさつ状を，品物より
先に着くように郵送します。

② 品物の贈り方

贈る品には，目的に沿った掛け紙（水引が印刷された紙）をかけ，上書き（表書き）
をします。
水引の結び方は，現金を包む祝儀袋・不祝儀袋と同じです。
慶事の掛け紙（のし紙）には「のし」も印刷されています。

● 開業（開店）祝いの品
商売（店）が根付くようにという意味で胡蝶蘭や観葉植物などの鉢植えを贈る
ことが多いようです。酒類や，スタッフで分けられるお菓子もよいでしょう。
経営不振（赤字）や火災を連想させる物（赤色の物，ライター，キャンドルなど）
は避けます。

❸ 現金の包み方

- 慶事の場合には，新札を用意する。
- 中包みの中央に縦書きで金額を書き，裏の左脇に住所，氏名を書く。
  書き方：「金〇萬円也」
  　　　　縦書きなので〇は漢数字だが，「一，二，三，十」は「壱，弐，参，拾」のように書く。

❹ 外装の畳み方（裏面）

①慶事（祝儀袋）

折り上げてから水引をかける

②弔事（不祝儀袋）

折り下げてから水引をかける

❺ 祝儀袋や不祝儀袋の選び方と水引の種類

袋は金額に見合ったものを選びます。少額を包むときに豪華な袋は用いません。

用途	水引の種類（結び方）	のし
一般の祝い	紅白のちょう結び	のし付き
結婚祝い	紅白または金銀の結び切り	のし付き
弔事用	白黒か黒，または銀白の結び切り	無し

＊栄転のような何度あってもよい祝い事には，ちょう結びの水引にする。
＊結婚，弔事のように繰り返さない方がよいことには，結び切りの水引にする。
＊のしは，祝い事や贈り物のときに付ける。
＊あわじ結び（あわび結び）は，結び切りの一種。

| ちょう結び | 結び切り | あわじ結び | 結び切り |

必要とされる資質

職務知識

一般知識

マナー・接遇

技能

面接

⑥ 見舞いの金封と水引

用途	金封の種類	水引 （結び方）	のし
見舞い （病気,けがの場合）	白無地の封筒 または端に赤色の縦線がある袋 （紅白の結び切りの水引の袋もある。 繰り返さず全快を祈る気持ちから）	無し	無し
楽屋見舞い 陣中見舞い 暑中見舞い	祝儀袋	紅白の ちょう結び	のし付き
火事見舞いなど 災害の見舞い	白無地の封筒	無し	無し

⑦ 上書きの種類

	用途		上書き（表書き）
慶事	新築,開店,栄転,就任など一般慶事		御祝　　〇〇御祝　　御〇〇祝 御〇〇御祝　　祝御〇〇（結婚, 出産には寿もよい）
	賀寿の祝い		寿　祝〇〇　〇〇御祝　寿〇〇 （〇〇に,古希,喜寿など,年齢を祝 う言葉が入る）
	退院した人に贈る祝い		全快御祝　御全快御祝
	自分の家の祝い事の記念。慶事の返礼		内祝
	病気見舞いの返礼 （病気が回復したときの内祝）		内祝　快気祝　全快祝 快気内祝　全快内祝
弔事	葬儀	仏式	御霊前　御香典　御香料
		神式	御霊前　御神前　御玉串料 御榊料
		キリスト教式	御霊前　御花料　献花料 御ミサ料
		形式（宗教）が分からないときや無宗教	御霊前
	香典の返礼		志　忌明
	法要（一周忌,三回忌など）		御仏前　　御供
	葬儀や法要での,お寺や僧侶への謝礼や寄付		御布施

	用途	上書き（表書き）
その他	一般の謝礼	謝礼　薄謝　御礼
	目下（部下や後輩など）への心ばかりの礼	寸志
	病気,けが,入院の見舞い	祈御全快　御見舞
	上位の役職に昇進して転勤する人へ	栄転御祝
	転勤や退職する人への送別,はなむけ	御餞別　記念品　御礼
	訪問のときの手土産	粗品
	地域の祭礼への寄付。神仏への献上（寄付）	御奉納　御祝儀　金一封
	合宿所やイベントの準備作業中の人などに贈る	陣中御見舞
	趣味の発表会,コンサートへの差し入れ	楽屋御見舞　御祝
	酒を振る舞う代わりに現金を贈るとき （取引先の社員旅行に現金を寄付するときなど）	御酒肴料
	賞金や寄付（金額を明示しないとき）	金一封
	試合を控えている社内クラブに	祈必勝　陣中御見舞
	交通費を概算で支払うとき	御車代
	著書を贈るとき	謹呈（しおりに書いて挟む）　献呈
	引き出物	○○記念
	年始回りに持参する品	御年賀　御年始　賀正
	よその火事に巻き込まれて被害を受けた人へ	類焼御見舞
	近所に火事があった人へ	近火御見舞

※退院（回復）した人へのお祝い・見舞いに返礼するときは「祝い事の贈答」なので，紅白の結び切り（病気は繰り返したくないので）で，のしを付ける。
※独立して事務所を開く人への祝い
　開業御祝　御開業祝　御開業御祝　祝御開業　創業御祝　開所御祝
※新社屋が完成した会社にお祝いを贈るとき
　落成御祝　御落成祝　御落成御祝　祝御落成　竣工御祝

⑧ 記名の仕方

・水引の下部中央に氏名を書く。会社名は氏名の右，役職名は氏名の上に書く。
・慶事の場合は濃い墨で，弔事の場合は薄い墨で書く。
・部署で出すときは「○○部一同」などとし，中央に書く。

必要とされる資質

職務知識

一般知識

マナー・接遇

技能

面接

- 連名の場合は3名までとし，右端から上位者を書く。
- 宛名を書く場合は左上に書く。その場合，左が上位になるので，差出人は左から順に連名の上位者を書く。

  〈例〉A（本人）が取りまとめ役をして，先輩・同僚とともに贈る場合

❾ 返礼について

- 病気で入院中に見舞いの品をもらったときは，退院か全快のときに，「快気祝」「全快祝」「快気内祝」「全快内祝」などとして品を贈る。
- 葬儀（仏式）の会葬者への香典返しは，忌明け後に「志」などして贈る（葬儀の当日，式場で手渡す場合もある）。（神式では五十日祭以降，キリスト教式では1ヵ月後）
- 葬儀後に，参列できなかったという人から香典が送られてきたときは，参列者への香典返しと同様の品を，「志」などとして贈る。
- 災害見舞いをもらったときは，落ち着いてから復興状況を報告するのでよい。

  【礼への返礼は不要】

- 個人的なことを手伝って，礼の品をもらったときは，返礼の必要はない。
- 中元や歳暮は日ごろの礼として贈られるものなので，返礼は必要ない。
- 就職を世話した人から礼の品が贈られてきたときは，それに対する返礼はしない。
- 祝い事の引き出物や記念品は，こちらが出した祝儀への礼を含むので，返礼の必要はない。

過去　☺ brush up

Ｑ　部長秘書Ａは上司（山田正男）から，「80歳を迎えた恩師の祝いの会に持っていくので，祝儀袋を用意してもらいたい。3万円包むのでよろしく」と言われた。この場合の祝儀袋に，次の①～③をそれぞれ適切な位置に体裁を整えて書きなさい。

① 上書き（80歳のお祝いと分かるように）
② 贈り主名
③ 金額

必要とされる資質

職務知識

一般知識

マナー・接遇

技能

面接

傘寿御祝

山田正男

中袋（表）

金参萬円也

「傘寿御祝」は，「祝傘寿」などもよいでしょう。

PLUS UP

壱, 弐, 参, 拾

一を壱，二を弐，三を参，十を拾と書くのは，改ざんを防ぐためですが，格調を高める意味合いもあります。格調を高めるために，万を萬と書くのも一般的です。五を伍，千を仟（阡），「円」を「圓」と書くこともあります。

C　A　L　N　E

演 習 問 題

1　次の上書きはどのような場合に用いるか。簡単に説明しなさい。

　　1）御餞別
　　2）御布施
　　3）御酒肴料
　　4）寒中御見舞

2　次の場合の上書きは何と書けばよいか。（　　）内に漢字で答えなさい（答えは重複しないこと）。

1）キリスト教式の葬儀のとき。

（　　　　　　　　　　　）　※「御霊前」以外

2）地域の祭礼で神社に現金を寄付するとき。

（　　　　　　　　　　　）　※「御寄付」以外

3）紙に包んだお金という意で，賞金や寄付金などで金額を明示しないとき。

（　　　　　　　　　　　）

4）上司が家の葬儀を手伝ってもらった部下へ礼を渡すとき。

（　　　　　　　　　　　）　※「御礼」「謝礼」以外

3　秘書Aは仕事柄，次の「　」内に関する用語を使うことがある。用語は左から順に並べてあるが，それぞれの（　）内に入る適切な用語を漢字で答えなさい。

1）「賀寿」

（　　　　　）　古希　　喜寿　（　　　　　　）　米寿　　　卒寿

2）「六曜」

先勝　（　　　　　）　先負　（　　　　　　）　大安　　赤口

3）「二十四節気の一部」

2/4 ごろ　　　　　　　　　　　　　　　　　　　12/22 ごろ

（　　　　　）　春分　　夏至　　秋分　（　　　　　　）　大寒

4　次の下線部分に入るパーティーのときに使われる慣用語を，（　）内の意味から考えてそれぞれ答えなさい。　※ 2) 以外は司会が言う言葉。

1）乾杯の＿＿＿＿＿＿＿＿は，○○様にお願いいたします。

（声を出して音頭を取ること）

2）※乾杯の音頭を取る人が言う言葉。

それでは，＿＿＿＿＿＿＿＿ください。

（私が言った後，皆さん一緒に言ってください）

3）いったんここで_____とさせていただきます。
　　　　　（閉会近くの一区切りのこと）

4）お時間になりましたので，_____とさせていただきます。
　　　　　　　（閉会のこと）

1）　　　　　　　　　　　　　3）

2）　　　　　　　　　　　　　4）

⑤　秘書Aは上司から，「友人が会社から独立して事務所を開業することになった。お祝いに胡蝶蘭の鉢植えを贈りたいので手配を頼む」と言われた。このような場合，「予算」「届け先」の他に，Aは上司にどのようなことを確認するのがよいか。箇条書きで四つ答えなさい。

解答例

1 1）転勤や退職をする人などに，はなむけの金品を贈るとき。
　 2）仏事の際，僧侶に読経などの謝礼として現金を渡すとき。
　 3）酒を振る舞う代わりに現金を贈るとき。
　 4）寒の入り（1月6日ごろ）から立春（2月4日ごろ）までに贈答品を送るとき。

2 1）御花料　　　2）御奉納　　　3）金一封　　　4）志・寸志

3 1）（還暦）古希　喜寿（傘寿）米寿　卒寿
　 2）　先勝（友引）先負（仏滅）大安　赤口
　 3）（立春）春分　夏至　秋分（冬至）大寒

4 1）ご発声　　　2）ご唱和　　　3）中締め　　　4）お開き

5 1．開業日はいつか。
　 2．花屋の希望はあるか。
　 3．メッセージを添えるか。
　 4．贈り主名はどのようにするか。

解答例の他に，2．は「花の色に指定はあるか」などもよいでしょう。

解答の仕方〈マナー・接遇〉

「マナー・接遇」の領域では，7問出題されます。多くの場合，記述式ですが，選択問題が出題されることもあります。

Lesson 1 敬語と接遇表現についての問題

言葉遣い（敬語と接遇表現）についての問題には，幾つかのパターンがあります。
1. 下線部分を丁寧な言葉に直す（または，丁寧な別の言い方を答える）問題。
2. 全て丁寧な言葉に書き換える問題。
3. 不適切な（丁寧さに欠けた）部分を探し，その部分だけを直す問題。
4. 提示された状況に応じた丁寧な言葉（せりふ）を答える問題。

1 下線部分を丁寧な言葉に直す（または，丁寧な別の言い方を答える）問題

下線部分だけを直す問題です。普通の言い方や不適切な（間違った）言い方を直す問題の他，丁寧な言い方を別の丁寧な言い方に直す問題も出題されています。

過去問題でポイントチェック！
POINT CHECK

次は秘書Aが上司（部長）に言った丁寧な言葉である。下線部分を別の丁寧な言い方にして答えなさい。

1）ご体調はいかがでしょうか。
2）何なりとご指示くださいませ。
3）こちらの書類をご覧くださいますか。　　※「お読み」以外
4）私がご用件をお尋ねしてまいりましょうか。　　※「ご用事」以外
5）課長がご一緒させていただきたいとおっしゃっています。

解答例
1）お加減・お体の具合　　2）お申し付け・お命じ　　3）お目通し・ご一読
4）ご用向き　　　　　　　5）お供

下線部分だけを直す

下線部分もそれ自体，丁寧な言い方ですが，それを「別の丁寧な言い方」に直す問題です。設問に「下線部分を」とあります。例えば４）は「ご用件」だけに下線が引かれていますので，「ご用向き」と答えることになります。「私がご用件を伺ってまいりましょうか」のように，全文を書き直したり，下線部分以外を変えて答えたりしないように気を付けてください。

② 全て丁寧な言葉に書き換える問題

「　　」内の言葉全体を直す問題です。見落としのないように，問題文と照らし合わせて細部まできちんと直しましょう。

過去問題でポイントチェック！
POINT CHECK

山田部長秘書Ａは，次の「　　」内のことをどのように言うのがよいか。適切な言葉遣いで答えなさい。

1）電話で取引先のＨ氏に
「依頼のあった資料をさっきメールで送った。山田部長から見てもらいたいとのことなので，よろしく」

2）部員のＫから頼まれて上司に
「Ｋが確認してもらいたいことがあるそうだ。今，手が空いているなら，Ｋを呼んでくるがどうか」

3）Ｍ氏から電話が入っていることを上司に
「Ｍ氏から電話が入っている。特別に頼みたいことがあると言っているが，つないでよいか」

解答例

1）ご依頼のございました資料を先ほどメールでお送りいたしました。山田からご覧いただきたいとのことでございますので，よろしくお願いいたします。

2）Kさんがご確認いただきたいことがあるそうでございます。ただ今，お手隙でしたら，Kさんを呼んでまいりますがいかがでしょうか。

3）M様からお電話が入っております。折り入って頼みたいことがあるとおっしゃっていらっしゃいますが，おつなぎしてよろしいでしょうか。

敬語は関係性によって決まる

話の中に相手と自分以外の人物が出てくる場合，その人と上司，その人と自分，などの関係性に応じて敬語（尊敬語か謙譲語か）が変わります。

③ **不適切な（丁寧さに欠けた）部分を探し，その部分だけを直す問題**

下線を引く部分が短い（1語だけを直す）場合と長い場合（2語以上を直す）場合があります。

過去問題でポイントチェック！

POINT CHECK

次は秘書Aの来客に対する言葉遣いであるが，それぞれの中に丁寧さに欠けた言い方がある。その部分に下線を引き，その下に適切な言葉を書きなさい（違う言葉で答えること）。

1）「多分会えないと思いますが，ただ今聞いてまいります」

2）「こんないい品をもらっては，かえって恐縮してしまいます」

3）「長い間連絡しませんでしたが，お元気とのことで何よりでございます」

Answer CHECK

下線を引く部分と解答例
1）多分会えないと思いますが
　　恐らくお目にかかれないと存じますが
2）こんないい品をもらっては
　　このような結構なお品を頂いては
3）長い間連絡しませんでしたが
　　長らくご無沙汰いたしましたが

Point here!
ここがポイント!

　「思いますが」のような丁寧語も敬意表現ではありますが，秘書の来客に対する言葉遣いとしては敬意が足りないことになります。「存じますが」と謙譲語に直さないといけないということです。

④ 提示された状況に応じた丁寧な言葉（せりふ）を答える問題

過去問題でポイントチェック!
POINT CHECK

次のような場合，部長秘書Ａ（中村）はどのように言えばよいか。それぞれについて適切な言葉を答えなさい。

1）世話になっている礼にと菓子折りを持ってきた客に対して，
　　「心遣いに対する礼の言葉と，これからは心遣いは不要」ということを。
2）風邪をひいたようだと言って昨日早退し，今朝出社した上司に対して，
　　「具合はもうよいのか。言ってくれれば何でもするが」ということを。
3）上司を訪ねてきた家族（Ａとは初対面）に対して，
　　「初めて会うことを強調した自己紹介と，あいさつの言葉」を。

解答例

1）お心遣いありがとうございます。今後はこのようなお心遣いはなさらないでくださいませ。

2）お加減はもうよろしいのでしょうか。おっしゃってくだされば何なりといたしますが。

3）初めてお目にかかります。私，部長の秘書をしております中村でございます。部長にはいつもお世話になっております。

その場に応じた一言

場面に応じてどのようなことを言えばよいか，秘書業務をシミュレート（模擬的に再現）して練習しておくとよいでしょう。

1）「なさらないでくださいませ」は「結構でございますので」でもよいでしょう。

3）「初めまして」でもよいのですが，「初めてお目にかかります」の方がより改まった言い方です。「お初にお目にかかります」という言い方もあります。「中村でございます」は「中村と申します」でもよいでしょう。

必要とされる資質

職務知識

一般知識

マナー・接遇

技能

面接

賀寿や上書きについては，「漢字で」と書かれていなくても漢字で答えなければなりません。実際に祝儀袋を書く際に「さん寿御祝」「こき御祝」などと書くわけにはいかないからです。

 過去問題でポイントチェック！
POINT CHECK

次の年齢の祝いを何というか。（　　）内に答えなさい。

1) 80歳 　　　（　　　　　　　　　　　　　　　）

2) 77歳 　　　（　　　　　　　　　　　　　　　）

3) 70歳 　　　（　　　　　　　　　　　　　　　）

4) 満60歳 　　（　　　　　　　　　　　　　　　）

解答
1) 傘寿
2) 喜寿
3) 古希（古稀）
4) 還暦

上書きについての問題では，「次の場合の上書きを，それぞれ二つずつ」あるいは「『〇〇』『〇〇』以外の上書きを」答えるものもあります。p.256 の「上書きの種類」の表で，上書きが二つ以上あるものは，それぞれセットで覚えるようにしましょう。

過去問題でポイントチェック！
POINT CHECK

次の場合の上書きを，それぞれ二つずつ漢字で答えなさい。

1）病気見舞いのお返しに（回復したとき）
2）神式の葬儀に供える現金に（「御霊前」以外）
3）77歳になった祝いの品に（一つは年齢が分かるように書くこと）

解答例
1）快気祝，内祝　（快気内祝，全快祝，全快内祝）
2）御玉串料，御神前　（御榊料）
3）祝喜寿，寿　（喜寿御祝）

必要とされる資質

職務知識

一般知識

マナー・接遇

技能

面接

選択問題は，あまり出題されませんが，出題されたときに慌てないよう，準備しておきましょう。解き方は他の領域で出題される選択問題と注意点が共通しています。

過去問題でポイントチェック!

POINT CHECK

次は秘書Aが，和洋礼装の一般的な知識として新人に教えたことである。中から<u>不適当</u>と思われるものを一つ選び，その番号を答えなさい。

1. 慶事の洋礼装では，正式には男女とも着用するものは昼夜で異なる。
2. 慶事の場合，男性の和礼装には，昼夜の区別や，既婚・未婚の違いはない。
3. 慶事の場合，女性の和礼装は，既婚者は留め袖，未婚者は振り袖が正式とされている。
4. 弔事の場合，男性の洋装のネクタイは黒白のしま柄，靴，靴下は黒色が正式とされている。
5. 弔事の場合，女性の洋装のアクセサリーは，真珠の一連のネックレス程度なら着けてよいとされている。

解答　4.

選択肢を丁寧に細かくチェックする

例えば1. は，「慶事」「洋礼装」「正式には」「男女とも」「昼夜で」を全て押さえて判断します。4. は，「靴，靴下は黒色が正式」の部分は適当。「ネクタイは黒白のしま柄」が不適当。弔事の場合のネクタイは黒無地です。

選択問題はこの他，解答数が複数（幾つかは分からない）の形式でも出題されています。解答数に数の指定がない場合は解答が複数あることが多いので注意が必要となります。また，番号を選択するのではなく，一つ一つに〇×を付ける問題も出題されています。いずれも，他と比較して答えるわけにはいきません。解き方は同じです。それぞれの文を精査して，×の部分（根拠）を探し当てましょう。

過去問題でポイントチェック！

POINT CHECK

秘書Aは後輩から，「初めて祝賀パーティー（立食形式）に招待されたが，どのようにすればよいか分からないので教えてもらいたい」と言われた。次はAが後輩に教えたことである。正しいものには〇，間違っているものには×を答えなさい。

1．招待状に出欠連絡の返信はがきが同封されているときは，そのはがきを使ってできるだけ早く返事を出すこと。
2．返信はがきは，欠席のときは理由とお祝いの言葉を書くが，出席のときは当日お祝いを述べるので書かない。
3．招待状に服装の指定がないときは，会場の格，開始時間，どのような立場で出席するかなどによって決めればよい。
4．祝儀を持って行くときはふくさに包み，受付でふくさから出して差し出すこと。
5．受付で記帳するとき，筆ペンとサインペンが用意されていても，サインペンは使わないこと。
6．会場の入り口で飲み物を手渡されることがあるが，主催者のあいさつが終わるまで口を付けてはいけない。
7．パーティーが終わる前に帰らなければならないときは，主催者に断らずに帰ってよい。

解答
1.○   2.×   3.○   4.○   5.×   6.×   7.○

2. 返信はがきは出欠が分かればよいものではありますが，祝賀パーティーの場合なら，出席でも欠席でもお祝いの言葉を書き添えるのがよいでしょう。

5. サインペンは筆ペンが苦手な人のために用意されるものなので，自分が書きやすい方を使って書けばよいということです。

6. 会場の入り口で手渡される飲み物は「ウエルカムドリンク」といって，このパーティーにようこそという歓迎の意味で出されるもの。従って，渡されたらすぐに飲んでよいということです。

チェック！

1 秘書Ａは，外出中の上司あての電話を受けた。上司の知人からで，「たまには夕食でも一緒にどうか。都合はそちらに合わせる」と言う。Ａがこのことを帰社した上司に伝えると，「支店のトラブルのことで今はそれどころではない。君から断っておいてくれないか」と言われた。このような場合の断り方のポイントを，箇条書きで三つ答えなさい（「言葉遣い」に関すること以外）。

チェック！

2 次は，山田部長秘書Ａが言った言葉である。下線部分を改まった言葉に直しなさい

1．来客に
　　1）お名前は以前から存じ上げております。
　　2）よろしければ上着をお預かりいたしましょうか。
　　3）本日，山田は仕事が集中していてお会いいたしかねます。
2．取引先の部長に電話で
　　1）山田がお力を借りたいと申しております。　　（「お借り」以外）
　　2）そのことにつきましては，よく承知いたしております。
　　3）代わりにご用件を聞くよう申し付かっております。　（「お聞き」
　　　「伺う」以外）

チェック！

3 部長秘書Ａの上司が少し席を外しているときに常務から内線電話が入った。「３時から常務会がある。急だが，出席してＹ企画について説明してもらいたい」ということである。上司は３時以降特に予定はない。このような場合Ａは席に戻った上司に，どのように伝えればよいか。その言葉を上司に対する丁寧な言い方で答えなさい。

必要とされる資質

職務知識

一般知識

マナー・接遇

技能

面接

4 秘書Aの上司（部長）のところへ，取引先のH氏が間もなく訪れることになっているが，上司は先ほど臨時会議に招集されて面会ができない。代わりに課長が応対することになったが，H氏には連絡が取れなかった。このような場合，Aは訪れたH氏にどのように対応するのがよいか。順を追って箇条書きで答えなさい。

5 秘書Aの上司（山田部長）は，社内会議に出席していて終了予定は11時である。このような場合，上司宛ての次の電話に対して，状況を説明して戻ったら電話をするよう伝えるという応答をするとしたら，どのように言うのがよいか。適切な言葉をそれぞれ答えなさい。

1）取引先からの電話に対して
2）上司の上役からの内線電話に対して
3）上司の家族（自宅）からの電話に対して

6 秘書Aは，取引先の社長が亡くなったという知らせを聞いた。上司は出張中で戻るのは三日後である。このような場合のAの対応について，順を追って箇条書きで答えなさい。

7 次は弔事に関係する用語である。それぞれの読み方を，（　　）内に平仮名で答えなさい。また，その下に，用語の説明を簡単に答えなさい。

1）享年　　（　　　　　　　　　）
　　〔説明〕

2）黒枠　　（　　　　　　　　　）
　　〔説明〕

3）忌明け 　　（ 　　　　　　　　 ）
　　〔説明〕

4）玉串奉奠 　（ 　　　　　　　　 ）
　　〔説明〕

8 神道の葬儀について，次の①〜③に答えなさい。

① 参列者が用意する不祝儀袋の表書きを，「御玉串料」以外に二つ。

（ 　　　　　　　　 ）（ 　　　　　　　　 ）

② 神前に玉串をささげた後の拝礼の作法（仕方）。

③ 拝礼する際の，かしわ手を打つときに注意すること。

9 総務部長秘書Aは，けがで入院した課長の見舞いに係長と行くことになった。部の代表ということである。このような場合の，次の①②について答えなさい。

① 見舞いに行ったとき，気を付けることとしてどのようなことがあるか。[箇条書きで三つ]

② 見舞金の贈り主名はどのように書くか。
　　[縦書きで右枠内に]

10 次のそれぞれの用語を漢字で答えなさい。

1）季節の贈り物は「中元」「歳暮」が一般的だが，これら以外に四つ。

　　（　　　　　）（　　　　　　）（　　　　　　）（　　　　　）

2）吉凶判断の基となる「六曜」で，「先負」「仏滅」「赤口」以外の三つ。

　　（　　　　　）（　　　　　）（　　　　　　）

11 次の場合の上書きを，祝いなどの種類が分かるように，二つずつ答えなさい。

1）自社ビルが完成した取引先への祝い。

　　（　　　　　　　　　）（　　　　　　　　　　）

2）独立して事務所を開いた人への祝い。

　　（　　　　　　　　　）（　　　　　　　　　　）

3）年初のあいさつの印として持参する品。

　　（　　　　　　　　　）（　　　　　　　　　　）

■ 解答 ◎ 解説 ■

1

1. 仕事が忙しいので今は時間がつくれないと断るが，トラブルのことは口外しない。
2. 誘ってくれたことへの礼やすまないということを，上司が言っていたこととして伝える。
3. 時間がつくれるようになったら，こちらから連絡すると言う。

2

1. 1）かねがね・かねて
　　2）お召し物
　　3）立て込んでおりまして
2. 1）拝借したい
　　2）重々
　　3）承る

3

たった今，常務からお電話がございました。急なことですが，3時からの常務会にご出席になってY企画についてご説明をお願いしたいとのことでございます。3時以降の部長のスケジュールは空いていますが，ご出席とお返事してよろしいでしょうか

【解説】 解答例の他に，「～3時からの常務会に出席してY企画について説明してもらいたいとおっしゃっています。～」などもよいでしょう。

4

1. 上司は急用で面会できなくなったことと，連絡が取れなかったことを話してわびる。
2. 代わりに課長が応対することになっているが，それでよいか尋ねる。
3. 出直すという場合は，改めて来社できる日時を尋ね，上司に確認して返事をさせてもらうと言う。
4. 上司に伝えておくことはないか尋ね，重ねてわびる。

【解説】 上司は臨時会議で面会できなくなり課長が応対することになったということです。H氏には連絡が取れなかったのですから，その辺りの事情を説明することになりますが，臨時会議のことは口外してはいけません。その後は，一般的な対応について答えることになります。

5

1）山田はただ今会議中でございまして，11時ごろに戻ってまいる予定でございます。戻りましたら，お電話するよう申し伝えます。
2）山田部長はただ今会議中で，終了は11時ごろとお聞きしております。戻られましたら，お電話をするようお伝えします。
3）部長（さん）はただ今会議に出席していらっしゃいます。11時ごろには終わる予定ですので，戻られましたらご自宅にお電話なさいますようお伝えいたします。

【解説】 上司のことや行動をどう言うかは，上司と電話の相手との関係で違ってきます。その点に注意して答えないといけません。

必要とされる資質

職務知識

一般知識

マナー・接遇

技能

面接

6
1. 取引先に次のことを確認する。
　a 葬儀の日時と場所，形式。
　b 喪主の氏名と続柄。
2. 社内の関係者に知らせる。
3. 香典，弔電，供花等について前例を調べる。
4. 上司に連絡して，1〜3を報告し対応の指示を得る。
　a 参列する場合は上司のスケジュールを調整し，それに伴う連絡等をする。
　b 代理を立てるならその人へ依頼する。
　c 香典等を手配する。

7
1）（　きょうねん　）死亡したときの年齢。
2）（　くろわく　）死亡通知や死亡広告のこと。
3）（きあけ・いみあけ）喪に服する期間が終わること。
4）（たまぐしほうてん）神前に榊をささげること。

8
① 御榊料／御神前
② 二拝二拍手一拝
③ 両手を打ち合わせるとき，音を立てないようにする。

【解説】 解答例の他に，①は「御霊前」「御神饌料」，②は「二礼二拍手一礼」，③は「忍び手でする」などもよいでしょう。

9
①
1. 短時間で切り上げる。
2. 上司や部員からの言づては伝えるが，仕事に関する話は必要以上にはしない。
3. 同室の患者への配慮を忘れない。

②

総
務
部
一
同

【解説】 ①は解答例の他に，「課長を力づけるように明るく振る舞う」などもよいでしょう。

10
1）年賀　　　寒中見舞
　暑中見舞　　残暑見舞
2）先勝　　友引　　大安

11
1）竣工御祝　　落成御祝
2）開業御祝　　創業御祝
3）御年始　　御年賀

【解説】 解答例の他に，2）は「開所御祝」，3）は「賀正」などもよいでしょう。

Perfect Master

第 5 章

技能

　「技能」の領域では，会議・会合，ビジネス文書の作成と取り扱い，グラフの作成，日程管理などについて，上級秘書に必要な技能を学びます。

　上司の業務を補佐するためのさまざまな準備や調整については，「第 2 章職務知識」の領域で学んだことを踏まえ，具体的な対処の仕方について確認します。

　社交文書や慣用表現についての問題は頻出です。掲載している文例は過去の出題に基づいていますので，参考にしてください。

1 会議・会合

株式会社でエグゼクティブの補佐業務をする秘書には，株主総会に関する知識は必須です。また，上司が業界団体や政府の諮問委員会などに関わる場合もあります。基本的な知識を確認しておきましょう。

過去問題でポイントチェック！
POINT CHECK

次の会議に関する用語を簡単に説明しなさい。

1) 動議
2) 答申
3) 白紙委任状
4) 議決権行使書

解答例

1) 会議中に，予定外の事項を審議するように議題を出すこと。または，その議題のこと。
2) 上位の人や組織からの問いに対して意見を述べること。
3) 委任先や委任事項などが書かれていない委任状のこと。
4) 会議を欠席する場合，それぞれの議案について賛否を表明する書面のこと。

ここが ポイント！

簡単に説明する

用語を簡単に説明する問題では，解答は 30 字前後で構いません。その用語を理解していることが読み取れるように端的に書き表します。例えば「議決権行使書」の説明を「議決権を行使する文書」と書いた場合，確かにその通りではありますが，単に文字面を追っただけで，内容を知らなくても書けます。従って，説明できているとは言えないことになります。「会議を欠席する場合，それぞれの議案について賛否を表明する書面のこと。」34 字ですが，これなら必要十分です。もちろん，もう少し言葉を足して答えても構いませんが，時間的な制約の中で効率的に解答を進めるには，過去問題の解答例を一通り覚えて答え方のコツをつかむのがよいでしょう。

❶ 株主総会について

株式会社では，株主総会が最高位の会議です。

- 株主総会は，株式会社の最高意思決定機関であり，株主（会社の株を持っている人）で構成される。
- （必ず開催される）定時株主総会と（必要なときに開かれる）臨時株主総会がある。
- 定時株主総会は事業年度終了後3カ月以内に開催される。
  （事業年度を4月1日から3月31日までとしている会社が多いので，定時株主総会の開催は6月下旬に集中する）
- 主な議題は，取締役や監査役の選任・解任，予算・決算の承認，配当額の決定，定款の改廃，など。
- 株式1株ごとに1個の議決権が与えられる（一株一議決権の原則）。
- 開催の通知状には，総会での議案が記載してある。また，議決権行使書か委任状のどちらかが同封されている（インターネットによる提出の場合は，QRコードなどが記載されている）。

❷ 株主総会や業界団体などの総会を欠席する場合

株主総会や業界団体など，決議が行われる会議を欠席する場合，議決権行使書か委任状を提出することにより，議決に加わることができます（会議に出席したと見なされます）。会議の出席者数は，実際に出席した数と議決権行使書・委任状の数を合計したものとなります。

議決権行使書:

会議を欠席する場合，それぞれの議案について賛否を表明する書面。電子投票（インターネット）で議決権行使ができる会社もある。

議決権行使書

○○○○株式会社　御中

　私は，令和○年度6月20日開催の貴社株主総会の各議案について，下記の通り議決権を行使します（賛否を○印で表示）。

議決権行使株式数＿＿＿＿＿株

記

議　案	議案に対する賛否
第1号議案	賛　・　否
第2号議案	賛　・　否
第3号議案	賛　・　否

以上

令和○年　　月　　日

ご住所＿＿＿＿＿＿＿＿＿

ご署名＿＿＿＿＿＿＿＿＿

※各議案について賛否の表示がない場合は，賛成として取り扱わせていただきます。

○○○○株式会社

委 任 状

（代理人）

住　所 _____

氏　名 _____

私は，上記の者を代理人と定め，次の権限を委任します。

1　令和○年6月20日に開催される株式会社○○○○の第24回定時株主
　総会に出席し，議決権を行使する一切の権利

　　　　　　　令和○年　　　月　　　日

（株　主）

住　所 _____

氏　名 _____ ㊞

委任状：

会議を欠席する場合，出席者の1名を指名して議決権を委任する（自分の議決権を
委ねる）意思を表明した書面。委任する人（代理人）がいない場合は，議長やその
団体の長などに委任するのが一般的である。誰に委任するかの箇所を空欄にして提
出するのでもよい（委任先や委任事項などが書かれていない委任状を白紙委任状と
いう）。

委任状とは，ある人に一定の事項を委ねる（委任する）意思を表明した書状のことです。会議で
議決権の行使を委ねる場合の他，行政機関への申請や届出を事情によって代理人に依頼する場合
などに必要です。

❸ 会議に関係する用語

議決権	会議に出席して決議に参加する権利のこと
議案	会議で審議するための案
定足数	会議の成立や議事の議決に必要な最小限の人数のこと（株主総会では持ち株数）
採択	議案や意見などを，正式に採り上げること
動議	会議中に，予定外の事項を審議するように議題を出すこと。または，その議題のこと
採決	議論の後，賛否の決を取ること
可決	賛成多数で議案が通ること　　⇔否決
諮問	決定権を持つ人が，有識者や専門機関などに意見を求めること
答申	上位の人や組織からの問いに対して意見を述べること。諮問機関が，諮問を受けた事項について行政官庁に意見を具申すること
オブザーバー	会議で，議決権を持たない出席者のこと（発言はできるが議決権を持たない出席者，あるいは発言権も議決権もない傍聴者）
キャスティングボート	議案の採決で可否同数のとき，議長が行使する決定投票のこと。キャスティングボートと表記されることもある
分科会	全体会議の下に設定された専門分野の小さな会議のこと

❹ 会議の形式

パネルディスカッション	テーマに沿って，専門家の討論者（パネリスト）が聴衆の前で討論する。その後，聴衆から意見や質問を受ける
シンポジウム	特定のテーマについて数人の専門家が講演形式で自分の意見を述べ，その後聴衆と専門家の間で質疑応答をする
ブレーンストーミング	アイデア収集のために行われる会議。他者の意見やアイデアを批判してはいけない
Web会議	違う場所にいる人と，インターネットを通じて映像・音声のやりとりや資料の共有をする会議。リモート会議

上司が出席する会議や主催する会議に関しての補佐業務を確認し，また，研修会や懇親会などのセッティングについても学びます。会議の時間変更や延長などの予定外のケースでも，必要なことがしっかりと分かっていれば，慌てることなく対処できます。

 過去問題でポイントチェック！
POINT CHECK

本部長秘書Aは朝出社した上司から，「午前中に処理しないといけないことができたので，今日10時からの部長会議は1時間遅らせる。昼食の用意も頼む」と指示された。部長会議の予定所要時間は2時間である。このような場合Aが対処することを，順を追って箇条書きで答えなさい。

 Answer CHECK

解答例
1．上司に会議の終了予定時間を確認する（昼食を取りながら行うか）。
2．会議室の使用時間を延長する。延長できなければ，別の会議室に予約をし直す。
3．関係者に時間変更の連絡をする。
4．上司の午後のスケジュールを確認し，必要な調整をする。
5．昼食の手配をする。必要に応じて手伝いを頼む。

部長会議の開始時間を1時間遅らせるということですから，それに伴う会議室の予約の変更やメンバーへの連絡などを答えることになります。また，昼食の用意は新たに指示されたことなので，その準備についても答えないといけません。

 Point here!
ここが
ポイント!

会議の時間変更

会議の時間変更を指示された場合は，開始時間と終了時間を確認した上で，① 会議室の予約変更，② 関係者への連絡，③ 影響を受ける別の予定の調整，④ お茶や昼食などの手配をします。①～③は絶対必要事項で，一つも落とせません。④も変更時間によっては必要事項になります。

必要とされる資質

● **正午を挟む会議**

午前から午後にかけて行われる会議では，昼食休憩を設けて出席者にはそれぞれ社外や社員食堂などで昼食を取ってきてもらう場合と，会議室や控室に昼食を用意する場合とがあります。当日の変更でもスムーズに対応できるよう，秘書は，当日朝の注文に応じてくれる仕出屋のリストを作っておくとよいでしょう。

❶ 会議・会合開催についての確認事項

上司が社外の人を招いて会議を主催する際，会議の内容や出席人数により，また飲食や懇親会の利便性から，社外の会議場やホテル等を利用する場合があります。

＜ホテルなど社外の会場を使用する場合，上司に確認すること＞
① 会議の名称と出席者
② 開催日時
③ 会場の希望（場所，予算など）
④ 宿泊予約の有無
　（出席者全員か／希望者のみか／上司や社内担当者も宿泊するか）
　遠方から出席の場合，開催時間によっては前日泊が必要なこともある
⑤ 会場のレイアウト
⑥ 会議での使用機器
⑦ 昼食についての希望
⑧ 休憩時の飲み物などの希望
⑨ 会議終了後の予定（懇親会などの有無）
⑩ 上司以外の社内からの出席者
⑪ 準備する資料（事前配布／当日配布）

上司に確認した内容をもとに，まず会場を探します。いつも利用している所がある場合は，今回もそこでよいか上司に確認して予約をします。よく利用している会場であれば話もスムーズに進みますが，互いに前例の記憶に頼らず，念のため，必要事項の確認は細部まで省略せずに行います。また，新たに探す場合は，チェック事項を電話で確認するだけでなく，会場に出向いて部屋を見せてもらうなどが必要です。

＜社外の人を招いて開催する懇親会の会場を探す際，会場担当者に尋ねること＞
① 開催日に用意できる部屋の広さ
　　参加予定人数と懇親会の形式（着席／立食，演壇の設置など）を伝える
② 部屋の使用料金
③ 予算内で準備できる飲食物の内容
④ 正式予約の期限

⑤ 駐車場の有無と収容台数
⑥ 当日の他の部屋の予約状況
　（隣室が騒々しい，競合関係にある会社の懇親会が予定される，などがないか）
⑦ 担当者名と連絡先

会議，講演会，研修会，イベントなど，社外の会場を探す機会は数多くあります。次の機会に備えて，会場についての記録を残しておきます。

＜会場の記録に必要な項目＞
① 会場名，所在地（交通の便）
② 担当者名と連絡先
③ 利用した部屋の名前と会場使用料
④ 参加人数と研修内容
⑤ 部屋の広さとレイアウト，防音の度合い
⑥ 設備や機器、備品等と使用料
⑦ 駐車場の有無や収容台数
⑧ 宿泊施設および料金
⑨ 飲食のサービス

❷ 会場の急な変更への対処

会議の場合，招集する数は決まっているので，出席者数は大体分かった上で会場を手配します。しかし，顧客を対象にした講演会など，出席希望を募る場合は，日時や講演者の人気などにより数が予想から大きく変わることがあります。さまざまな要素を考慮した上での想定も外れることはあり，その際には臨機応変な対応が求められます。

＜外部の会場で行う講演会と懇親会の参加申込者が想定数をオーバーした場合＞
① 上司に参加者数を報告し，予約している会場で実施が可能か確認すると言う
② 会場に電話し，次のことを尋ねる
　a　申込数を収容できる講演会場はあるか
　b　申込数を収容できる懇親会場はあるか
　ある場合，それぞれ使用料金はいくらになるか（懇親会の飲食の追加も含む）
③ ②の結果を上司に報告し，aとbがあって料金もそれでよければ，会場に電話して新しい部屋に変更する
　②で会場がない場合は，上司に報告して，他の会場を探すと言う
④ 適切な会場を探し，上司に報告，了承を得る
⑤ 探した会場に予約を入れて，元の会場はキャンセルする
⑥ 参加者に，会場の変更を知らせる
⑦ 講演者に，会場の変更とその理由を知らせる

❸ 研修実施の準備

社内研修を担当するように指示された場合を例に，会合や研修の一連の流れを確認しましょう。

＜社内研修実施の準備＞

① 研修名と受講対象者の確認
　（人数，本社支社など）
② 日程と研修内容の確認または策定
③ 予算の確認
④ 研修室の予約
⑤ 講師依頼
⑥ 通知を出す
　（受講対象者とその上司宛て）
⑦ 出席者名簿と名札を作る
⑧ 講師と研修プログラムの打ち合わせをする
⑨ 昼食や休憩時の飲み物を手配する
⑩ 支社など遠方から参加する人の宿泊について確認し，必要なら手配する
⑪ 当日の担当（受付，記録など）を決める
⑫ 資料や備品などを準備する

＜外部講師の世話係を担当するとき，事前に講師に確認すべきこと＞

① 会場への到着予定時間
② 配布資料の印刷や配布方法などについて
③ 会場レイアウトの希望（指定）はあるか
④ 使用する機器はあるか
⑤ 講師紹介の内容について
⑥ 随行者はいるか

❹ 社内の懇親会の手配

上司から，部内の懇親会の幹事を頼まれたときは，主催者である上司の意向に沿って手配や準備をします。
① 形式や場所について
　上司に予算を尋ね，形式や場所は前例を参考にして上司の意向を酌んだ提案をして，上司に決めてもらう。任せると言われた場合は，上司の次の地位にある人に（上司が部長なら，課長に）事情を話して提案し，決めてもらう。
② 上司と部員全員が参加できる日を選ぶ。
③ 忘年会など自分も一部員として参加する場合は，幹事として飲食や会計などに支障のないよう気遣い，上司に気を配りながら，自分も楽しむ。
　プロジェクト成功の慰労などの場合は，プロジェクト参加者が主役になるように気を使う。

秘書は上司が出席や主催する会議についての補佐業務を行う他，秘書課の会議に メンバーとして出席したり進行役を担当したりすることがあります。また，兼務 秘書の場合は，秘書であると同時に部員としての業務もあるため，部内の会議へ の出席や進行役担当などの機会もあります。

過去問題でポイントチェック！
POINT CHECK

兼務秘書Aは次回の課内会議の進行役に指名され，その際係長から時間通りに 終わらせるようにと念を押された。最近気軽な発言が多く時間通りに終わらな いことがあるためである。このような場合，どのように会議を進行するのがよ いか。箇条書きで三つ答えなさい。

解答例
1．会議の初めに，時間通り終われるよう出席者に協力を頼む。
2．発言が必要以上に長いときは，発言時間に注意してもらいたいと言う。
3．発言内容が議題からそれたときは，元に戻すように注意する。

時間通りに終わらせるようにと念を押されたのですから，目的に沿った進行と時間管理のための具体的 なことが答えになります。解答例の他に，「その日に決めなくてもよい議題は，時間が長引くようなら 次回に回す」「議題ごとの所要時間を想定して，途中で調整しながら進める」などもよいでしょう。

❶ 会議に出席するとき

① あらかじめ上司に自分の会議出席予定を伝え，出席中の上司の補佐を，上司の了 承を得て同僚に頼んでおく。
② 出席前に，事前配布資料に目を通し，意見があればまとめておく。
③ 発言者への質問は，その人の発言が終わってからにする。
④ 意見は用意しておいたものばかりでなく，その場で思い付いたものも言う。
⑤ 反対意見を言うときは，相手の意見を非難するような言い方をしない。

② 会議の進行役を担当するとき

① 最初に，会議の目的（議題）と進め方および終了予定時間を伝える。
② 発言が特定の人に偏らないよう注意する。
③ 発言が必要以上に長いときは，端的にまとめるようお願いする。
④ 分かりにくい意見は要約して確認する。
⑤ 話が脱線した（議題からそれた）ときは，元に戻す。
⑥ 議題の時間配分に注意する。

C　A　L　N　E

演習問題

1 秘書Aの所属する人事部で，入社2年目の社員研修を本社の研修室で三日間にわたって行うことになった。下の枠内は，そのとき研修担当のAたちに上司が説明したことである。この内容から，研修前日までに準備として行わなければならないことを，「研修室の予約をする」の他に箇条書きで四つ答えなさい。

> a　対象者（人数，本社支社）について
> b　日程と研修内容について
> c　講師は依頼済み（詳細はまだ）
> d　予算について

解答例

1 1. 対象者とその上司に通知を出す。
　2. 出席者名簿と名札を作る。
　3. 講師と研修プログラムの打ち合わせをする。
　4. 昼食や休憩時の飲み物を手配する。

※講師については詳細を詰めていないということなので，打ち合わせは必須です。解答例の他に，「遠方から参加する人の宿泊を手配する」「当日の担当を決める」などもよいでしょう。

ビジネス文書の作成

社内文書と，商取引に関する社外文書の形式を，比較して再確認しておきましょう。

❶ 社内文書の形式と書き方

社内文書
の例

人 発 第 ○ ○ 号 ❶
令和○年6月20日 ❷

課長各位 ❸

人事部長 ❹

マナー研修会の実施について（通知） ❺

　今年度入社の新入社員を対象に，下記の通りマナー研修
会を実施するので，出席させてください。 ❻

記 ❼

1　日　時　7月12日（金）10時から16時まで ❽
2　場　所　第2会議室

　なお，研修会終了後，社長と懇談会を行います。 ❾

添付　マナー研修会プログラム　1部 ❿　　　以上 ⓫

担当　人事部　中村 ⓬
（内線321） ⓭

❶ 文書番号…… 整理・保管の必要がある文書に付ける。
❷ 発信日付…… 年・月・日を記す。西暦で記すこともある。
❸ 受信者名…… 社内文書では，職名だけでよい。　例「総務課長」（「様」や「殿」を付けない）
　　　　　　　　複数に宛てる場合は「各位」を使う。「各位」の後に「様」や「殿」を付けてはいけない。
❹ 発信者名…… 職名だけを書く。
❺ 標題（件名）
❻ 本文…… 文章は短く，簡潔に書く。「〜です」「〜ます」「〜してください」など，丁寧語で書く（尊敬語，謙
　　　　　　譲語は原則使わない）。
　　　　　　頭語や結語，あいさつ文は書かない。
　　　　　　上の例では，「マナー研修」がタイトルにあるので，本文は「標記の研修を下記の通り実施するので，
　　　　　　今年度入社の新入社員を出席させてください」という書き方でもよい。
　　　　　　（「標記の」は，「上記のタイトル（標題）の」という意味。文を簡潔にするために使う。上の例では，
　　　　　　字数が少ないので，「標記の研修」とせずに「マナー研修」と書いている）
　　　　　　日時や場所などは，本文に「下記の通り」と書いて，下の「記」書きに具体的なことを書く。
❼ 記（記書き）…… 中央に「記」と書き，その下に必要項目を箇条書きにする。
❽ 「10時から16時まで」は，「10時〜16時」のように書いてもよい。「〜」は「○から○まで」の意。従って，
　　「10時〜16時まで」と書いてしまうと「10時から16時まで＋まで」になってしまい不適当。なお，時間
　　の表記は「16時」でも「16：00」でもよい。
❾ 「なお」書き… 注意事項を加える場合は，記書きの箇条書きの下に書く。「なお，」から始める。
❿ 添付…… 添付資料。複数ある場合は，番号をふって箇条書きにする。
⓫ 以上…… 文書の終了を示す。
⓬ 担当
⓭ 連絡先…… 内線電話番号。メールアドレスを書く場合もある。

Lesson **2** 社外文書の形式と書き方

❶ 商取引に関する社外文書の形式と書き方

社外文書
の例

> 営 発 第 ○ ○ 号　❶
> 令和○年 10 月 20 日　❷
>
> 販売代理店各位　❸
>
> ○○商事株式会社　❹
> 営業部長　山田　一郎
>
> 臨時代理店会議開催について（ご通知）　❺
>
> a〔 拝啓　時下ますますご発展のこととお喜び申し上げます。
> 　平素は多大のお力添えを賜り、厚く御礼申し上げます。
> b〔 さて、下記の通り臨時代理店会議を開催いたしますので、
> 　ご出席くださいますよう、お願い申し上げます。
> c〔 まずは、ご案内申し上げます。　　　　　　　　敬具　❻
>
> 記　❼
>
> 1　日　時　　11 月 10 日（水）　13 時から 15 時まで
> 2　場　所　　○○会館　3 階会議室
> 3　議　案　　令和○年新春キャンペーンについて
>
> なお、ご出欠を 11 月 1 日までにお知らせくださいま
> すよう、お願いいたします。　❽
>
> 同封　キャンペーン資料一式　❾　　　　　　　　以上　❿
>
> 担当　営業部　中村　⓫
> 電話　03-3200-6675　⓬

❶ 文書番号……　整理・保管の必要がある文書に付ける。
❷ 発信日付
❸ 受信者名……　略称は使用せず、正式名称を用いる。
　　　　　　　　　・官公庁や会社宛て　「御中」　例「○○株式会社総務部御中」
　　　　　　　　　・職名宛て　「様（殿）」　例「株式会社○○　人事部長殿」
　　　　　　　　　・個人宛て　「様」　例「○○株式会社　人事部長　○○○○様」
　　　　　　　　　・複数に宛てる場合　「各位」　例「株主各位」
❹ 発信者名……　社名、職名、氏名、印（印は省略することが多い）
❺ 標題（件名）……　通知の場合、社外文書では「ご通知」とする。
❻ 本文……　尊敬語や謙譲語、慣用語句を用いて、相手への敬意を表す。「前文」「主文」「末文」で構成される。
　a「前文」…「拝啓」などの頭語から始める。1 字空けて、時候のあいさつや先方の繁栄を祝う言葉を書く。
　　　　　　　　　例「拝啓　○○の候、ますますご清祥のことと〜」
　　　　　　　　商取引の事務文書では、時候のあいさつを省略したり、「時下」を使うことが多い
　　　　　　　　　例「拝啓　貴社ますますご発展のことと〜」
　　　　　　　　　例「拝啓　時下ますますご清祥のことと〜」
　b「主文」…用件を述べる部分。改行し、「さて、」で書き始めるのが一般的。
　c「末文」…終わりのあいさつと結語。
　　　　　　　　　例「まずは、ご案内申し上げます。　敬具」
　　　　　　　　「敬具」などの結語で本文を終わる。結語は、本文の最終行の行末に書く。
　　　　　　　　事務文書では終わりのあいさつを省くことがあるが、その場合でも結語は必要。
❼ 記（記書き）
❽ 「なお」書き
❾ 同封物　…　「同封」や「添付」として、内容を書く。
❿ 以上　…　文書の終了を示す。
⓫ 担当
⓬ 連絡先　…　電話番号。メールアドレスを書く場合もある。

社交文書は縦書きが一般的ですが，担当者転任のあいさつ状などは横書きにする場合もあります。文書番号や標題は書きません。基本的な形式を確認した上で，場合に応じた書き方を学びましょう。

❶ 社交文書の形式と書き方

社交文書の例

```
❶ 謹啓　向寒のみぎり、ますますご清祥のこととお喜び申し
　上げます。
　　さて、私儀、このたび株式会社○○商事代表取締役社長を
　退任いたしました。社長在任中は多年にわたりひとかたな
　らぬご厚情を賜り、誠にありがたく厚く御礼申し上げます。
　　今後は、顧問として社業の一端を担う所存でございますの
　で、何とぞ引き続きご支援くださいますようお願い申し上げます。
　　なお、後任の代表取締役社長には、吉田和夫が就任いたし
　ました。私同様、ご指導ごべんたつのほどお願い申し上げます。
　　まずは、略儀ながら書中をもって御礼かたがたごあいさつ
　申し上げます。
　　　　　　　　　　　　　　　　　　　　　　　　　　　　敬白

❷ 令和○年六月二十日

❸ ○○○○○○株式会社
　　前代表取締役社長　○○○○

❹ ○○
　　○○○○様
```

❶ 本文……　頭語から始め，結語で締める。
　　　　　　　「拝啓」「敬具」が一般的だが，格式を重んじるあいさつ状などでは「謹啓」「敬白」などを使う。

❷ 発信日付……　本文の後，行を改めて書く。縦書きの場合，日付の数字は漢数字で書く。
❸ 発信者名……　会社名，所属・役職名，氏名を書く。最後の字が行末（または行末の1字内側）にくるように書く。
❹ 受信者名……　最後の行の行頭に（または1字下げて）書く。

※このあいさつ状の文例は，前社長から特定の個人宛てに書かれたものです。一般的に，社長交代のあいさつ状は二つ折りのカードを使い，見開きの右側に前社長のあいさつ，左側に新社長のあいさつを印刷します。数多い関係者に向けて送るものなので，多くの場合，受信者名は省略します。
また，格式を重んじて，句読点を打たないこともあります。

＜社長退任のあいさつ文例＞

さて，私儀，このたび○○社代表取締役社長を退任いたしました

「私儀」「私こと」は，私個人のことで（恐縮で）すが，という意味の言葉です。左の文例のように，他の字よりも小さく書くか，行末に書いて，謙遜の意を表します。

行末に書く例：

> 謹啓　向暑のみぎり，ますますご清祥のこととお喜び申し上げます。
> 　　　　　　　　　　　　　　　　　　　　　さて，私儀，
> このたび株式会社○○商事代表取締役社長を退任いたしました。

ひとかたならぬご厚情を賜り

大変よくしてもらって，と言う意味。

社業の一端を担う所存でございますので

会社の業務の一部を引き受けるつもりなので，という意味。
社長を退任した後も（第一線ではなく相談役や顧問として）業務の一部分の役割・責任を負う，ということ。
社長就任の場合は，「微力（若輩）ではございますが，社業に精励いたし，社運の発展に全力を傾注いたす所存でございます」や「一意専心社業に精励いたす所存でございます」などとなります。

私同様，ご指導ごべんたつのほどお願い申し上げます

「私同様，」は，私にしてくれたのと同じように，という意味。
「べんたつ」は常用漢字表にないので，平仮名で書き表しますが，格式を重んじるあいさつ状では，あえて「ご鞭撻」のように漢字で書くことが多く見受けられます。（「お喜び申し上げます」を「お慶び〜」と書くのも同様）

御礼かたがたごあいさつ申し上げます

御礼とともにあいさつします，という意味。
〜するついでに，という意味でもあるので，御礼とあいさつなら，御礼を先にして「御礼かたがたごあいさつ〜」とするのが礼儀にかなっています。

❷ 社交文書の本文の構成

「拝啓」などの頭語から「敬具」などの結語までが本文です。

担当者転任のあいさつ状や中元・歳暮などの簡単な送り状・礼状などをはがきに書く場合は、スペースに限りがあるので、裏面は発信者名と受信者名を省略して本文のみ書くこともよくあります。

❶ 頭語…… 拝啓，謹啓など
❷ 時候のあいさつ
❸ 個人宛ての場合は，相手の健康を祝う言葉（ご健勝，ご清祥など）。
　 会社宛ての場合は繁栄を祝う言葉（ご隆盛，ご発展など）。
　 続いて，日ごろの礼（「平素は格別のご厚情を賜り，厚く御礼申し上げます」など）を言う場合も多い。
❹ 主文…… 改行して書く。「さて，〜」
❺ 末文…… 改行して書く。「まずは，〜」
❻ 結語…… 頭語に応じた結語を，末文の最終行の行末に書く

❶ 拝啓
❷ 盛夏の候、貴社ますますご隆盛のこととお喜び申し上げます。
❹ さて、このたびは大変結構なお品をご恵贈くださいまして、ご芳志のほど誠にありがたく、厚く御礼申し上げます。
❺ まずは、取りあえず書中をもって御礼申し上げます。
❻ 敬具

＜中元・歳暮への礼状の文例＞

ご恵贈くださいまして
　　お贈りくださって，の意。

ご芳志のほど
　　お気持ちが，の意。

❸ 頭語と結語の組み合わせ

本文は，「頭語」で始め，「結語」で締めます。文書の内容による使い分けを確認しておきましょう。（頭語・結語ともに，主な例を下表に挙げています）

	頭　語	結　語
一般的な文書	拝啓	敬具，敬白
返信の文書	拝復	敬具，敬白
格式の高い文書	謹啓	敬白，頓首（とんしゅ），謹言，謹白，敬具
前文を省略するとき	前略	草々，不一（ふいつ（ふいち））
	冠省（かんしょう）	草々，不一
急用のとき（前文は省略）	急啓	不一，草々

④ 時候のあいさつ

時候のあいさつは，例えば 7 月では「猛暑の候」のような漢語調のものと「暑さ厳しい日々が続いておりますが」のような口語調のものがあります。どちらもビジネス文書で使えますが，業務上の通知文などには漢語調の方がなじみます。口語調のあいさつは柔らかい感じが出るので，相手を気遣う季節の見舞状や贈答の礼状など，個人宛ての社交文書に向きます。

時候のあいさつの例は数多くあり，特に口語調は個人の表現力により数限りなく作ることができます。また，国土の南北で気候が違うため，季節の風物についての感覚は，地域によってずれがあります。

しかし，ビジネスの場では，日々，何通も文書を作成する中で，いちいち相手の居住地に思いを巡らせて工夫を凝らしたり，同じ相手には次回は違う表現で，などと悠長に構えている余裕はありません。特に効率第一の業務文書では，そのような工夫をする必要はありません。

そのため，業務一般で使用する時候のあいさつ（漢語調のもの）については，各月についてよく使われるものを数種類知っておけば十分です。文書作成の際に，調べる手間をかけずにスムーズに書ける，あるいはインターネットで検索した中から適切なものを即座に選ぶことができれば，業務の効率が上がります。

なお, 時候のあいさつは，「第 4 章　マナー・接遇」の領域で学んだ日本の季節 (p.228) に大きく関係します。旧暦の季節，二十四節気（太陽の動き）による季節，そして私たち自身が体感する季節。例えば 8 月の一般的な時候のあいさつは「残暑の候」ですが，これは二十四節気により 8 月 7 日ごろが立秋だからです。実際には 8 月中旬以降も記録的な猛暑になることが多く，体感とはずれがあります。また，例えば同じ月でも 8 月 3 日に出す文書なら「盛夏の候」になるわけで，〇月＝〇〇の候，と単純に決められないという分かりにくさもあります。

（私たちの季節感によるものでも，例えば「春暖」は 3 月か 4 月か，という分け方ができません。どちらも春の暖かさを感じる季節なので，「春暖」は 3 月も 4 月も，ということになります）

次ページの表は，各月の一般的な時候のあいさつの一覧です。
月をまたいで使われるもの等，意味や使われ方を付記してあります。
検定受験対策としては，「〇月（の一般的な時候のあいさつ）＝〇〇の候」という覚え方で構いません。右側の付記は，さらに知見を深めたい場合，また実際に職場で文書を作成する際の参考として利用してください。

<一般的に使われる時候のあいさつ>

月	あいさつ	時候のあいさつの意味や使われ方
1月	初春の候 新春の候	旧暦では1月が春の初め。初春や新春は新年を表す言葉。 元日から1月15日ごろまで使われる。
	厳寒の候	大変寒い時期という意味。12月下旬から2月3日ごろ（立春の前）まで使われる（元日から15日ごろまでは**初春の候**，**新春の候**などがよい）。 「**寒冷の候**」「**厳冬の候**」も同様。 なお，「**大寒の候**」は，大寒（1年で最も寒さが厳しいとされる）が1月20日ごろなので，1月下旬から立春前まで使われる。
2月	向春の候	春が訪れようとしている頃という意味。 2月全般に使われる。
	余寒の候	立春を過ぎてもまだ寒さが残るこの頃という意味。 立春（2月4日ごろ）から2月末まで（または3月5日ごろの啓蟄まで）使われる。 なお，「**立春の候**」は，立春から2月上旬まで。 「**梅花の候**」は，梅の花が咲く頃から2月末ごろまで使われる。
3月	早春の候	早春は春の早い時期という意味。立春以降使えるが，3月に使われることが多い。 「**春情の候**」は，春めいてきた頃という意味。3月中旬から下旬にかけて使われる。
	春暖の候	春の暖かい時節という意味。3月中旬から4月に使われる。
4月	陽春の候	陽気に満ちた春という意味。4月全般に使われる。
		「**桜花の候**」は，桜が咲いている間。地域にもよるが大体3月下旬から4月初旬まで。
	晩春の候	春の終わりの季節という意味。4月から立夏（5月5日ごろ）の前まで使われる。 「**惜春の候**」も同様。
5月	新緑の候	若葉が美しい季節という意味。立夏から5月全般に使われる。 「**若葉の候**」も同様。
	薫風の候	若葉が薫る風が吹く季節という意味。立夏から5月全般に使われる。

月	あいさつ	時候のあいさつの意味や使われ方
6月	初夏の候	夏の初めの時節という意味。立夏からだが，実際には5月下旬から6月上旬に使われることが多い。
	向暑の候	暑さに向かう季節という意味。6月全般に使われる。
	梅雨の候	梅雨の期間のこと。6月中旬から6月末ごろに使われる。
7月	盛夏の候	梅雨明け以降7月全般から立秋（8月7日ごろ）まで使われる。「猛暑の候」「炎暑の候」「酷暑の候」も同様。
8月	晩夏の候	晩夏（夏の終わり）は立秋の前日だが，実際の季節感により，立秋から8月20日ごろまで使われている。
	残暑の候	残暑は立秋後の暑さという意味。立秋から9月上旬まで使われる。
9月	初秋の候新秋の候	初秋も新秋も，秋の初めという意味。立秋以降使えるが，実際には9月初旬に使われることが多い。
	秋晴の候	秋の晴れ渡る天気という意味。9月上旬から10月20日ごろまで使われる。
10月	仲秋の候	仲秋は、秋の中頃という意味。9月中旬から10月上旬まで使われる。
	秋冷の候	秋の冷気を感じられる季節という意味。9月下旬から10月下旬まで使われる。
	秋色の候	秋の景色が楽しめる季節という意味。9月下旬から立冬（11月7日ごろ）まで使われる。
11月	霜降の候	二十四節気では10月24日ごろが「霜降」。10月下旬から11月初旬（立冬）まで使われる。
	晩秋の候	秋の終わりという意味。10月下旬（霜降）から11月初旬（立冬）まで使われる。なお，「立冬の候」は立冬から11月中旬まで使われる。
	向寒の候	日増しに寒くなる頃という意味。11月から12月まで使われる。
12月	初冬の候	冬の初めという意味。立冬から12月上旬まで使われる。
	師走の候	12月上旬から中旬に使われる。
	歳晩の候	年の暮れという意味。12月中旬から下旬に使われる。「歳末の候」も同様。

必要とされる資質

職務知識

一般知識

マナー・接遇

技能

面接

※「時下」は，「このところ」「今現在」という意味で，季節を問わず使えます。
　事務的な要素の強い文書などで，季節に触れず簡略なあいさつをする場合に用います。従って，「時候のあいさつ」と「時下」を両方書くのは間違いです。
　[例]　◯　拝啓　時下ますますご隆盛のこととお喜び申し上げます。

　　　　×　拝啓　<u>向春の候</u>，<u>時下</u>ますます〜。
　　　　　　　　　意味が重複していて不適当

※社交文書では，「候」を「みぎり」とすることもあります。
　[例]「向春のみぎり」

❺ 前文と末文の慣用表現

① 前文の例

　会社宛て：　貴社（におかれましては）ますます<u>ご発展</u>のこととお喜び申し上げます。
　　　　　　　　　　　　　　　　　　　　　　　（ご隆盛，ご繁栄，ご清栄）
　　　　　　　「貴社」を省くこともある。
　個人宛て：　貴殿（におかれましては）ますます<u>ご清祥</u>のこととお喜び申し上げます。
　　　　　　　　　　　　　　　　　　　　　　　（ご健勝）
　　　　　　　「貴殿」は省くことが多い。
　　　　　　　（「○○様には（におかれましては）」と相手の名前を入れることもある）
　　　　　　　※「ご清栄」は，会社宛てにも個人宛てにも使うことができる。

<続けて，日ごろの礼を述べる場合の例>

| 平素は | 格別の（格段の，特段の） | ご高配（ご厚情，ご愛顧） | を賜り， |
| | ひとかたならぬ，多大なる | お引き立て | にあずかり， |

厚く御礼申し上げます。

```
「平素は」＝日ごろは　　　「格別の（格段の，特段の）」＝特別の
「ご高配」＝お心遣い　　　「ご厚情」＝心からの親切　　「ご愛顧」＝ひいき
「ひとかたならぬ」＝普通ではない　　「お〜にあずかる」＝目上の人の厚意や恩恵を受ける
```

② 末文の例

まずは，	略儀ながら	書中をもって（書面にて）ごあいさつ申し上げます。
	取りあえず	用件のみ申し上げます。
	（取り急ぎ）	御礼かたがたごあいさつ申し上げます。

```
「略儀ながら」＝（本来はお会いして申し上げるべきところ）略式ですが
「書中をもって」＝文書（手紙）の文中で
「取りあえず」＝ひとまず
「かたがた」＝〜を兼ねて，〜がてら
```

❻ 社外文書で使われる敬語

	自分側	相手側
会社	当社，弊社，小社	貴社，御社
土地・地域	当地	貴地，御地
住宅	拙宅・小宅	貴宅，御宅
意見	愚見，私見，卑見	ご高見，貴見，ご高説，ご卓説
品物	粗品，心ばかりの品	結構なお品，佳品
受領，受け取り	拝受，頂戴	ご査収（書類の場合）
		お納め，ご受納，ご笑納（贈答品の場合）
訪問	参上，伺う，お訪ね	ご来訪，おいで，お越し，おみえ，ご来社
見る	拝見	ご高覧，お目通し
読む	拝読	ご一読
推察	拝察	ご賢察，ご高察
息子	息子	ご子息(様)，ご令息(様)
娘	娘	ご令嬢(様)，ご息女(様)，お嬢様

❼ 栄転する人への祝い状（本文のみ）

謹啓　初夏の候、ますますご健勝のこととお喜び申し上げます。

さて、このたびは大阪支店長にご栄転なさるとの由、誠におめでとうございます。本社ご在勤中は格別のご厚情を賜り、厚く御礼申し上げます。今後一層のご活躍を心からお祈りいたします。

まずは、略儀ながら書中をもってお祝い申し上げます。

謹啓　敬白

頭語は「拝啓」、結語は「敬具」が普通。特に改まった文書では、「謹啓」「敬白」などを使う。

ご健勝

栄転祝いは個人宛て。「ご清祥」でもよい。

ご栄転なさる（との）由

「ご栄転との由」「ご栄転の由」でもよい。
×「ご栄転される」は不適当。
（「ご〜する」が謙譲語のため）

由

「由」は、「こと」「ということのようで」という意味。

❽ 出張中，世話になった人への礼状（本文のみ）

拝啓　時下ますますご清祥のこととお喜び申し上げます。
　さて、このたびの貴地訪問に際しましては、ご多忙中にもかかわらず、格別のご高配を賜り、誠にありがとうございました。*その上、思いがけぬおもてなしにあずかり恐縮いたしております。
　今後とも一層のご指導を賜りますよう、お願いいたします。
　まずは、書中をもって御礼申し上げます。

敬具

このたびの貴地訪問に際しましては
　　今回そちらの地域を訪問したときには，
　　という意味。

「格別のご高配を賜り, 誠に〜」と礼を述べた後，
*「お陰さまで所期の目的を達成することが
　できました。」
の一文を入れることも多い。
（「所期の」は，「期待していた」という意味）

思いがけぬおもてなしにあずかり恐縮いた
しております
　　飲食の接待も受けた場合の礼。
　　予定されていたことであれば
　　「思いがけぬ」ではなく，
　　「お心尽くしの」「お心遣いあふれる」
　　「心温まる」などにする。

❾ 取引先の部長宛ての紹介状（本文のみ）

拝啓　晩秋の候、ますますご健勝のこととお喜び申し上げます。平素は格別のご高配を賜り、厚く御礼申し上げます。

さて、突然で恐縮ではございますが、X商事営業部長木村和夫氏をご紹介申し上げます。X商事は弊社の重要取引先で、木村氏は貴社とのお取引を強く望んでいらっしゃいます。

何とぞよろしくご引見くださいますようお願い申し上げます。

まずは、ご紹介かたがたお願い申し上げます。

敬具

さて、突然で恐縮ではございますが

主文の切り出し方。
前もって非公式に話をしている場合は、「さて，先日お話しいたしました（○○社＋役職名）○○○○氏をご紹介申し上げます。」などのように書く。

続けて，紹介したい会社（人物）と自社（自分）との関係や，その人物について（前歴，功績，人柄）などを書く。相手との取引を強く望んでいることを伝えたり，相手にとってのメリットを書くこともある。
（検定試験問題では，盛り込む内容は設問で指定される）

何とぞよろしくご引見くださいますようお願い申し上げます

「ご引見」とは，面会のこと。
「ご引見くださいますよう」の他，「ご引見賜りますよう」「ご引見のほど」のようにも言う。

まずは，ご紹介かたがたお願い申し上げます

紹介するとともに，会ってくれるようお願いする，ということ。

必要とされる資質

職務知識

一般知識

マナー・接遇

技能

面接

❿ 夏季一斉休業の通知を，季節見舞いを兼ねて取引先に送る

暑中お見舞い申し上げます。

　平素は格別のご高配を賜り，厚く御礼
申し上げます。

　さて，弊社は，8月10日（土）から
8月18日（日）まで，夏季休業とさせ
ていただきます。ご迷惑をおかけいたし
ますが，何とぞご了承くださいますよう
お願い申し上げます。

　酷暑の折からご自愛のほどお祈り申し
上げます。

　　　　令和○年　盛夏

　　　　　　　　　　株式会社○○商事
　　　　　　　　(連絡先住所・電話番号など)

暑中お見舞い申し上げます

夏の季節見舞い。
冬は「寒中お見舞い申し上げ
ます」
「拝啓」「敬具」などの頭語・
結語は書かない。

○○の折から

〜の時期なので，という意味。
「時節柄」（こういう時期だか
ら，このような季節だから，
の意）もよい。

ご自愛のほど（切に）お祈り申し上げます

「ご自愛のほど」は，体を大切にするように，という意味。
「くれぐれもご自愛ください」などもよい。

令和○年　盛夏

暑中見舞状の日付の書き方。
「盛夏」は7月から8月初めの暑い盛りという意味。
×「7月盛夏」とは書かない（「7月」の意味が重複するので）。

※あいさつ状は句読点を打たないのが一般的だが，業務上の通知を兼ねている場合
　は，読みやすさを優先させて句読点を打つのがよい。

● **実際の日付を書かない文書**

年賀状　　　「令和○年　元旦」
　　　　　　　　　元旦とは，1月1日の朝，という意味。
　　　　　　　　　×「1月元旦」とは書かない（「1月」の意味が重複するので）。
暑中見舞状　「令和○年　盛夏」
祝い事の招待状　「令和○年○月吉日」

⑪ 悔やみ状（香典を同封する場合）（本文のみ）

このたびは貴社専務取締役○○○○様の突然の訃報に接し、一同驚き入っております。ご遺族様をはじめ、社内ご一同様のご愁傷はいかばかりかとお察しいたします。

ここに謹んでご逝去を悼み、衷心より哀悼の意を表します。

本来ならば弔問に参上すべきところ、遠路ままならず、略儀ながら書中をもってお悔やみを申し上げます。

同封いたしましたもの、誠にささやかではございますが、ご霊前にお供えくださいますようお願い申し上げます。

頭語・結語は書かない。
前文（時候のあいさつや日ごろの礼）も書かずに，すぐに主文を始める。

訃報に接し・ご悲報に接し
　亡くなったことを知って，という意味。
　「承りますれば（承れば）○○様ご逝去の由、～」と書き出すのもよい。

ご愁傷はいかばかりかと
　悲しみはどんなに深いかと

悼む，哀悼
　嘆き悲しむこと

衷心より
　心の底から，という意味。

＊葬儀が仏式の場合は「謹んでご冥福をお祈りいたします」と書くのもよい。

香典は故人に対してなので「ご霊前にお供えくださいますよう」とする。手紙の宛先の人が受け取るのではないので，×「ご受納（お納め）ください」とはしない。

● 弔事の忌み言葉

悔やみ状，弔辞，会葬や弔問の際の会話では，不幸の連続や繰り返しを連想させる言葉を使わないように気を付けます。
×例：引き続き，また，再び，追って，重ね重ね，わざわざ，かえすがえす，くれぐれも，次々，たびたび，重々，たまたま，ますます，いろいろ，みるみる，しばしば，次々，時々，日々，どんどん，だんだん，など。

必要とされる資質 / 職務知識 / 一般知識 / マナー・接遇 / 技能 / 面接

⑫ 訃報

「訃報」とは，逝去の知らせのことです。下の文例は，上司が事務局長を務める業界団体の理事が逝去したとき，理事全員に知らせるための文書です。本文には，逝去の知らせ（故人の氏名，社名，役職，亡くなった日，死因，享年）と悔やみの言葉を書き，記書きに弔問や弔電に必要な事柄（通夜・告別式の日時と場所，喪主の氏名と続柄，供花・供物・香典についての喪主の意向）を箇条書きで書きます。葬儀の形式（仏式，神式，キリスト教式など）についても知らせます。急いで通知しなければならないので，ファクスまたは電子メールのファイル添付で送り，そのことを念のため電話で伝えるのがよいでしょう。

令和○年6月2日

理事各位

○○協会事務局

訃　報

　当協会理事，○○社会長○○○○氏が6月1日，心不全のため○歳で逝去されました。ここに故人のご冥福をお祈りし，謹んでお知らせ申し上げます。
　通夜および告別式は，仏式にて下記の通り執り行われます。

記

通　夜　　6月4日（水）18時より
告別式　　6月5日（木）11時より
場　所　　○○斎場（○○市○○町○－○）
喪　主　　○○○○様（ご長男）

　なお，供花，供物は辞退されるとのことです。

以上

ここに故人のご冥福をお祈りし，謹んでお知らせ申し上げます
　悔やみの言葉を盛り込み，（理事たちに）知らせる書き方。

⑬ 病気の見舞状（本文のみ）

書中をもってお見舞い申し上げます。

近日中にお見舞いに伺う所存でございますが、取りあえず

申し上げます。

ご加療の上、一日も早く退院なさいますよう、心からお祈り

その後のご経過はいかがでしょうか、案じております。十分

承りますれば、突然ご入院なさった由、大変驚きました。

頭語・結語は書かないのが基本。

$\left(\begin{array}{l}\text{書く場合は、「前略」「急啓」「冠省」}\\ \text{結語は「草々」}\end{array}\right)$

前文（時候のあいさつや日ごろの礼）は書かずに，すぐに
主文を始める。

承りますれば

　　主文の切り出し方。
　　聞くところによれば，という意味。
　　「承れば」でもよい。

ご入院なさった由

　　「由」は「～とのこと」。
　　最初が「承れば」ではなく「このたびは～」などであ
　　れば、「ご入院との由を聞き及びまして」でもよい。

案じております

　　心配している，ということ。

十分ご加療の上，一日も早く退院なさいますよう，心からお祈り申し上げます

　　「加療」は，治療すること。
　　「ご無理をなさらずにご静養（ご養生）ください。」
　　「ご療養にご専念くださいますようお願いいたします。」などもよい。

⑭ その他の文書で，よく使われる慣用表現の例

① 贈り物の送り状

日ごろのお礼の印として，別便にて○○をお送りいたしました。

粗品ではございますが， 心ばかりの物ですが，	ご笑納 （お納め）	くだされば幸甚に存じます。 くだされば幸いに存じます。 くださいますようお願い申し上げます。

② 贈り物への礼状

このたびは結構なお品をご恵贈くださいまして，	誠にありがとうございます。 厚く御礼申し上げます。

必要とされる資質

職務知識

一般知識

マナー・接遇

技能

面接

305

③ **資料などの送付状**

資料をご送付いたしますので，｜ ご査収願います。
ご査収くださいますよう ｜ お願い申し上げます。
ご査収のほど，

カタログをお送りいたしましたので，ご高覧くださるようお願い申し上げます。

④ **資料を受け取ったことを伝えるとき**

資料を拝受いたしました。

⑤ **式典などの招待状**

これもひとえに皆さまのご支援のたまものと心から感謝申し上げます。
つきましては，下記の通り小宴を催したく存じますので，ご多用（ご多忙）のところ誠に恐縮でございますが，（万障）お繰り合わせの上，何とぞ
ご来臨（ご臨席，ご来席，ご列席）｜ を賜りたく ｜ お願い申し上げます。
くださいますよう

※「ご来臨の栄を賜りたく」とすると，出席してもらえることは名誉なこと，という
気持ちが込められる。

⑥ **会議の招集状**

ご参集いただきご高見（ご高説）を ｜ 拝聴（拝聞）いたしたいと ｜ 存じます。
賜りたく

⑦ **同窓会などの案内状**

ご出席くだされば幸甚に存じます。

⑧ **同窓会に出席してくれた恩師への礼状**

昨日は先生のご尊顔を拝し，大変嬉しく存じました。

「ご尊顔を拝す」＝ 面会する，会うことができる

⑨ **祝賀会などに出席してくれたことへの礼状**

ご多忙中	にもかかわらず	ご臨席	を賜り，誠に光栄に存じます。
ご多用中		ご来臨	
ご繁忙中		ご光臨	

⑩ **面会を申し込むとき**

拝眉（拝顔）の栄を賜りたく，お願い申し上げます。
委細（詳細）は拝顔（拝眉）の上，申し上げます。

⑪ わび状

衷心よりおわび申し上げます。
重ね重ねおわび申し上げます。
何とぞご容赦くださいますようお願い申し上げます。

⑫ 断り状

遺憾ながら貴意に沿いかねます。
事情ご賢察（ご高察）の上，ご了承くださいますよう，お願いいたします。
あしからずご了承ください。

> 「遺憾ながら」＝残念ですが
> 「貴意に沿いかねます」＝あなたの意向に合わせることができません
> 「事情ご賢察の上」＝事情を察して
> 「あしからず」＝悪く思わないで，気を悪くしないで

⑬ 依頼状

微意お酌み取りの上，何とぞよろしくお願い申し上げます。
甚だ失礼ながら，書面にてお願いを申し出た次第でございます。

> 「微意」＝こちらの意向
> 「甚だ失礼ながら」＝非常に失礼だが

⑭ 着任，就任のあいさつ状

さて，私こと（私儀），このたび営業部長を命じられ，過日着任いたしました。
さて，私こと（私儀），このたび株式会社〇〇代表取締役社長に就任いたしましたので，ここに謹んでごあいさつを申し上げます。

微力ながら新任務に専念いたす所存でございます。
もとより浅学非才の身ではございますが，専心努力いたす所存でございます。
鋭意努力いたす所存でございます。
一意専心社業に精励いたす所存でございます。

> 「もとより浅学非才の身ではございますが」＝もともと学識も浅く未熟者ではあるが
> 「鋭意」＝一生懸命
> 「精励いたす」＝懸命に努め励む

前任者同様，格別のご指導ご厚情を賜りますよう，お願い申し上げます。
今後とも何とぞ一層の（倍旧の）（旧に倍する）
ご支援（ご愛顧）を賜りますようお願い申し上げます。

> 「倍旧の」「旧に倍する」＝これまでよりも一層の

⑮ 開店や会社設立などのあいさつ状

12月1日から営業を開始いたす運びと相成りました。

> 「運びと相成りました」＝することになりました

⑯ 相手側の慶事への祝い状

さて，承りますれば，このほどめでたく古希を迎えられた由，|慶賀の至り|に存じます。
大慶至極

このたび，御社の新社屋ご完成とのこと，ご同慶の至りに存じます。

> 「承りますれば」「承れば」＝伝え聞いたところ，聞くところによると
> 「慶賀の至りに存じます」「大慶至極に存じます」＝この上なく喜ばしい
> 「ご同慶の至りに存じます」＝自分にとってもこの上ない喜びである

⑰ 心配してくれている相手に「心配無用」と伝えるとき

元気にしておりますのでご休心ください。
他事ながらご休心ください。
無事に済みそうですのでご放念ください。
〇〇の件は解決しましたのでご放念ください。

> 「ご休心ください」＝ご安心ください
> 「他事ながら」＝あなたのことではない話（こちらの話）で（恐縮で）すが
> 　　　　　　　（※自分の側の出来事や様子をへりくだって言うときに用いる）
> 「ご放念ください」＝気にかけないでください，忘れてください

⑱ 主文の終わりによく使われる表現

末筆ながら，貴社のさらなるご発展をお祈りいたします。
末筆ながら，残暑厳しき折，ご自愛のほど，お祈り申し上げます。

時節柄　　　｜ご自愛のほど，お祈り申し上げます。
〇〇の折から

※〇〇には，「向暑，酷暑，向寒，厳寒」など，気候の言葉が入る。

> 「末筆ながら」＝最後になるが，手紙の書き終わりで恐縮だが
> 　　　　　　　（気遣いのあいさつが最後になってしまうが）
> 「時節柄」＝こういう時期だから
> 「ご自愛のほど」＝身体を大切にされるよう

⓯ 喪中のあいさつ状（年賀欠礼）

近親者が亡くなった年の 11 月ごろ，毎年年賀状を送っている人宛てに，喪中のあいさつ状を出します。喪中のため，おめでたい新年のあいさつを控えさせてもらう（年賀状を出さない）ことを知らせるもので，喪中はがきともいいます。
喪中のあいさつ状が届いたら，年賀状は出さないのが一般的です。従って，喪中のあいさつ状は，年賀状の準備が始まる 11 月ごろ，なるべく 12 月初めまでに送ります。

喪中のあいさつ状は，個人的に送るものです。仕事では「公私」は分けますので，会社として取引先等に送っている年賀状は，例年通り出状します。
会社の代表者が逝去した場合も，（同族や家族経営などでは例外もありますが）会社としての年賀状は通常通りに送るのが一般的です。

上司が個人として出すあいさつ状ですが，取引関係の中にも友人や個人的な付き合いの人がいるため，秘書の補佐が必要になることがあります。

喪中のあいさつ状には，頭語や結語，前文などは書かず，「喪中につき新年のごあいさつをご遠慮申し上げます」「喪中につき年頭のごあいさつを失礼させていただきます」などと書き出し，差し支えなければ，誰がいつ何歳で亡くなったかを書きます（書かない場合もあります）。感謝とあいさつの言葉を述べて，日付は「令和〇年 11 月」（または 12 月）とします。改まったあいさつ文なので，句読点を打たないのが一般的です。
郵便局で販売されている通常はがきには，喪中あいさつなど弔事に合う図柄のものがあります。私製はがきを用いる場合は，弔事用の切手を貼ります。

年賀欠礼を知らせることにより新年には年賀状が送られてこないことになりますが，喪中のあいさつ状を出していない人から年賀状が届く場合があります。そのときは，松が明けた 1 月中旬ごろに寒中見舞いとして返事を出します。

喪中につき新年の
ごあいさつをご遠慮申し上げます
今年〇月に父 〇〇が〇歳で永眠いたしました
ここに本年中賜りましたご厚情に深謝申し上げ
明年も変わらぬご交誼のほどをお願い申し上げます
令和〇年十一月
〇〇
〇〇
〇〇
〇〇

1級で出題されるグラフ作成は，帯グラフ，条件が少し複雑な円グラフ（二重円グラフ），組み合わせグラフ（棒グラフと折れ線グラフ）などです。いずれも，それぞれのグラフの特徴（なぜ，そのグラフを用いるのか）と作成上の基本事項がきちんと分かっていることが重要です。

❶ グラフの選び方

何を表したいかを考えて，まずは最適なグラフを選択することが重要です。
＜グラフが表すもの＞
棒グラフ……棒の高さで数量を比較する。
折れ線グラフ……量の増減の推移を表す。
円グラフ……構成比を表す。
帯グラフ……構成比（同じ項目）を比較する。

❷ 円グラフ

円グラフは，構成比を表すときに用います。

円周の全体を100%として，項目の構成比を扇形の大小で表します。

まず，円を描き，基線（円の頂点と中心点を結ぶ線）を書き入れます。構成比率の大きい項目から右回りに書きます。

ただし，アンケート調査の場合は，「非常によい」→「よい」→「ややよい」

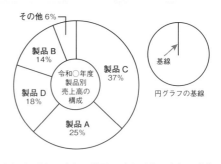

→「どちらともいえない」→「やや悪い（あまりよくない）」→「悪い（よくない）」→「非常に悪い」→「その他」の順に書きます。「その他」は割合が大きくても，最後に表示します。「無回答」がある場合は，さらにその後に表示します。

大項目の中に小項目のデータがある場合は，円を二重にします。
次に，タイトル，項目名とパーセントを書き入れます。
タイトルは，円の上部に書く場合と，グラフの内側に同心円を書いてその中に入れる場合があります。

過去問題でポイントチェック！
POINT CHECK

Aの会社では令和X年末，学生300名を対象に，試作品Yを使ってもらってその使用満足度を調査した。その結果，「どちらかといえば満足43%」「どちらかといえば不満18%」「満足17%」「不満12%」「無回答10%」と60%の人が満足，30%の人が不満としている。これを分かりやすい円グラフにしなさい（定規を使わずに書いてよい。分割の大きさは目分量でよい）。

解答例

試作品Yの使用満足度に関する調査
（令和X年末実施　対象：学生300名）

このような満足度のグラフは，数値の大きい順ではなく満足度の高いものから低いものの順に並べ，「無回答」は最後に配置します。外側の円と中の円が逆でもよいでしょう。タイトルと時期，対象も書き落としてはいけません。

タイトルには，実施時期と対象も書く

問題文に，「〜と 60％の人が満足，30％の人が不満としている」
とありますので，「満足 17％」＋「どちらかといえば満足 43％」
＝「満足 60％」のような二重の構造の円グラフが求められてい
ることが分かります。

二重円グラフの場合，タイトルを円の中心に書こうとするとス
ペースが小さく書ききれません。円グラフの上に書くのがよいで
しょう（見やすく書けるのであれば，中心に同心円を作って書き
入れてもよい）。タイトルは，問題文からキーワードを集めて，
どのような調査なのかが分かるように書きます。また，実施年月
や実施対象者と人数を付記します。調査会社の調べなどで，問題
文に調査会社名が書かれているときは，「○○社調べ」「○○協会
調査結果」など，調査会社（機関）も付記します。

タイトルは重要な採点ポイントです。書き忘れないようにしま
しょう。

● **項目（扇形）の角度**

円グラフの各項目の角度は，その項目の％に 3.6 を掛ければ求められます。

［例］ 50％ → 180 度， 25％ → 90 度， 10％ → 36 度

しかし，秘書検定では定規不要，分割の大きさは目分量でよいとされています。
従って，50％は 2 分の 1， 30％は約 3 分の 1， 25％は 4 分の 1，のような
目安を基に分割するので構いません。

❸ 帯グラフ

円グラフは構成比を表しますが，その構成比率の年度間や月ごとの違いや変化を見た
いとき，円グラフを複数並べても一目で分かるというわけにはいきません。比率の変
化を見る場合には，帯グラフが適しています。

帯グラフは，帯の長さを 100％として，項目の構成比を表します。同じ項目の帯グ
ラフを並べることにより，比較しやすくなります。

一番上のグラフの項目は，比率の大きい順に左から並べます。

タイトル，項目名とパーセントを書き入れます。「その他」の項目がある場合は，一
番右に書きます。

その下に並べて比較する帯グラフは，項目の順番を一番上の帯グラフと同じにして，各項目の境を点線で結びます。

※アンケート結果を比較するときは，円グラフと同様，「非常によい」→「よい」→「ややよい」→「どちらともいえない」→「やや悪い（あまりよくない）」→「悪い（よくない）」→「非常に悪い」→「その他」の順に書きます。

月別売上構成比推移

	E 35%	B 20%	A 15%	D 12%	C 8%	その他 10%
1月						

	30%	23%	22%	10%	5%	10%
2月						

	33%	22%	18%	7%	10%	10%
3月						

過去問題でポイントチェック！
POINT CHECK

次はP新聞が，令和X年3月に実施した「K業界における管理職の異動経験」の調査結果である。これを見やすいグラフにしなさい（定規を使わないで書いてもよい）。

クラス ＼ 回数	4回	5回	6回	7回以上
部長クラス	6.8%	7.1%	16.4%	69.7%
課長クラス	8.5%	18.6%	27.1%	45.8%
係長クラス	45.3%	34.3%	14.7%	5.7%

解答例　K業界における管理職の異動経験
（令和X年3月P新聞調査結果）

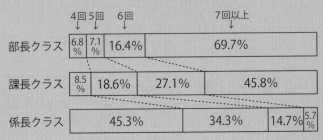

必要とされる資質

職務知識

一般知識

マナー・接遇

技能

面接

313

項目やパーセントがグラフ内に書き込めない場合

項目名は一番上のグラフに書き込みます。2番目以下は，点線でつないで分かるので，項目名は不要です。割合が小さくて項目や％を書き入れるスペースがない場合は，このグラフのようにグラフの外に書くのでも構いません。

このグラフのように，回数や頻度の多さを比べる場合は，比率の順ではなく，回数や頻度の昇順または降順にする方が見やすくなります。項目の並べ方には（見やすさを優先し），例外もあります。

❹ 棒グラフと折れ線グラフの組み合わせグラフ

棒グラフは数量の比較に用います。折れ線グラフは推移を見るときに用います。
「代理店数」と「売上高伸び率の推移」など関連するデータを一つのグラフにまとめて作成する場合，数量の大小（代理店数）は棒グラフで表し，推移（売上高伸び率）は折れ線グラフで表します。

	令和 W 年度	令和 X 年度	令和 Y 年度	令和 Z 年度
代理店数	20 店	15 店	25 店	30 店
売上高伸び率	2%	− 2%	1%	3%

① タイトルをグラフの上に書く。
② グラフの左側に数量（この場合は代理店数）を示すメモリを記入する。単位（この場合は「店」）を忘れずに。
　基点の「0」を忘れずに書く。
③ グラフの下に年度を示す。「（年度）」を忘れずに。
④ グラフの右側に推移（この場合は売上高伸び率）を示す目盛りを入れる。
　単位（この場合は「％」）を忘れずに。
　棒グラフと重ならないように，折れ線グラフの位置を上げて，それに合わせて目盛りを入れる。
⑤ 左側の目盛りに合わせて，数量（代理店数）を表す棒グラフを作成していく。棒には，何を示しているかを，矢印を付けるなどして示す。
⑥ 右側の目盛りに合わせて，推移（売上高伸び率）を示す折れ線グラフを作成していく。折れ線には，何を示しているかを，矢印を付けるなどして示す。

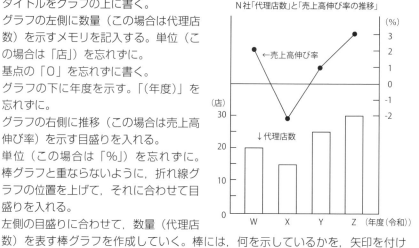

N社「代理店数」と「売上高伸び率の推移」

※ 棒グラフ内を二つの項目に分ける場合は，棒の色や模様を変えて，それぞれの項目名を書き入れるか，グラフの外に凡例として示す。（凡例とはグラフの説明のこと。どの模様や色がどの項目かを示すもの）

※ 複数の折れ線を一つのグラフ内に収める場合は，それぞれの項目名を書き入れ，線の種類（点線など）を変える。

※ 棒グラフ，折れ線グラフともに，縦軸の最小値と基点の間が空き過ぎているときは，中断記号を用いる。

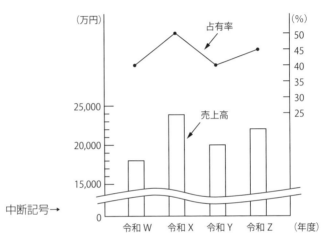

S社製品Aの年度別売上高,
およびS社全製品中のAの占有率年度別推移

Q 次の表は，Y社の「新入社員採用数」と，「売上高推移」を示したものである。これを見やすいように一般的なグラフの書き方に従って，一つのグラフにしなさい（定規を使わずに書いてよい）。

	年度	令和2	令和3	令和4	令和5
新入社員採用数（人）	新卒	10	20	30	5
	中途	20	5	10	5
売上高（億円）		450	350	500	500

A 解答例

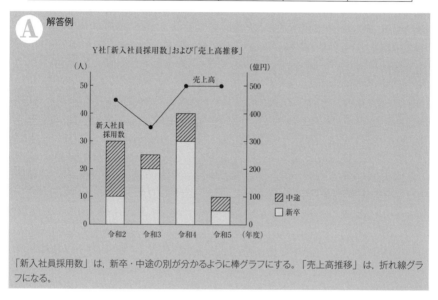

「新入社員採用数」は，新卒・中途の別が分かるように棒グラフにする。「売上高推移」は，折れ線グラフになる。

基点の位置など，グラフには見やすさの工夫が必要

この問題では右の目盛りの一番下を基点の0としても，目盛りの間隔や単位を適切に設定することにより，折れ線と棒が重ならず，見やすいグラフになっています。p.314のグラフでは，折れ線グラフがマイナス2％から3％の間での推移を表すため，右側の目盛りは基点の0を上部に置いて，見やすいグラフにしています。このように，グラフは，どうすれば読み取りやすくなるかに留意して作成しなければなりません。試験の場で慌てないように，本書に出ている数パターンのグラフは，まずはきちんと写してみて，なぜそのように書くのかを理解しましょう。次に白紙に自分で書いてみて漏れがないかチェックするところまで準備しておけば，類問が出題されても落ち着いて考え，書き表すことができるでしょう。

esson **5** 印についての知識

近年はＤＸが進行して日本の「はんこ文化」にも変化の兆しはありますが，現状では未だ，さまざまな書類に押印が必要です。

❶ 印に関する用語

実印	個人が市区町村の役所に印影を登録しておき，必要なときに印鑑証明書の交付を求めることのできる印
認め印	会社の書類確認や，荷物の受け取りなど日常的に使う印
訂正印	書類の訂正箇所に，訂正したことを証明するために押す印
捨て印	契約書などで訂正や加除に備えて，あらかじめ欄外に押しておく印
消印	収入印紙や切手などに，使用済みの証拠として押す印。消印によって，収入印紙は印紙税を納めたことを，郵便切手は郵便料金を支払ったことになる
合印	書類を照らし合わせたしるしとして押す印
捺印	印鑑を押すこと。押印，押捺ともいう
社印	社名を彫った角印のこと。法的効力はない
代表者印	会社設立時に法務局で登録する印。重要な契約書や法的な書類に押す
銀行印	銀行などの金融機関に印影を届け出ている印
割り印	契約書の正本と副本，領収書と控えなど，ある文書と他の文書との関連性を証明するため両方の文書にまたがって押す印
契印	契約書が2ページ以上になる場合などに，それが一体の文書であることを証明するため，見開きにした書類のとじ目に押す印（割り印を押す，という言い方をすることもある）
印影	印章（はんこ）を紙に押したとき，紙に残る朱肉のあとのこと
落款	完成した書画に，作者がする署名や捺印

演習問題

1 下の頭語や結語について，次の各問いに答えなさい。

1．読み方を（　）内に答えなさい。
2．左右で対応する頭語，結語を答えなさい（①③は二つずつ）。
　　※答えは重複しないこと。

〔頭　語〕	〔結　語〕
謹啓　（　　　　　　　）	① 　　　　　　｜
拝復　（　　　　　　　）	②
③ 　　　　　｜	不一　（　　　　　　　）

2 次のそれぞれの月に適切な時候のあいさつを，二つずつ（　　　）内に答えなさい。

1）　3月　　（　　　　　　　）の候　　（　　　　　　　）の候
2）　5月　　（　　　　　　　）の候　　（　　　　　　　）の候
3）　11月　（　　　　　　　）の候　　（　　　　　　　）の候

3 次は秘書Aが，上司から指示されて書いた社交文書の一部である。下の（　　　）内の意味から考えて，下線部分に入る適切な慣用表現を書き入れなさい。

1）＿＿＿＿＿＿＿＿＿＿＿＿＿＿＿に存じます。
　　（大変喜ばしく思う）

2）＿＿＿＿＿＿＿＿＿＿＿＿＿＿＿＿＿＿＿ご出席くださいますよう，
　　（宴会を催したいと思うので，都合を付けて）
　　ご案内申し上げます。

3）＿＿＿＿＿＿＿＿＿＿＿＿＿＿いたす所存でございます。
　　（一生懸命に力を尽くすつもりだ）※「尽力」以外

4）これも＿＿＿＿＿＿＿＿＿＿＿＿＿と心から感謝申し上げます。
　　（全て皆さんのおかげ）

5）＿＿＿＿＿＿＿＿＿＿＿＿＿＿を賜りたく，お願い申し上げます。
　　（お目にかかりたい）

6）＿＿＿＿＿＿＿＿＿＿＿＿＿くださるようお願い申し上げます。
　　（何とか事情を察して，許して）※「お許し」以外

7）今後とも＿＿＿＿＿＿＿＿＿＿を賜りますようお願い申し上げます。
　　（これからも今まで以上にごひいきにしてもらいたい）※「一層」以外

４　次は喪中のあいさつ状（年賀欠礼）について述べたものである。中から不適当と思われるものを一つ選び，その番号を（　　）内に答えなさい。

1．一般的には句読点を打たず，頭語や結語，前文なども書かない。
2．日付は例えば「令和〇年十一月」などとし，なるべく12月初めまでに出す。
3．文面は例えば「父〇〇が〇月に〇歳で永眠いたし」などと，誰の喪中なのかを書く。
4．組織の代表者が亡くなった場合は，組織として喪中のあいさつ状を出す。
5．年賀状が届いたら，1月中旬ごろに寒中見舞いとして返事を出す。

（　　　　　）

５　次のそれぞれの印について簡単に説明しなさい。

1）消印
2）実印
3）訂正印
4）捨て印

必要とされる資質

職務知識

一般知識

マナー・接遇

技能

面接

解答例

1 （ きんけい ） ① 敬白　謹言
　（ はいふく ） ② 敬具
　③ 冠省　　　前略　　（ふいつ・ふいち）

　　解答例の他に，①は「敬具」，②は「敬白」，③は「急啓」などもよいでしょう（ただし重
　　複していないこと）。

2 1）早春，春暖
　2）新緑，薫風
　3）向寒，晩秋

解答例の他に，1）は「春情」，2）は「若葉」，3）は「霜降」「立冬」などもよいでしょう。

3 1）大慶至極・慶賀の至り
　2）小宴を催したく存じますので，お繰り合わせの上
　3）鋭意努力
　4）ひとえに皆さまのご支援のたまもの
　5）拝眉の栄
　6）何とぞ事情ご賢察の上，ご容赦
　7）倍旧の（旧に倍する）ご愛顧

4 ＝（　4　）
　※喪中とは喪に服す期間のこと。喪に服すのは近親者などであり，組織として喪中のあい
　　さつ状を出すのは不適当ということです。

5 1）収入印紙や切手などに，使用済みの証拠として押す印。
　2）役所に印影を登録しておき，必要なときに印鑑証明書の交付を求めることのできる印。
　3）書類の訂正箇所に，訂正したことを証明するために押す印。
　4）契約書などで訂正や加除に備えて，あらかじめ欄外に押しておく印。

3 文書の取り扱い

上司宛てに届いた郵便物を上司に渡すときの渡し方と,「秘」文書の取り扱いについて,具体的に注意すべき点を確認しましょう。

過去問題でポイントチェック!
POINT CHECK

秘書Aは新人Bに,上司宛てに届いた郵便物を上司に渡すときの渡し方を教えることになった。この場合どのようなことを教えるとよいか。次のそれぞれについて答えなさい。

1) 開封しない郵便物にはどのようなものがあるか(三つ)
2) 開封した郵便物の渡し方
3) こちらから出した手紙への返事の渡し方
4) 外部の会議や祝賀会などの案内状の渡し方

解答例
1) ① 私信(私信と思われるものを含む)
   ② 書留(一般書留,現金書留,簡易書留)
   ③ 「親展」と表示のあるもの
2) 文書に封筒をクリップで留め,複数の場合は急ぐものや重要と思われるものを上にして渡す。
3) こちらから出した手紙の控えを添える。
4) その日のスケジュールを確認し,予定が入っている場合はメモを添えて渡す。

郵便物の渡し方も,上司への気遣いから決まる

開封しない郵便物は,「上司のプライベートに立ち入らない」という基本によって判断できます。また,上司への書類の渡し方は,「雑事で上司の手を煩わせない」「上司が速やかに対応,判断できるように気を利かす」という秘書の職務意識から,上の解答例のような動作が生まれています。

❶ 受信した文書の，上司への渡し方

① 開封しないで上司に渡す文書
- 私信
  - ・差出人が個人名
  - ・社用の封筒だが，社名が消してある
- 私信か業務用文書か不明な封筒
- 業務用の封筒だが，「親展」の表示がある場合
- 業務用の封筒だが，「書留」で届いたとき

② 開封した文書の渡し方
業務用文書には目を通して，重要度と緊急度を判断し，次の要領で上司に渡します。
- 開いた文書の下に封筒をクリップで留める。重要・至急など優先度の高い文書を上から順に重ねる。
- 請求書や見積書は計算チェックをしておく。
- 同封物がある場合は，照合と確認をしておく。
- こちらからの文書への返信には，往信（こちらから出した文書）の控え（コピー）を添付する。
- 必要に応じて文書の要点をメモにして添付したり，重要箇所にラインを引いておいたりする。
- 会議の招集通知やパーティーの案内などは，上司のその日の予定をメモにして添付する。
- DM（ダイレクトメール）や広告物など上司に見せる必要のないものは処分する。
- 上司宛てでも担当者が対応する内容のものは，担当者に渡す。

❷ 「秘」文書の取り扱い方

「秘」文書については，他の人に見られないようにする配慮，さらに，他の人の注意を引かないようにする配慮を具体的に考えます。

① 社内での取り扱い
- 机上で取り扱うとき……短時間でも席を外すときは，引き出しの中にしまう。作成中に来訪者があったら，パソコンの画面を変える。
- 配布するとき……文書に「秘」の印を押す→封筒には「秘」ではなく「親展」と表示して封をする→手渡しし，文書受渡簿に受領印をもらう。秘書がいる人の場合は（上司から「本人に手渡しで」という指示がなければ），秘書に渡す。秘書の付かない人に届けに行ったが不在のときは，持ち帰って

　　　　　　　　　出直す（周囲の人に預けてはいけない）。
- コピーを取るとき……人がいないときに行い，原紙は忘れずに持ち帰る。
　　　　　　　　　コピーは必要部数だけ取る。
　　　　　　　　　ミスコピーはシュレッダー（文書細断機）にかけて廃棄する。
- 廃棄するとき……シュレッダーにかける。
- ファイルするとき……一般の文書とは別にして，鍵のかかるキャビネットなどで
　　　　　　　　　管理する。
- 貸し出すとき……貸し出してよい相手（社外秘なら社員，部外秘なら部員，関係
　　　　　　　　　者外秘なら関係者）のみに貸し出す。返却日を確認して貸出簿
　　　　　　　　　にサインをもらう。必要に応じて使用目的を尋ねる。

② 社外に郵送するとき

- 文書発信簿に記録する。
- 封筒は，中が透けて見えないものにするか二重封筒にする。中の文書に「秘」の
　印を押し，二重封筒の場合は内側の封筒にも「秘」の印を押す。外側の封筒には「親
　展」と表示する。
- 簡易書留などの確実な送付方法にする。できれば送る前に受信者に電話やメール
　で連絡しておく。

過去 brush up

　　　秘書Aは新人Bに，秘文書の取り扱いについて一般的に注意すべきことを
　　　教えることになった。このような場合，Aはどのようなことを言えばよいか。
次のそれぞれについて具体的に答えなさい。

1）コピーするとき　　　3）社内で配布するとき
2）郵送するとき　　　　4）保管するとき

> **A** 解答例
>
> 1）コピーは人に見られないように取り，必要枚数だけにする。ミスコピーはシュレッダー
> 　　で処分する。
> 2）封筒を二重にし，表に「親展」と書き，簡易書留など確実な送付方法にする。
> 3）配布は手渡しとし，文書受渡簿に受領印をもらう。持ち歩くときは秘文書と分からな
> 　　いように封筒に入れる。
> 4）一般の文書とは別に鍵のかかるキャビネットなどに保管する。

「何のために」を意識して動作をイメージする

①人に見られないようにするには，②本人に確実に届けるには，の2点に基づいて，1）〜4）
それぞれの状況での動作をイメージします。

郵便については，2級や準1級で学んできた内容を，記述式で書き表せるかがポイントとなります。例えば，封筒の表面の書き方も，知識として知っているというレベルではなく，必要なことを整ったレイアウトで実際に書けることが求められます。

過去問題でポイントチェック！
POINT CHECK

秘書Aが次のそれぞれに郵送するとき，封筒の表書きはどのようにすればよいか。適切な宛名と必要なことを枠内に横書きで書きなさい。

1）○○ホテルの801号室に滞在している上司（山田一郎部長）に，資料を送るとき。

2）里帰り出産のため実家（木村宅）に帰省している部員の河井友子に，折り曲げられては困る書類を送るとき。

3）○○物産（株）の清水洋一企画部長に，中身が見積書だと分かるように送るとき。

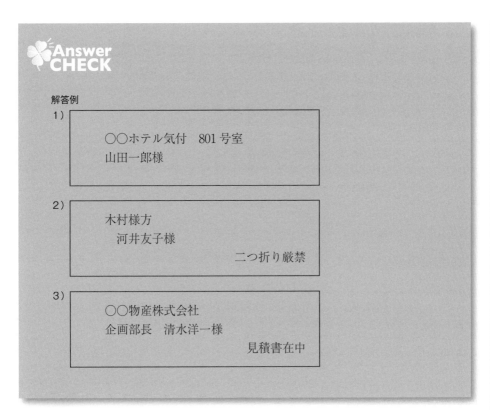

Answer CHECK

解答例

1）

> ○○ホテル気付　801号室
> 山田一郎様

2）

> 木村様方
> 　河井友子様
> 　　　　　　二つ折り厳禁

3）

> ○○物産株式会社
> 企画部長　清水洋一様
> 　　　　　　見積書在中

Point here!
ここがポイント!

相手に確実に届けるための書き方のルールを押さえる

1）「気付」とは，その人が，例えば旅行などで立ち寄っている場所に，郵便物などを送るときに使う用語です。立ち寄り先名に「気付」を付けて，相手の名前に「様」を付けます。ホテルには個人名で宿泊しますので，「部長」などの肩書は書きません。

2）実家や親戚宅などに寄宿している人宛てのとき（家の表札と苗字が違う人宛てのとき）は，寄宿先に「様方」を付けて，相手の名前に「様」を付けます。
「二つ折り厳禁」は，「折り曲げ厳禁」と同じです。

3）会社名は，㈱などと略さず，○○株式会社のように正式名称を書きます。前株（株式会社○○）か後株（○○株式会社）かも間違えないように気を付けます。
中身が何かを分かるようにするには，「○○在中」のように書きます。
例：領収書在中，請求書在中，履歴書在中，写真在中

必要とされる資質

職務知識

一般知識

マナー・接遇

技能

面接

❶ 特殊取扱郵便

郵便物の引き受け，運送，配達方法などについて，特別の取り扱いを付加するものです。郵便料金に，特殊取扱料金が加算されます。

速達	急ぐ場合に利用する。 封筒表面の右上部に赤い線を表示する。 ポストに投函できる。	
書留	引き受けから配達までの記録が残る。 万一届かなかった場合に，実損額の賠償が受けられる。 **一般書留**：有価証券（商品券など）を送るときに利用するとよい。重要書類を配達証明や内容証明で送る場合は必須。 **簡易書留**：記録は引き受けと配達のみ。賠償は5万円まで。一般書留に比べて料金が割安。重要書類や原稿，5万円までの有価証券を送るときに利用するとよい。 **現金書留**：現金を送ることができる。現金封筒（郵便局で購入）を使用する。硬貨も送れる。手紙も同封できる。祝儀袋，不祝儀袋の入る大きいサイズの現金封筒もある。遠方へ祝い金や香典を送るときに利用する。	郵便局の窓口に差し出す。ポストには投函できない。
配達証明	一般書留とした郵便物を配達したことを，日本郵便が証明するサービス。 契約解除の通知を送る際などに利用する。	
配達日指定	配達日を指定できる。 （例）誕生日にカードなどを送るときなど。	
内容証明	一般書留とした郵便物について，いつ，どんな内容の文書を誰から誰へ差し出したのかということを，日本郵便が証明するサービス。 債権回収の督促状を送るときなどに利用する。	

❷ 郵便の各種サービス

普通郵便（主に，手紙とはがき）のうち，手紙はサイズ・重さにより定形郵便と定形外郵便に分かれます。普通郵便の他にも様々な郵送方法がありますが，秘書が日々の業務で使うものは大体次表のサービスです。

ゆうパック	郵便小包。重さ25kgまで（重量ゆうパックは30kgまで）。	サイズ，地帯により料金が異なる。 特定のコンビニからも送れる。 添え状や送り状以外の手紙は入れられない。 追跡サービスがあり，配達状況を確認できる。
ゆうメール	1kgまでの冊子（印刷物）やCD,DVDなどの電磁的記録媒体を送れる。	ゆうパックより安価。料金は全国均一。ポストに投函できる。 書籍や商品カタログを送るのに適している。 手書きのもの，手紙は同封できない（送付状は可）。
レターパック	A4サイズ,4kgまで。 レターパックプラス：対面で配達。 レターパックライト：郵便受けに配達。厚さ3cm以内。	専用封筒を使用する。料金は全国均一。 ポストに投函できる。 手紙を送ることができる。 追跡サービスがあり，配達状況を確認できる。

❸ 大量郵便物の発送

郵便物を大量に送る場合は，以下のような方法で発送すると，切手を貼る手間が省けて効率的です。

料金別納郵便	同時に10通以上出すときに利用する。郵便料金ごとに仕分けして差し出す。
料金後納郵便	毎月50通以上の郵便物を出すときに利用する。1カ月分の料金を翌月に一括払いできるので，経理業務を省力化できる。

※ アンケート調査
　① 調査用紙……「料金別納郵便」にすると，切手を貼る手間が省けます。
　② 返信用封筒……「料金受取人払」にすれば，返信を受けた分だけの郵便料金と手数料を支払えばよいので，経費を抑えることができます。

※ 役員交代のあいさつ状，祝賀会の招待状など，格式を重んじる内容の儀礼的な文書は，料金別納や料金後納にせず，1通ずつ切手を貼ります。多くの場合，慶事用切手を使用します。

● 慶事のあいさつ状

- 格式を重んじる社交文書では，句読点を打たないことがある。
- 角の丸いカードに縦書きで印刷し，白の洋封筒で送る，宛名を筆文字にするなど，特に格式を重んじる場合がある。
- 社長交代などのあいさつ状は，前任者と後任者のあいさつを1枚の用紙に続けることもある（二つ折りのカード紙を使い，右に前任者，左に後任者）。
- 送付数が多い場合でも，慶事用の切手を一枚一枚貼る。

次ページの演習問題の他，p.357 のように選択形式で出題されることもあります。

過去 brush up

Q 次の物を送る場合，①最も適した郵送方法と，②そのとき配慮すべきことを答えなさい。

1）香典

　　　① 　　　　　　　　　 ②

2）秘扱い文書

　　　① 　　　　　　　　　 ②

3）締切日を過ぎた原稿

　　　① 　　　　　　　　　 ②

4）創立記念式典の招待状 300 通

　　　① 　　　　　　　　　 ②

A 解答・解答例

1）① 現金書留
　② ・現金を香典袋に入れる。
　　　・悔やみ状を同封する。

2）① 簡易書留
　② ・封筒は中が透けて見えないように二重にする。
　　　・封筒の表面に「親展」と書く。

3）① 簡易書留で速達
　② わびの手紙を同封する。

4）① 通常郵便
　② 慶事用切手を貼って送る

必要とされる資質

職務知識

一般知識

マナー・接遇

技能

面接

必須のことが複数ある場合は全て書く

1）−②は，香典袋（不祝儀袋）に入れることと悔やみ状を同封すること，どちらも必要です。
3）−①は，「締切日を過ぎた原稿」ということなので，「至急」の郵送方法（速達）と「重要な書類」の郵送方法（簡易書留）が併せて必要です。

❹ 郵便以外の受発信

近年は，日本郵便でもいろいろなサービスがある他，宅配会社のサービスもさまざまです。早く確実に届けることに加えて，利便性，料金などから，最適な送付方法を選びます。

また，文書の送付方法は，印刷したものを送る以外に，メールに添付する，ファクスで送るなどがあります。

メール添付で上司宛てに直接届く場合は，秘書を通らないため，スケジュールから漏れたり必要な手配ができなかったりする恐れがあります。上司に，対処が必要なメールを受信したら秘書に知らせてもらいたいと頼んでおきます。また，上司とメールのやりとりのある関係者には，必要に応じて秘書に写しを送ってもらいたいと頼んでおきます。

ファクスの受信があったときは，1枚目の送信状に書かれている全体のページ数と受信した紙の枚数を確認して，宛先の人に渡します。

ファクスを送信するときは，1枚目の送信状に，宛名と総ページ数（送信状を含む）を書きます。ファクスは部内で共有しているファクス機や複合コピー機などで受信されるため，部内の人に見られて構わない内容のものに限ります。秘扱い文書の送付には不向きです。また，受信したことに気付かれないこともあるので，ファクスを送るときはその旨を先方に伝えます。

C A L N E

演習問題

1　総務部長秘書Aは，会社創立30周年記念祝賀会の招待状を作成し，それを発送することになった。このような場合の招待状の作成や発送について，一般的に注意すべきことを箇条書きで四つ答えなさい。

解答例

1 1．用紙は角丸のカード用紙を使い，封筒は洋形にする。
　 2．文章は縦書きにし，句読点は打たなくてもよい。
　 3．宛名は縦書きで，毛筆にする（毛筆の書体で印刷する）。
　 4．送付数が多い場合でも，慶事用の切手を貼る。

4 情報管理

秘書には，上司から求められた情報を迅速に的確に収集する技能が求められます。また，上司の指示がなくても，日ごろから有用な情報を常に集めて整理し，必要に応じて上司に伝えられるようにします。

過去問題でポイントチェック！
POINT CHECK

次のインターネットに関する用語を簡単に説明しなさい。

1) S N S
2) プロバイダー
3) ドメインネーム
4) バナー広告

解答例

1) ソーシャルネットワーキングサービスの略称。インターネット上の登録会員向けの情報交換の場，またはそのサービスなどのこと。
2) インターネットへの接続サービスを提供する事業者のこと。
3) インターネット上に存在するコンピューターやネットワークを識別するために付けられている名前の一種。インターネット上の住所のようなもの。
4) ウェブページ上にある広告のこと。クリックすると広告主のホームページが開き，詳しい情報を見ることができる。

ここが
ポイント！

日常的に使っている用語も，説明するとなると難しい

インターネットに関する用語は，使用者として必要な用語だけを押さえておけば十分です。日ごろ使い慣れていても，きちんと端的に説明するのは難しいものです。改めて，説明の仕方を確認しておきましょう。

① 情報収集の仕方

① 社内資料による情報収集

それぞれの部署がどのような業務を行っているかを把握します。各部署で保管している資料やデータには，それぞれ「秘」扱いのレベルがあります。

社外秘であれば，他部署の部員も閲覧できます。部外秘は他部署の部員は閲覧できません。

② 社外資料・書籍などによる情報収集

「会社四季報」など業務上必要な資料や書籍は最新のものを常備します。業界の動向については，業界紙（誌）の他、新聞や週刊誌などの記事をチェックします。白書（政府が発行する各界の年次報告書）のデータも有用です。

③ インターネットを活用した情報収集

個別の企業の情報は，その会社のホームページで調べます。企業情報のデータベースサービスも便利です。業界団体もホームページを開設しています。政府統計の総合窓口を検索すると，国や地方自治体の統計情報を得ることができます。新聞記事検索も有用です。

ただし，インターネット上の一般の情報の中には不確かなものも含まれているので注意が必要です。情報収集の際は，幾つかの情報を集めて照らし合わせたり，情報の提供者（組織）を確かめるなど，情報の信頼性について留意します。

④ 人脈による情報収集

身近な事柄や取引先情報，人事情報などは，関係者や知人・友人から直接聞く方が早いこともあります。人的ネットワーク構築のため，日ごろから社内外の交際範囲を広げ，良好な人間関係を保つことが大切です。

❷ インターネットに関する用語

検索エンジン	インターネットに公開されている情報を検索することができるウェブサイトのこと。サーチエンジン
デフォルト	初期状態，標準の状態
ドメインネーム	インターネット上に存在するコンピューターやネットワークを識別するために付けられている名前の一種。インターネット上の住所のようなもの
バナー広告	ウェブページ上にあるインターネット広告のこと。広告をクリックすると広告主のホームページが開き，詳しい情報を見ることができる
ブラウザ	ホームページを閲覧するためのソフトのこと
プロバイダー	インターネットへの接続サービスを提供する事業者のこと
SNS	ソーシャルネットワーキングサービスの略称。インターネット上の登録会員向けの情報交換の場，またはそのサービスのこと
URL	インターネット上にある，情報が保存されている場所を指定する表記のこと
ウェブ	インターネット上で文章や画像，動画などが閲覧できるシステムのこと。Web
ウェブサイト	ホームページのこと。Web サイト。Web ページ
Eコマース (eコマース)	インターネット上で物やサービスを売買すること。電子商取引（EC）
クラウドサービス	ユーザーが自前のサーバー，ネットワークやソフトウエアを持たなくても,インターネット上で必要に応じて同様の機能をサービスとして利用できる仕組みのこと

esson 2　ファイリング

文書は，必要なときにすぐに取り出せるように管理します。自分の机回りの整理にとどまらず，部内や社内での共有など，全体の効率性や経済性を考えることも必要です。

過去問題でポイントチェック！
POINT CHECK

秘書Aは新人Bから，「文書を保存しておくのは何のためか」と尋ねられた。このような場合，あなたがAなら，Bにどのようなことを言うか。箇条書きで三つ答えなさい。

解答例
1. 行ったことや結果を，記録として残しておくため。
2. そのことについてトラブルが生じたときに，証拠として必要になるため。
3. 将来，同じような事案が生じたときに，参考になるため。

解答例の他に，「文書によっては，法律によって保存年限が定められているものもあるため」「後任者に業務の引き継ぎなどを行うときに，資料になるから」などもよいでしょう。

Point here!
ここが
ポイント！

「なぜ」の視点を持つ

取引の経緯などをきちんと記録して残すことは重要な業務であり，文書はその「記録」であること，そして，その記録はどのように活用されるか，ということが，この問題の答えとなります。日ごろ行っている業務について，「なぜ行っているのか」「なぜ，この方法で行っているのか」を意識することが大切です。理由や目的が明確であれば，効率化や改善の方法を見いだしやすく，また，後輩に的確な指導ができます。

必要とされる資質

職務知識

一般知識

マナー・接遇

技能

面接

❶ 文書管理

ペーパーレス化には，社内ネットワークなどを利用したファイリングシステムが必要です。コンピューターによる管理も，基本的な方針は紙のファイリングと同じく，大分類−中分類−小分類の構造になっています。必要なときに探しやすくするため，文書名を適切なものにする，関連情報を付記するなどの工夫も必要です。きちんとしたシステムを構築して，そのルール通りに使うことにより，情報の共有を持続することができます。

また，社内のペーパーレス化が進んでも，世の中の取引にはまだ紙の文書が用いられることが多いので，従来のファイリング方法との併用に工夫が必要です。

過去 brush up

　　A3 の文書を A4 のファイル用フォルダーに入れるとき，①文書をどのように折り，②折り目をどのようにして入れるのがよいか。それぞれ理由とともに答えなさい。

① ＜折り方＞
　　＜理　由＞
② ＜入れ方＞
　　＜理　由＞

Ⓐ 解答例
　① ＜折り方＞　文字の書いてある方が，表になるようにして折る。
　　　＜理　由＞　開かなくても，文書の内容が分かるようにするため。
　② ＜入れ方＞　折り目を上にして入れる。
　　　＜理　由＞　他の文書が挟まらないようにするため。

場面をイメージする

わずかな手間でも，作業のたびに無駄な手間がかかる，何人もの社員に同じ手間がかかっているとなれば，全体のタイムロスは大きくなります。どのようにファイルに収めれば，次の機会にスムーズに取り出せるかを考えるなど，細部に行き届いた配慮の数々が，業務の効率アップにつながります。

esson **3** 出版に関する用語

秘書には，必要な書籍や資料を探して取り寄せるなど，出版物に関わる機会が多くあります。また，上司が著書を出版するような場合には，その手伝いにも関連知識が必要となります。

過去問題でポイントチェック！
POINT CHECK

秘書Aの上司は，本業の傍らビジネス書を著述したり，雑誌社などに頼まれて文章を書いたりしている。次は，Aが上司の手助けをする際によく目にする用語である。それぞれの読み方を，（　　）内に平仮名で答えなさい。また，その下に，用語の説明を簡単に答えなさい。

1）寄稿　（　　　　　　　　）
　　〔説明〕

2）上梓　（　　　　　　　　）
　　〔説明〕

3）献呈　（　　　　　　　　）
　　〔説明〕

4）拙稿　（　　　　　　　　）
　　〔説明〕

Answer CHECK

解答例
1）（　きこう　　）　頼まれて書いた原稿を雑誌社や出版社に送ること。
2）（　じょうし　）　書籍を出版すること。
3）（　けんてい　）　著書などを感謝や儀礼のために贈ること。
4）（　せっこう　）　自分の原稿のことをへりくだっていうこと。

必要とされる資質

職務知識

一般知識

マナー・接遇

技能

面接

❶ 上司の著書を贈るとき

上司の著書をお世話になった人や付き合いのある人に贈る場合は，著書に「謹呈」と書いたしおりを挟むのが一般的です。

「謹呈」は，謹んで差し上げる，という意味です。

送り状を添える場合は，あいさつを述べて，「このたび，〇〇出版社より『書名』を上梓いたしました。（出版の経緯，感謝の言葉など）拙著を謹呈（献呈）いたします（させていただきます）。ご笑納いただければ幸いに存じます（蔵書に加えていただければ幸甚に存じます）」などのように書きます。

❷ 出版に関する用語

隔月刊	2カ月に1回発行すること
旬刊 （じゅんかん）	月に3回，上旬・中旬・下旬に（10日ごとに）発行すること
季刊	季節ごとに年4回発行すること
バックナンバー	定期刊行物の既に発行された号
白書	政府が各界の実情と展望を述べるために発行する年次報告書
官報	政府が発行する，国民に知らせる事項を載せた日刊の刊行物のこと
名鑑	関連のある人や物の名を集めて分類した名簿
会社四季報	上場企業の概要や財務状況などをまとめた季刊の刊行物
奥付 （おくづけ）	本の終わりにある，著者，発行者，発行日などが載っている部分のこと
索引	その本で使われた語句の所在ページを示した表のこと
機関紙（誌）	団体などが情報交換や広報のために発行する新聞（雑誌）などのこと
乱丁	本などのページの順番が乱れていること
落丁	本などのページが抜け落ちていること
帯 （おび）	本の表紙などに巻く宣伝用の細い紙のこと
装丁 （そうてい）	印刷した紙をとじ，表紙を付けて本の形にすること。また，本の表紙，外箱などの外装やそのデザインのこと
改訂	既に出版した本の内容を変更し，新しい本として出版すること
増刷	発行した部数が足りなくなり，同じ版（内容）で再度発行すること
重版	発行した部数が足りなくなり，内容を一部訂正して再度発行すること
絶版	一度出版した本の版を廃棄して発行を終了すること

縮刷版	版を縮小して作成した印刷物のこと
海賊版	著作権を侵害して違法に複製された本などのこと
紀要	大学や研究所が定期的に発行する研究論文集
紀行	旅行の見聞や感想などを書いた文や書物のこと
寄稿	頼まれて書いた原稿を雑誌社や出版社に送ること
上梓（じょうし）	著書を出版すること
献呈	著作物を感謝や儀礼のために他人に贈ること
拙稿（せっこう）	自分の原稿のことの，へりくだった言い方
拙著（せっちょ）	自分が書いた本のことの，へりくだった言い方

❸ 新聞に関する用語

社説	その新聞社の主張や意見として掲載する論説のこと
コラム	筆者の評論（考えや意見）などを載せる短い囲み記事，またはその欄のこと
地方版	全国紙における，その地方の記事だけを集めた紙面のこと
業界紙	特定の業界に関する情報を専門に扱う新聞のこと
タブロイド判	普通の新聞の半分の大きさの型のこと

C A L N E
演習問題

1　次の出版物に関する用語を簡単に説明しなさい。

1）官報
2）白書
3）奥付
4）落丁

解答例

1 1）政府が発行する，国民に知らせる事項を載せた日刊の刊行物のこと。
2）政府が各界の実情と展望を述べるために発行する年次報告書のこと。
3）本の終わりにある，著者名，発行所名，発行日などが載っている部分のこと。
4）書籍や雑誌などのページが一部抜け落ちていること。

5 日程管理

Lesson 1 日程の組み方

> スケジュールを組むときは，上司の忙しさや健康状態，性格や仕事の仕方，私的な予定も考慮に入れます。

過去問題でポイントチェック！
POINT CHECK

秘書Aは後輩から，上司のスケジュール管理について次の質問をされた。このような場合，どのようなことを答えればよいか。箇条書きで答えなさい。

① 上司の私的な予定はどのようにすればよいか（1．以外に二つ）。
　　1．業務上の予定と同じに扱う。

② 上司が体調を崩しているような場合，スケジュールを組むときに配慮すること（1．以外に二つ）。
　　1．ゆったりした余裕のあるスケジュールを組む。

解答例
①2．内容について，関心を持たない。
　3．スケジュール表には，「外出」「来客」などと当たり障りのない書き方をする。
②2．面談などはできるだけ時間を短くするか，代わりの人にしてもらう。
　3．こちらから出向くことはなるべく避けるか，先へ送る。

解答例の他に，①「詳細はスケジュール表には記入せずに，自分の手帳などに書き留めておく」，②「面談や会議などは連続して入れない」「休暇や休憩時間をあらかじめ決めておく」などもよいでしょう。

私的な予定の内容は公表しない

私的な予定も上司にとって必要なことで日時の変更ができないのであれば，他の業務予定の方を調整することになります。つまり，予定の入れ方は業務上の予定と同じということです。ただし，上司のプライベートですから，社内の関係者に内容を知らせるようなことではありません。その時間には予定が入れられないことだけ分かればよいということです。

❶ 日程の組み方の基本

上司のスケジュールを作成する際には，上司の意向に沿って，無理のない組み方をします。

＜上司のスケジュール作成の基本＞

1. 上司の性格に合った時間配分をする。例えば
   a　上司がせっかちタイプなら，隙のない組み方をする。
   b　上司がのんびりタイプなら，余裕を持たせた組み方をする。
2. 来訪者の面談時間は，相手や用件によって時間を加減する。
3. 会議の時間は，会議の種類や議題によって，時間の延長を考慮に入れる。
4. 交通機関や所要時間についての知識を持つ。
5. 上司の健康状態に注意しながら，予定を組む。
6. 上司が考え事をしたり，次の予定の準備をしたりする時間をつくる。

❷ 上司の私的な予定について

私的な予定も上司の予定の一部なので，秘書が関わらないというわけにはいきません。

＜上司の私的な予定＞

① 業務上の予定と同様に，スケジュール表に入れる。
② 社内関係者が閲覧できるスケジュール表には，私的な予定は「外出」「来客」などと当たり障りのない書き方をする。
③ 詳細は公のスケジュール表には記入せずに，秘書の手帳などに書き留めておく。
④ 知らなくても業務上支障のないことについては，関心を持たないようにする。

※スケジュール管理ソフトを使う場合は，「非公開」予定として入力します。
※小耳に挟んだ上司の私的な予定は特に確認せず，自分の予定表やノートに書き留めておきます。

❸ 上司のタイプや状況に合ったスケジュール作成

＜上司がせっかちな性格の場合＞
1. 必要な調整は早めに行い，スケジュールを早く確定させる。
2. 会議や面談などの予定と予定の間の余裕はあまり取らないようにする。
3. 交通手段の新しい知識を常に持ち，上司の移動時間に無駄が生じないようにする。
4. 予定が変更になって時間が空いたとき，別の仕事を入れるなどする。

※せっかち：すぐに実行しないと気が済まない／待つことが苦手

＜上司が外出先から他へ寄るなど，予定外の行動を取る場合＞
1. 上司に，外出先から他へ寄るときは連絡してくれるよう頼む。
2. 重要な予定が入っているときは，外出する上司にメモにして渡す。
3. 重要な予定の前には，できるだけ外出の予定は入れないようにする。
4. スケジュール全体に余裕を持たせ，多少の変更があっても調整できるようにしておく。
5. 今までの例から変更がありそうなときは，上司に確認して予定表を作成する。

※上司が外出に運転手付きの社用車を使う場合は，運転手と連絡を取り合うのもよいでしょう。

＜上司が体調を崩しているとき＞
1. ゆったりした余裕のあるスケジュールを組む。
2. 面談などはできるだけ時間を短くするか，代わりの人にしてもらう。
3. こちらから出向くことはなるべく避けるか，先へ送る。
4. 面談や会議などの前後には予定を入れないようにする。
5. 休暇や休憩時間をあらかじめ決めておく。
6. 上司の体調を気にし，要望を聞きながら予定を組むようにする。

2 スケジュール管理についての日々の気遣い

秘書は，上司がスケジュールに沿ってスムーズに業務を行えるよう，細やかなサポートをします。

Q **過去問題でポイントチェック！**
POINT CHECK

秘書Aは後輩から，忙しい上司がスケジュールに沿って仕事ができるよう手助けするには，日々どのようなことをするのがよいか教えてもらいたいと言われた。このような場合Aが話すとよいことを，次の1．以外に箇条書きで三つ答えなさい

　1．朝，一日のスケジュールを上司と確認する。直行などでできないときは前日にしておく。

 Answer CHECK

解答例
　2．スケジュールの確認をするとき，重要なもの，日程変更や代理がきかないものについても確認しておく。
　3．上司が次の予定を忘れていそうなとき，または面談や会議が長引きそうなときは，タイミングを見計らって次の予定のメモを渡す。
　4．上司の体調を気にしていて疲れていると感じられるときは，不意の来客などは断る方向でよいか確認しておく。

忙しい上司がスケジュールに沿って仕事ができるようにするには，スケジュールの確認などを小まめに行い，予定がスムーズに進むよう気を配ることが必要。また，予定外のことへの臨機応変な対応なども必要。それらに触れたことが答えになります。解答例の他に，「雑用や上司の身の回りに関することは，指示がなくても早めに行っておく」などもよいでしょう。

必要とされる資質

職務知識

一般知識

マナー・接遇

技能

面接

上司がスケジュールに沿って仕事ができるように

前ページの解答例の他，３．は「上司がスケジュールにない外出
をしようとするときや，『ちょっと』と言って外出するときは，
帰社予定時間を確認したり次の予定を口頭で伝えたりする」「上
司が出先で予定を決めてくることもあるので，それとなく尋ねた
り小まめに確認したりする」などの気遣いもよいでしょう。ただ
し，上司の行動をスケジュールにはめ込むような態度を取っては
いけません。気遣いをしてもスケジュールからそれてしまい支障
が出る場合は，スケジュールの組み方を見直す必要があります。
改善案を考えて上司の指示を仰ぎます。

● 上司にカスタマイズされたスケジュール案を作る

スケジュールは会社の業務を効率よく円滑に進めるためのものですが，作成に当
たっては，上司という一人の人間の行動予定であることを考慮する必要がありま
す。効率のみを重視して余裕のないスケジューリングをすれば，予定通りに進ま
ず来客等に迷惑をかける，上司の執務時間が取れず決裁が滞る，上司と部下との
コミュニケーションに支障を来す，場合によっては過労など上司の体調不良の原
因にもなり得るなど，かえって効率の悪い結果を招いてしまいます。

また，上司によって，例えば，午前中の時間は決裁事務や業務についての熟考に
使いたいので面談予定はなるべく午後に，とか，面談の間隔を空けて合間の時間
を部下とのコミュニケーションや事務に充てたいなど，効率の上がる仕事の仕方
はさまざまです。上司のタイプに合ったスケジューリングをすることが，ひいて
は業務全体の効率を上げることになります。

Lesson **3** 視察などの準備／予定の変更

視察や支店回りなどの業務は数日間かけて行われることもあります。できる限り無駄な時間がないスケジュールを作成するとともに，関係者への連絡を漏れなく行います。また，急な変更には臨機応変に対応し，これについても必要に応じて関係者への連絡を漏れなく行います。

過去問題でポイントチェック！
POINT CHECK

営業部長秘書Aは上司から，来週，営業支援のため近郊の支店数カ所を回りたいので準備を頼むと指示され，訪問する支店名を言われた。このような場合の①②について，それぞれ箇条書きで三つずつ答えなさい。

① 上司に確認すること。
② これに伴って行わなければならないこと。

解答例
① 1．1日で回るのか数日にわたるのか。
　 2．回る順序。
　 3．同行者の有無。
② 1．訪問予定表の作成。
　 2．訪問する支店への連絡。
　 3．必要により他の予定の変更。

解答例の他に，①は「準備する資料の有無」「各支店におけるおおよその所要時間」，②は「社内の関係者への連絡」「社用車の運転手との打ち合わせ」などもよいでしょう。

必要とされる資質

職務知識

一般知識

マナー・接遇

技能

面接

具体化と視点

近郊の支店ということなので，通常の出張準備から宿泊手配を除いたものが準備の内容となります。
（1）「来週」（2）「営業支援のため」（3）「支店名（行先）」だけでは情報が足りません。それぞれ，（1）何日間か，（2）所要時間，同行者，（3）回る順序など具体的なことを確認してから準備に入ります。
次に，上司がこの日程で行動するには何が必要か，関係者にとって必要なことは何か，という視点で考えれば，準備事項が明確になります。

❶ 視察や支店回りなどのスケジュール作成

数カ所の支店を回る場合，それぞれの支店にかける時間によって日程は大きく変わります。回る順序については，上司が既に決めている場合の他，どの順序でもよいと言われる場合があります。後者の場合で1日に複数の支店を回るときは，交通事情なども調べて，効率のよい回り方を提案することになります（昼食の予定を組み入れる必要も生じます。特定の支店で支店長と会食，という場合にはその旨も支店に連絡します）。
営業支援など，目的と方法によっては同行者が複数ということもあります。交通手配や先方への連絡のため，確認が必要です。
連絡が必要な関係者は，訪問先，同行者，部内，社用車の運転手，変更する予定に関係する社内外の人。
このように，必要となることを複眼的に挙げて，細部を整えていきます。

❷ 予定の変更と調整

こちらの都合や先方の都合で面会予約を変更する場合があります。予定を変更したらすぐに，上司と秘書それぞれの予定表を修正します。上司の予定表を配布している関係者にも漏れなく連絡します。

◇相手から予定変更の申し入れがあった場合
- 上司に伝え，上司の意向を尋ねて，相手に候補日を伝える。相手から新しい日程の連絡が来たら，速やかに上司に報告する。

◇こちらの都合で面会予約を変更する場合
- 相手に，差し支えない理由を言ってわび，希望の日時を二，三聞く。
- 上司に相手の希望日時を伝え，上司が決めた日時を相手に連絡する。

　出張日程の変更の場合は，交通機関と宿泊のキャンセルや変更を速やかに行います。

＜来週の出張日程が変更になり，帰社予定が１日遅れる場合＞
1．帰社予定となった日に予定されていた面談や打ち合わせについての対応を上司に確認する。
2．上司に確認したことを，1．の面談や打ち合わせの相手に連絡する。
3．交通機関のチケットを変更し，宿泊を延長する。
4．予定表や旅程表を作り直し，関係者に連絡する。

※スケジュールの変更については，「第2章　職務知識」（p.72）でも学びました（既に出張中の上司から，出張の延長の連絡が入った場合の対処）。
　また，社外関係者への予定変更依頼の仕方については，「第4章　マナー・接遇」（p.224の演習問題）でも学んでいます。改めて確認しておきましょう。

C　A　L　N　E

演習問題

　秘書Aは上司から，来週の出張日程が変更になり11月15日の帰社予定が16日の夕方になったと言われた。16日は，午前10時に取引先との面談，午後2時に業界団体事務所で打ち合わせの予定が入っている。この出張日程の変更に当たってAが対処しなければいけないことを，順を追って箇条書きで答えなさい。

解答例
1．16日の2件の予定への対応を上司に確認する。
2．上司に確認したことを，取引先と業界団体へ連絡する。
3．予定表や旅程表を作り直し，関係者に連絡する。
4．帰りの交通機関のチケットを変更し，宿泊を延長する。
※出張日程の変更で生じた上司のスケジュールへの対応と，出張の準備で行ったことの変更を，具体的に答えます。

6 オフィス管理

Lesson 1 用紙と封筒

秘書業務でよく使われる用紙の判型はＡ判とＢ判です。ビジネス文書でよく使われる用紙はＡ４判，社交文書などで使う便箋の多くはＢ５判です。

❶ 用紙サイズ

用紙のサイズは，Ａ判・Ｂ判ともに，数字が一つ増えると半分の大きさに（数字が一つ減ると２倍の大きさに）なります。

Ａ４判を二つ折りにしたのがＡ５判，Ａ４判を２倍の大きさにしたものがＡ３判です。

一般のコピー機で使われる用紙は，小さいものから順にＢ５＜Ａ４＜Ｂ４＜Ａ３です。

用紙と列番号の関係

A2	
A4	A3
A6	A5

用紙の列番号の寸法

B 判		A 判	
列番号	寸法 （mm）	列番号	寸法 （mm）
B0	1,030 × 1,456	A0	841 × 1,189
B1	728 × 1,030	A1	594 × 841
B2	515 × 728	A2	420 × 594
B3	364 × 515	A3	297 × 420
B4	257 × 364	A4	210 × 297
B5	182 × 257	A5	148 × 210
B6	128 × 182	A6	105 × 148

定形最大の封筒（長形３号）はＡ４判の用紙を三つ折りしたものが入るサイズです。「長３」とも呼びます。用紙を折らずに入れる大型の封筒は，角形といいます（Ａ４判の用紙が折らずに入る封筒の大きさは角形２号）。

※定型最大：定形郵便物として郵送できるサイズの最大値のこと。

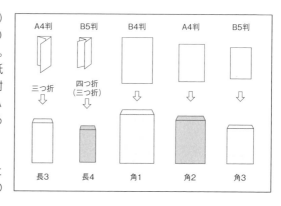

役員交代のあいさつ状や格式を重んじる式典の案内状は，角の丸いカードに印刷し，洋形の封筒で送ります。

洋形封筒

 過去問題でポイントチェック！
POINT CHECK

次は，用紙や封筒の大きさとその説明の組み合わせである。中から<u>不適当</u>と思われるものを一つ選び，その番号を（　　）内に答えなさい。

1．A6判　　　　＝　文庫本1ページ分の大きさ
2．A3判　　　　＝　この問題用紙2ページ分の大きさ
3．タブロイド判　＝　普通の新聞紙1ページの半分の大きさ
4．角形2号　　　＝　A4判の用紙が折らずに収まる大きさ
5．長形3号　　　＝　A4判の用紙を二つ折りにして収まる大きさ

※「この問題用紙」：実際の，秘書検定の問題用紙

（　　　　　）

 Answer CHECK

長形3号は，A4判の用紙を三つ折りにして収まる大きさです。

解答　5

Point here!
ここがポイント！

秘書検定の問題用紙1ページはA4判

秘書検定試験の問題用紙の1ページはA4判です。従って，見開き（2ページ分）の大きさはA3判になります。
問題用紙1ページの大きさ（A4判）は，本書を開いたときの左右2ページ（見開き）の大きさと同じです。

必要とされる資質

職務知識

一般知識

マナー・接遇

技能

面接

上司の部屋は，上司が仕事を効率よく行えるように，また，社内外の人を迎え入れる際の動線や印象を考慮してオフィス家具などを配置し，日々，清掃や整理整頓に気を配ります。

過去問題でポイントチェック！
POINT CHECK

秘書は上司の部屋の整備に特に気を使わないといけない。それはなぜか。考えられる理由を箇条書きで具体的に三つ答えなさい。

解答例
1．上司が快適な環境で仕事ができるようにするため。
2．上司の地位にふさわしい部屋の品格を保つため。
3．上司の部屋の印象は会社の印象にもつながり，会社や上司が信頼される基となるため。

環境整備の必要性　ポイントは身だしなみと共通

部屋の整備に気を使う理由は，①仕事のしやすさ（機能性），②上司の印象形成，③会社の印象形成の３点が軸になります。
３点の軸は，身だしなみを整える理由と同じです。

❶ 上司の部屋のレイアウト

- 上司が集中して執務できるように配慮したレイアウトにする。
- セキュリティー（機密保持）を考慮する。
- 上司の職位にふさわしい品格が感じられる家具を配置する。
- 秘書との連携を取りやすい配置にする。

❷ 上司の執務机の配置

- 上司の仕事の機密性が確保できる配置（出入り口から見えない位置）にする。
- 採光に配慮する。
- 冷暖房の風が直接当たらないように配置する。
- 秘書の動きが気にならないように配置する。

❸ 秘書の机の配置

- 来客が通る場所に配置する。

❹ 日々の環境整備

快適なオフィス環境を整えるためには，照明，室温，空調，防音などへの気配りが必要です。

掃除をするときの留意点

- ソファは，布張りの場合はブラシや掃除機でほこりを取り，汚れは固く絞った雑巾で拭く。革張りの場合はから拭きするか専用のクリーナーで拭く。
- 置物は，羽根ばたきでほこりを払うか，から拭きする。
- 観葉植物は，枯れ葉を取り除き，固く絞った布で葉の部分を軽く拭く（濡れたティッシュペーパーでもよい）。
- 油絵は，時々，筆などでほこりを払う。

解答の仕方〈技能〉

「技能」の領域では，3問出題されます。記述式の出題がほとんどですが，選択問題が出題されることもあります。
文書の作成に関する問題は，ほぼ毎回出題されています。

Lesson 1 「マナー・接遇」領域の知識も必要な問題

慶弔や贈答などに関わる社交文書の作成に当たっては，マナー・接遇の領域の知識が必要となる場合があります。採点のポイントになっていることも多いので注意が必要です。

過去問題でポイントチェック！
POINT CHECK

秘書Aは上司から，「取引先の社長が77歳を迎えるので，祝い状を送ってもらいたい」と指示された。この場合の祝い状を，健康で長生きしてもらいたいという内容を盛り込み，下の枠内に完成させなさい。

謹啓　向暑の候、ますますご健勝のこととお喜び申し上げます。

まずは、略儀ながら書中をもってお祝い申し上げます。　敬白

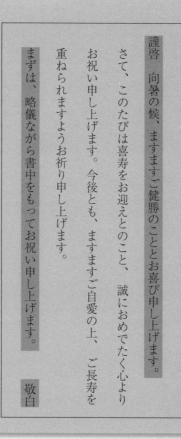

謹啓　向暑の候、ますますご健勝のこととお喜び申し上げます。

さて、このたびは喜寿をお迎えとのこと、　誠におめでたく心より
お祝い申し上げます。今後とも、ますますご自愛の上、　ご長寿を
重ねられますようお祈り申し上げます。

まずは、略儀ながら書中をもってお祝い申し上げます。

敬白

賀寿は全て漢字で書けるように

前文と末文は既に記載されているので，答えるのは主文のみです。
①1文字下げて「さて，」から始まる祝いの言葉，②77歳なので「喜
寿」，③これからも元気で長生きしてほしいと祈る言葉，が書け
ているかどうかが採点のポイントです。「喜寿」が書けなかった
場合は，「第4章　マナー・接遇」(p.233)に戻って，70歳の場合，
80歳の場合など，他の年齢についても全て復習しておきましょう。

順を追って手順を答える場合，ポイントとなる動作や作業を時系列に並べます。その際，問題文に示されている条件や状況に応じた項目も必要になります。

過去問題でポイントチェック！

P O I N T   C H E C K

秘書Aは上司から，「秘」の印の押された書類を渡され，「M社のF専務に至急郵送してもらいたい」と指示された。このような場合の，適切な送り方から送った後にすることまでを，順を追って箇条書きで答えなさい。

解答例

1．封筒は二重にし，中の封筒に「秘」の印を押して書類を入れる。
2．外の封筒の表面に「親展」の表示をし，簡易書留の速達扱いで送る。
3．発信簿に，送付日，送付物，送付先，送付方法などを記録する。
4．M社のF専務秘書に電話し，F専務宛てに書類を送ったことを知らせる。
5．上司に，F専務に書類を送ったことを報告する。
6．簡易書留の受領証の引受番号を用いて，インターネットで配達状況を確認する。

秘扱いの書類の封入の仕方，郵送の仕方，確実に相手に届くような手配が答えとなります。また至急ということですから，速達扱い。確実さが求められる業務なので，上司への報告も必要となります。

ここが
ポイント!

問題文に提示されている状況への対応を忘れずに

「秘」扱い文書の送り方についての問いなので，封入から郵送，到着の確認までの手順を答えます。しかし，それだけでは，この問題に対応し切れていません。問題文で「M社のF専務に」「至急郵送」とありますので，F専務秘書への連絡と至急についての対処（郵送法）が必要になります。上司への報告についても書ければ，完璧です。

普段の業務で当たり前のように行っている基本事項は書き落としがちです。順を追って箇条書きで，という問題で，解答数の指示がない場合は，思いつく限り書き出してみましょう。

Lesson 3 状況の想定を求められる問題

日程管理に関する問題では，上司のタイプ（せっかち，時間を気にしない，など）や体調不良などの状況が提示されて，それについての対処を答える形式が定番ですが，下の問題は，上司のタイプを想定することから始まります。

過去問題でポイントチェック！
POINT CHECK

上司の行動がスケジュール通りにいかないことがあるとすれば，それはどのようなときか。上司に原因があると想定したケースを二つ挙げなさい。また，スケジュール通りに行動してもらうにはどのようにすればよいか。想定したケースについての対応策をそれぞれ二つずつ答えなさい。

解答例
1. 上司が予定を忘れたり，時間を気にしなかったりするとき。
   a 予定を都度，早めに念を押すようにする。
   b 予定が続いているときは，次の予定をメモして渡しておく。
2. 上司の体調がよくないとき。
   a 体調を確認して，負担が少なくなるようにスケジュールを組む。
   b 内容や前後の予定によっては，代理や延期などの調整を提案する。

上司の行動がスケジュール通りにいかないときは，まず何が原因かを考え，それについて対応策を取る必要があります。ここでは，上司に原因があると想定する問いなので，その例を挙げて，秘書としての対応策を具体的に答えることになります。

全体を捉えて問題ケースを想定する技能

Aの場合は～，Bの場合は～，と状況を設定するところから答えよという出題です。この問題ではケースを二つ想定するだけなので難しくはなかったかもしれませんが，三つ想定だったらどうでしょうか（過去には三つ問われたこともあります）。

例えば，「上司が自分で予定を入れてしまう」というケースを挙げて，対応策を「a 予定を入れるについては，他と重ならないか確認してからにしてもらう。 b 次の予定を入れそうな用件で外出したり人と会ったときは，戻ったら確認する。」と答えるのもよいでしょう。

学習に当たっては，全体を捉えてから個々の細かいポイントを確認する，という取り組み方をしておく必要があります。まず全体を示すことは，実際にビジネスの場で後輩指導や業務マニュアルの作成を行う際に必要なスキルでもあります。

esson 4　状況変化への対応を問われる問題

上司のタイプや状況が変化したとき，対処の仕方をどのように変えればよいかという問題です。変化前の対処の仕方と今後の対処の仕方を比較するように解答します。

過去問題でポイントチェック！
POINT CHECK

秘書Aの上司（部長）は最近年齢のためか，疲れたというようなことをしばしば口にするようになった。上司のスケジュールは，せっかちな性格の上司に合わせたものになっている。このような場合，スケジュールの組み方について見直したり配慮したりすべきことを箇条書きで三つ答えなさい。

解答例
1．予定と予定の間に際のない組み方をしていたのを，今後は余裕を持って組み，会議や面談などの前後には予定を入れないようにする。
2．予定が変更になって時間が空いたとき，別の仕事を入れるなどしていたのを，今後は空けたままにしておく。
3．上司の体調を気にし，要望を聞きながら予定を組むようにする。

せっかちな性格の上司に合わせたスケジュールになっているということですから，余裕のないものになっているのでしょう。であれば余裕を持たせたものにすることになりますが，この場合，余裕をどこに持たせるかが答えになります。解答例の他に，「上司の仕事の中で課長が代行できそうなものがあれば，上司に確認してみる」などもよいでしょう。

ここが
ポイント!

以前どのようにしていたかも書く

まずは，問題文をよく読みます。年齢のためか疲れたと言うようになった上司への対応を答えればよいと早合点してはいけません。「せっかちな性格の上司に合わせたものになっている」とあるので，＜今まで＞のスケジュールの組み方（＝せっかちな性格に合わせた組み方）に言及した上で，それをどのように変えるかについて答えることになります。
せっかちな性格への対応が分かっていることと，高齢で体調への考慮が必要な場合の対応が分かっていること。二つのポイントが問われている問題です。

必要とされる資質

職務知識

一般知識

マナー・接遇

技能

面接

Lesson **5** 選択形式の問題

技能の領域の選択問題は，株主総会，あいさつ状，祝賀会の招待状，用紙の判型など
について出題されています。「一つ」選び番号を答える他，「二つ」選ぶ場合，選ぶ数
が指定されていない場合など，問題によって選択数が異なるので，注意が必要です。

Q 過去問題でポイントチェック!
P O I N T   C H E C K

次は「株主総会」について述べたものである。中から不適当と思われるものを
一つ選び，その番号を（　　　）内に答えなさい。

1. 会社の株を持っている人が集まる，最高意思決定機関である。
2. 必ず開催される定時株主総会と必要なときに開かれる臨時株主総会が
   ある。
3. 定時株主総会は事業年度終了後3カ月以内に開催される。
4. 取締役の選任，決算の承認，配当額の決定などを行う。
5. 株主総会の決議は多数決で決まるが，株式の保有数には関係ない。

（　　　　　　　　）

株主総会では，株式1株ごとに1個の議決権が与えられます（一株一議決権の原則）。従って，株式
の保有数には関係ないなどは不適当ということです。

解答　5.

選択肢の表現に惑わされない

ここが
ポイント!
「多数決」という言葉に「賛成の人が多数で可決」というイメージ
を描いてしまうと，不適当な選択肢5. を選べなくなってしまいま
す。一株一議決権ということは，千株を保有している人は千の議決
権を行使できるということです。「株式の保有数には関係ない」の
であれば，何株持っていても一人一議決権ということになってしま
うので不適当。意味が取りにくい場合は，このように具体的に考え
てみるとよいでしょう。

過去問題でポイントチェック！
POINT CHECK

秘書Aは，会社創業30周年記念祝賀会の招待状を作成し，それを発送することになった。次は，このような場合の招待状の作成や発送について述べたものである。中から不適当と思われるものを二つ選び，その番号を（　　）内に答えなさい。

1. 用紙は，角丸のカード用紙を使う。
2. 文章は縦書きにし，句読点は打たなくてもよい。
3. 文章の書体は草書体がよい。
4. 封筒は洋形にして，宛名は縦書きにする。
5. 送付数が多い場合は，料金別納郵便にする

（　　　　　）（　　　　　）

解答　3，5

改まった気持ちや格式を表す送り方

あいさつ状や招待状でも，文章（文書の中身）は普通の書体（明朝など）で構いません。特に格式を重んじる場合は，楷書体を用いることもあります。楷書は筆文字ですが，一画ごとに筆を離して書く書体で，読みやすく，きちんとした印象になります。
封筒の宛名には楷書体を用います。
草書体は速く書くための書体で，点画を省略したり，くずしたりしているため，改まった書状には不向きである上，そもそも現代では，専門的な知識がなければ読めない字もあり不適当です。
料金別納郵便は，切手を貼る手間を省くことができる郵送方法です。記念祝賀会の招待状のような，格式を重んじる文書を送る場合は，送付数が多くても手間を惜しまず，一通ずつ丁寧に，慶事用の切手を貼ります。

必要とされる資質｜職務知識｜一般知識｜マナー・接遇｜技能｜面接

357

● 改まったあいさつ状や招待状の宛名

秘書検定では「宛名は縦書きで，毛筆にする（毛筆の書体で印刷する）」(p.328)
としていますが，宛名は改まった印象とともに，相手に確実に郵送されなければ
なりませんので，楷書が適当です。
草書体は流れるような美しい字形が特徴で，点画がかなり省略された上に続け字
になっているため，読み取るのが難しい字が多く，宛名には不向きです。楷書と
草書の中間ともいえる行書体は，曲線的な形が特徴の書体です。草書よりは読み
やすいので，手書きの手紙の文章に使われることもありますが，相手にきちんと
届けるための宛名となると，やはり楷書体が適切でしょう。

● 句読点を打たない理由

格式を重んじるあいさつ状や年賀状などでは句読点を打たないのがよい，といわ
れます。その理由としては，
①「古来，日本語の筆記（毛筆）では句読点を使わなかったから」
②「読みやすくするためという気遣いがおこがましく，相手に失礼だから」
③「句読点は終わりや区切りを意味するので縁起が悪いから」
のように諸説あります。②は，昔，教養の高い人は漢文をそのまま（白文で）読
めたので，返り点（レ点や一・二点など）を打ったり書き下し文にするなどは余
計な気遣いで失礼，ということに由来しているようです。
しかし，句読点を打ってはいけないという決まりがあるわけではありません。文
や文章が長くなれば，句点（。）や読点（，）がないと読みにくく，また，違う意
味に読めてしまう恐れもあります。
あいさつ状は，格式を重んじる場合には「句読点を打たないこともある」「一般
的には句読点を打たないことが多い」と理解しておけばよいでしょう。

実際に過去問題を解いてみよう

1 次の会議に関する用語を簡単に説明しなさい。 チェック！ ☐ ☐ ☐

1）諮問
2）採択
3）定足数
4）キャスチングボート

2 秘書Aは，上司主催の部長会議の終了予定時間に会議室の外で待機していた。そこへ会議室から上司が出てきて，「会議を1時間延長することになった。今は休憩時間だ」と言う。このような場合，Aが対処することを，順を追って箇条書きで答えなさい。 チェック！ ☐ ☐ ☐

3 秘書Aは上司（企画部長）から，「企画課の努力によってヒット商品が生まれた。慰労会をしてあげたいので，幹事として準備をするように」と指示された。このような場合の次の①～③について，どのようにするのがよいか。理由とともに答えなさい。 チェック！ ☐ ☐ ☐

①　慰労会の形式や場所の決め方。
②　日時の決め方。
③　課員から二次会に誘われたら，Aはどうするのがよいか。

4 次の各文を，手紙の慣用表現に直して答えなさい。 チェック！ ☐ ☐ ☐

1）どうか事情を察して許してください。
2）こういう時期だから体を大切にされるよう祈ります。
3）以前にも増して支援してください。

5 秘書Ａは出張から戻った上司から，出張中世話になったＬ氏へ礼状を出すようにと指示を受けた。この礼状に，「期待していた目的を達成できた」という内容を盛り込み，下の枠内に完成させなさい。

拝啓　時下ますますご清祥のこととお喜び申し上げます。

今後とも、変わらぬご支援のほどお願いいたします。

まずは、略儀ながら書中をもって御礼申し上げます。

敬具

必要とされる資質

職務知識

一般知識

マナー・接遇

技能

面接

●チェック！

6 秘書Aの上司（営業部長）はJ営業所に出張している。その上司から終業時間間際に，「今作成している営業用パンフレットの原稿の一部をファクスで送ってもらえないか。それと課長に代わってもらいたい」という電話が入った。Aは原稿のある場所は知っている。課長は外出していて予定ではもう戻るころである。このような場合，Aは上司にどのようなことを言うのがよいか。箇条書きで四つ答えなさい。

●チェック！

7 下の枠内の用語は頭語と結語である。次のそれぞれについて答えなさい。

| 1 不一 2 謹啓 3 頓首 4 冠省 5 敬白 6 拝復 |

1）枠内の用語を頭語と結語に分け，その数字を番号順に（　　）内に書きなさい。

頭語　（　　　　　　　　　）
結語　（　　　　　　　　　）

2）「不一」「頓首」「冠省」の読み方を平仮名で（　　）内に書きなさい。

不一　（　　　　　　　　　）
頓首　（　　　　　　　　　）
冠省　（　　　　　　　　　）

●チェック！

8 秘書Aと同期のFの父親（地方在住）が亡くなった。Aは同期のBとCの三人で香典を送ることになり，Aがまとめ役をすることになった。このような場合Aが，二人の香典を集めた後行うことを，箇条書きで答えなさい。

1．宗教が分からなかったので，「御霊前」の香典袋を用意した。
2．二人の香典を集めた。
（以下，3．から答えなさい）

9 次は秘書Ａが，上司から指示されて書いた社交文書の一部である。（　　）内の意味から考えて，下線部分に入る適切な慣用表現を答えなさい。

1) ご出席くだされば ＿＿＿＿＿＿＿＿＿＿＿＿＿＿＿＿。
（非常に幸せに思う）

2) このたびの不始末，＿＿＿＿＿＿＿＿＿＿＿＿＿＿＿＿。
（心の底からわびを言う）

3) ＿＿＿＿＿＿＿＿＿＿＿＿＿＿，何とぞよろしくお願い申し上
（こちらの意向を酌み取って）
げます。

4) もとより ＿＿＿＿＿＿＿＿＿＿＿＿＿＿＿＿，鋭意努力いたす所存
（学識も浅く未熟者ではあるが）
でございます。

5) ＿＿＿＿＿＿＿＿＿＿＿＿＿＿＿＿社屋が完成されたとのこと，
（聞くところによると）
誠におめでとうございます。

10 次の各文の下線部分を，手紙の慣用語に直して（　　）内に答えなさい。

1) 寒さに向かう時期だから　体を大切にしてください。
　　　　　　a　　　　　　　　　b

a（　　　　　　　　）b（　　　　　　　　　）

2) あなたにはよそ事でしょうが　心配しないでください。
　　　　　　a　　　　　　　　　b

a（　　　　　　　　）b（　　　　　　　　　）

3）あなたの意向に合わせることができませんが，事情を推察してくだ
　　　　　　　　　　　　a　　　　　　　　　　　　　　　　　b

さい。

　　a（　　　　　　　　　　　）　b（　　　　　　　　　　　）

　　　　　　　　　　　　　　　　　　　　　　●チェック！

11　次は社交文書の一部である。下線部分の空欄に入る適切な慣用語を，
（　　）内の意味から考えてそれぞれ答えなさい。

1）12月1日から営業を開始いたす＿＿＿＿＿＿＿＿＿＿＿＿＿＿。
　　　　　　　　　　（開始することになった）

2）＿＿＿＿＿＿＿＿＿＿を賜りたく，ご案内申し上げます。
　　（出席してもらいたいので　※名誉なことだという気持ちを込めた
　　表現で）

3）＿＿＿＿＿＿＿＿＿＿＿，ご了承くださいますようお願い申し
　　（どうか気を悪くしないで）
　　上げます。

4）＿＿＿＿＿失礼ながら，書面にてお願いを申し出た次第でございます。
　　（非常に失礼だが　※普通の程度をはるかに超えているという表現で）

5）今後は，顧問として社業の＿＿＿＿＿＿所存でございますので，
　　　　　　　　　　　　　（一部を引き受けるつもりなので）
　　引き続きご支援のほどお願い申し上げます。

12 業界団体N協会の事務局長秘書Aが今朝（11月2日）出社すると，Y社から電話があった。Y社会長の中山一郎氏（85歳）が昨夜，心不全のため亡くなったという。通夜，告別式は仏式で行われるということである。Aが上司にこのことを伝えたところ，中山氏はN協会の理事でもあるので，理事全員に悔やみの言葉を盛り込んだ文書をファクスするようにと指示された。この場合の文書を，下の枠内に完成させなさい。

記

通　夜　　11月4日（水）18時より
告別式　　11月5日（木）11時より
場　所　　平和斎場　（新宿区高田馬場5-4-15）
喪　主　　中山和夫様（ご長男）

　なお，供花，供物は辞退されるとのことです。

以上

■ 解答 ◎ 解説 ■

1
1）決定権を持つ人が，有識者や専門機関などに意見を求めること。
2）議案や意見などを正式に採り上げること。
3）会議の成立や議事の議決に必要な最小限の人数のこと。
4）議案の採決で可否同数のとき，議長が行使する決定投票のこと。

2
1．上司に次のことを確認する。
　a　会議は何時から再開されるか。
　b　お茶は入れ替えるか。飲み物の希望はあるか。
2．会議室の使用時間を延長する。次の予約が入っている場合は，予約をしている人に継続して使わせてもらいたいと頼む。
3．関係部署に会議延長の連絡をする。
4．上司の希望に従って飲み物を出す。
5．会議の延長によって，上司の予定に影響するものがあれば調整する。

3
①主催者は部長だから，部長の意向を酌んで提案し決めてもらうのがよい。部長が任せると言えば，課長に部長の意向を伝えて決めてもらう。
②課内行事であり慰労のためだから，仕事に支障がなく課員全員と部長，課長が出られる日を選ぶ。
③二次会は気の合う者同士が気軽に行うものだから，遠慮するのがよい。強く誘われたら，参加するが早めに帰るようにする。

4
1）何とぞ事情ご賢察の上，ご容赦くださいますようお願い申し上げます。
2）時節柄ご自愛のほど，お祈り申し上げます。
3）倍旧のご支援を賜りますようお願い申し上げます。

5

拝啓　時下ますますご清祥のこととお喜び申し上げます。

さて，このたびの貴地訪問に際しましては，ご多忙中にもかかわらず，格別のご高配を賜り，誠にありがとうございました。おかげさまで所期の目的を達することができました。

今後とも，変わらぬご支援のほどお願いいたします。

まずは，略儀ながら書中をもって御礼申し上げます。

敬具

6
1．パンフレットの原稿の一部とは，どの部分か。
2．ファクスの送信先はJ営業所でよいか。
3．課長は外出しているがもう戻るころである。戻り次第電話するよう伝えるがそれでよいか。
4．原稿は今から送るが，見にくいところがあったら連絡をもらいたい。

【解説】　上司に指示されたファクスを，確実に送るために必要なことを確認します。また，外出している課長との連絡の仲介に触れたことも答えます。

必要とされる資質

職務知識

一般知識

マナー・接遇

技能

面接

7 1) 頭語　（　2　4　6　）
　　結語　（　1　3　5　）
　　2）不一　（ふいつ，ふいち）
　　　頓首　（　　とんしゅ　　）
　　　冠省　（　　かんしょう　　）

8 3．二人から集めたお金に自分のお金を加え，大きい金種の紙幣と交換する。
　　4．香典袋に香典を供える人たちの氏名を，右から，B，C，Aと書く。
　　5．悔やみ状を書き，B，Cに見せる。
　　6．悔やみ状を同封し，現金書留で送る。

9 1）幸甚に存じます
　　2）衷心よりおわび申し上げます
　　3）微意お酌み取りの上
　　4）浅学非才の身ではございますが
　　5）承りますれば・承れば

10 1）a　向寒の折から
　　　　b　ご自愛
　　2）a　他事ながら
　　　　b　ご休心
　　3）a　貴意に沿いかねますが
　　　　b　ご賢察・ご高察

11 1）運びと相成りました
　　2）ご来臨の栄
　　3）何とぞあしからず
　　4）甚だ
　　5）一端を担う

12

令和〇年11月2日

理事各位

N協会事務局

　　　　　訃　報

　当協会理事，Y社会長中山一郎氏が11月1日，心不全のため85歳で逝去されました。ここに故人のご冥福をお祈りし，謹んでお知らせ申し上げます。
　通夜および告別式は，仏式にて下記の通り執り行われます。

　　　　　記

通　夜　　11月4日（水）18時より
告別式　　11月5日（木）11時より
場　所　　平和斎場（新宿区高田馬場5-4-15）
喪　主　　中山和夫様（ご長男）

　なお，供花，供物は辞退されるとのことです。

以上

Perfect Master

第6章

面接

　筆記試験に合格すると，二次試験として面接試験が行われます。秘書検定の面接試験は，ロールプレーイング（役割演技）の形式で行われます。習得した知識を実際に体現できるかどうか，秘書の役を演じる受験者の「態度」「振る舞い」「言葉遣い」「話し方の調子」「物腰」「しぐさ」「身なり」などが審査されます。

　審査の基準は，上級秘書として「普通を超えた，感じのよい話し方の調子，言葉遣い，態度，振る舞いである」かどうかです。

面接試験の概要

❶ 秘書検定の面接は「ロールプレーイング」

秘書検定1級の面接試験では，上司への「報告」，来客への「応対」を，秘書として演じます。そのロールプレーイング（役割演技）によって，1級の資格にふさわしい秘書技能が体現できるかが審査されます。

❷ 面接試験の概要

◆試験は2人一組で行われます。

◆試験は一組が約11分間です。

◆試験の内容はロールプレーイング（役割演技）です。

◆全体を通して，所作や立ち居振る舞い，表情・視線，話し方，言葉遣いが審査されます。

◆準1級の面接試験では，丁寧さやきちんとしていることの「基盤」があることが合格基準でした。1級の合格基準は，「基」となることが「こなれている」（身に付いている）こと。つまり「普通を超えている」という水準に達しているかどうかが審査されます。

❸　面接試験の課題は「報告」と「応対」

「報告」と「応対」は，受験者それぞれ異なる課題が出題されます。

　試験の直前に控室（課題を読む席）で，課題（報告と応対）が提示されます。
　課題を読む時間は，「報告」と「応対」合わせて5分間です。

「報告」

　報告課題は 200 文字程度。
　課題を読み，上司に報告する言い方（言葉遣い）に直して記憶します。
　面接室では，上司役の審査員に対して，記憶した内容を報告します。
　課題を棒読みするのではなく，実際にオフィスで上司に報告するときの言い方，立ち居振る舞いで伝えます。

「応対」

　控室で提示された課題には，上司の状況や，そこへどのような客が訪れたかなどの設定が明示されています。その状況を把握し，来客に対してどのような応対をするか考えておきます。
　面接室では，「報告」の課題を受験者二人が終えた後，来客役の審査員を相手に一人ずつ，課題で設定された状況に応じた応対をします。

❹　審査のポイント

面接試験では，次の項目が審査されます。
- 態度・振る舞い・しぐさ・物腰（きちんとしていて謙虚さや柔らかさ，温かみが感じられる。丁寧で落ち着いた印象。姿勢，動作，お辞儀）
- 表情，視線（明るさ，柔和，親しみやすさ，相手をきちんと見る）
- 話し方の調子（丁寧で，生き生きとした調子。声の大きさ，速さ，抑揚，張り，滑らかさ）
- 言葉遣い（敬語，接遇用語，改まった言い方）
- 身なり（ビジネスの場にふさわしい服装，髪形）
- 「報告」と「応対」の課題だけではなく，全体を通して，感じがよく，きちんとしていて丁寧かどうかが審査され合否が判定されます。
　丁寧であっても，「ぎこちない」「ぎくしゃくしている」ようでは，1級レベルの秘書とはいえません。「こなれて」いて，生き生きしていることが大切です。受験に際しては，「慣れる」まで十分に練習しておく必要があります。

> 試験に臨む前に，身だしなみを整え，立ち居振る舞いの基本を確認しましょう。

① 身だしなみ

服装そのものは審査されませんが，やはりきちんとスーツを着ていると，改まった雰囲気になるものです。服装は全体の印象を左右する重要な要素だということを理解して，スーツなどビジネスの場にふさわしいものを着用するのがよいでしょう。

	項目	チェックポイント
1	髪形	お辞儀をしたとき，髪が前や横に垂れ下がらないよう，清潔感のある髪形にする
2	化粧	派手にならないように注意し，自然な感じに整える
3	服装（スーツ）	学生は制服でもよい 女性はスーツのボタンは全て留める 男性は一番下のボタンは開けてもよい 女性のストッキングは肌に近い色が好ましい
4	アクセサリー	控えめなものを着けるのはよいが，大ぶりで派手なものは好ましくない
5	靴	スーツに合わせたタイプがよい かかとの擦り減り，汚れなどは無い方が好ましい 女性は中ヒール程度のパンプスなどがよい ビジネスの場なので，ブーツやサンダル，スニーカーなどのカジュアルなものは不可
6	爪	長過ぎないように整える 女性はマニキュアをする場合，派手な色は避ける
7	その他	香水などの香りの強いものは避ける

② 面接試験での立ち居振る舞い

立ち居振る舞いのポイントは，準1級と同様，以下の通りです。いずれも，1級レベルの秘書にふさわしく，きちんとした印象になるよう，細部にまで注意し，「身に付く」まで十分に練習しておきましょう。

① 立ち方の基本

横から見られたとき，耳，肩，手，くるぶしが一直線に並ぶようにする。

背筋を伸ばし，膝裏を伸ばす。体の重心が中央にくるように意識して，かかとをつけ，安定して立ち姿を保てるよう，爪先（つまさき）を少し開く。

手は体の前で重ねる。男性は，手を体の脇（ズボンの縫い目）に付け，指をそろえて伸ばすのでもよい。

審査員の前では，この姿勢から体を前に傾ける（前傾姿勢。次ページ②）。

よい例　　　　　　　悪い例

肘を張らない
かかとをずらさない
（秘書検定の面接試験では，ビジネス的ではないので推奨しません。）
後ろで手を組まない
足を開かない

手の位置・組み方の例

指はそろえて伸ばす。
指を開かない。特に，親指を開いたり動かさないように注意する。

左右の手を親指の付け根で合わせて組み，親指を隠すと，組んだ手が安定する。

緊張しても，手を握らず，指を伸ばした形を保つ。

手を組むときはしっかりと組み，緩ませない。

初めにきちんと重ねたり組んだりした手が，次第に緩んだり外れたり，また緊張を抑えるために握ったり指を動かしたりなどの例が見受けられます。

手には心の動揺が表れやすく，また体の中央に置かれるので大変目立ちます。

上級秘書の落ち着いた雰囲気を壊さないよう，指先にまで気を行き届かせましょう。

必要とされる資質

職務知識

一般知識

マナー・接遇

技能

面接

② 審査員の前に立つとき

審査員の前に立つときは、「前傾姿勢」を取る。前傾姿勢とは，秘書が上司やお客さまの前に立つとき，体を少し前（会釈程度）に傾ける姿勢（体の構え）のこと。上司やお客さまに対する謙虚な姿勢が表現されて，秘書らしい雰囲気になる。

前傾姿勢を崩さずに保ち，
顔は審査員に向けて，
審査員の目を見て話す。

最初のあいさつ：審査員の前に立ったら，すぐに前傾姿勢を取る。
お辞儀をした後，体を起こしたら，またすぐに前傾姿勢に戻る（前傾しないと，着席している審査員からは，棒立ちで見下ろされているように見えるので注意が必要）。
視線は審査員3人に向ける。
「報告」課題：上司役の審査員に向かって前傾姿勢で報告する。
視線は上司役に向ける（他の審査員の方は見ない）。
「応対」課題：来客役の審査員に向かって前傾姿勢で応対する。
お辞儀をした後は，前傾姿勢に戻る。
腰の低さを特に意識する。
コメントを聞くとき：前傾姿勢で審査員の話を聞く。

③ 歩き方

視線は前方に向け，前に振り出した足はかかとから着地し，直線上を歩くつもりで，膝を伸ばして歩く。
腕は体の脇で，自然に振る（振り過ぎない）。手を組んだままで歩かない。

④ 座り方

椅子の前に立ち，審査員の方を向いて「失礼いたします」と言って会釈する。
（「報告」や「応対」の課題の後，もう一方の受験者が呼ばれて課題が始まったときは，

声を出さず会釈のみ）

一呼吸おいてから腰かける。

椅子の背もたれに寄りかからず，背筋を伸ばして座る。

女性：膝を合わせ，足をそろえる。足は横に流さず，まっすぐに立て，かかとを付ける。手はももの上に重ねて置く。

男性：膝の間は，こぶし一つ分空けてよい。手を軽く握り，両ももの上に置く

<table>
<tr><td>よい例</td><td>悪い例</td></tr>
</table>

（秘書検定の面接試験では，ビジネス的ではないので，推奨しません）

⑤ 立ち上がり方

呼ばれたら「はい」と返事をしてから，すっと一気に立ち上がる。足をそろえて，椅子を背にしたまま，いったん止まる。膝が伸びてから歩き出す。

> ● **動作を切り替えるときは，いったん止まる**
>
> 椅子に座るときは，会釈した後，一呼吸おいて座ります。また，椅子から立ち上がるときも，立ち上がったら足をそろえていったん止まり，一拍おいて歩き出します。「報告」の課題の際にも，指定された位置に立ったら一度止まって前傾姿勢を取り，それから上司役の審査員に「失礼いたします」と声をかけます。この「いったん止まる」ことによって，丁寧さや改まった「感じのよさ」を印象付けることができます。

必要とされる資質

職務知識

一般知識

マナー・接遇

技能

面接

⑥ お辞儀

頭から腰までが一直線になるように，首は曲げずに腰から上をさっと前に倒す（お尻を後ろに引くようにするとバランスが取りやすい）。倒しきったところで一度止まり，ゆっくりと体を起こす。体を起こしたら審査員に視線を向け，すぐに前傾姿勢に戻る。

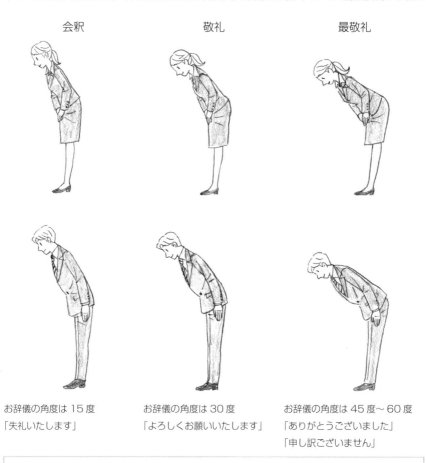

会釈	敬礼	最敬礼

お辞儀の角度は 15 度
「失礼いたします」

お辞儀の角度は 30 度
「よろしくお願いいたします」

お辞儀の角度は 45 度〜 60 度
「ありがとうございました」
「申し訳ございません」

> 緊張すると，お辞儀が浅くなる傾向があります。会釈，敬礼，最敬礼それぞれ，面接試験では「少し深めに」と意識して行うぐらいがちょうどよいようです。

※上体を起こしたとき，顔にかかった髪を払うために首を振るのは見苦しいので，しないように気を付ける。癖になっていて無意識に首を振っていることもあるので，チェックが必要。

● **お辞儀はテンポが重要**

お辞儀をするときは，体をさっと前に倒し，一度止まってから，ゆっくりと体を起こします。体を前に倒すのがゆっくりだと，もたもたした，いかにも不慣れな感じになってしまいます。また，一度止まらずに体を起こしたり起こすスピードが速かったりすると，丁寧さに欠けたぞんざいな印象になってしまいます。「さっと倒して，一度止まって，ゆっくり起きる」テンポが大切です。

❶ 控室

面接会場の受付で受験票を係員に手渡し，面接試験の受け方についてのプリントを受け取ります。控室では空いている席に座り，プリントを読んで，落ち着いて待ちます。係員から，名前を呼ばれる時間が伝えられます。その時間までは，参考書などを読んでいて構いません。携帯電話は電源を切ります。

集合時間ごとに，係員から，「前傾姿勢」についての説明があります。本書（p.372）でも，またＤＶＤ『秘書検定１級面接合格マニュアル』でも，上司やお客さまに対する秘書の謙虚な姿勢を表す姿勢として解説している，重要な体の構えです。このとき，係員が前傾姿勢の見本を実演しますので，ぜひ，参考にしてください。その後は、左胸に番号札を着けて待ちます。

試験の７分前になると係員から名前を呼ばれます。荷物を持って「課題を読む席」に移動します。課題を５分間で黙読し，内容を覚えます。課題用紙を面接室に持って入ることはできません。持ち帰ることもできません。記憶するためにメモを取るのは構いませんが，メモしたものを面接室に持って入ることはできません。時間になり係員から声をかけられたら，指示に従って課題用紙を返却し，係員の誘導で面接室へ移動します。

(A)
＝ 秘書技能検定１級面接試験　課題 ＝

< 報告 >　※以下の内容を，上司に報告してください。

　NPO法人が企画，運営する「キッズフリマ」が全国で開催されているそうだ。
　子ども専用のフリーマーケットのことで，大人は場外から見守るのだという。
　販売価格帯は10円から100円程度で，上限は500円とのことだ。
　開催の目的は，物を大切にする心を学び，接客や値段の交渉を通して金銭感覚やコミュニケーション能力を養うことだという。
　日本はマネー教育を受ける機会が少ないとの調査結果もあり，この取り組みは広がりつつあるという。

< 応対 >※以下の状況設定で，来客役に応対してください。

　あなたは，山田部長秘書である。
　部長は，「常務のところに行ってくる。私はいないことにしておいてもらいたい」と言って席を外した。
　そこへ取引先の人が尋ねたいことがあると言って不意に訪れた。

(以 上)

© 公益財団法人 実務技能検定協会

面接課題例

受験者２人に，異なる内容の課題が渡される。

５分間で，「報告」の課題を覚え，「応対」の状況設定を把握する（応対のプランを考える）。

❷ 面接室

面接試験では，課題の部分だけでなく，全ての所作について審査されます。

入室⇒あいさつ⇒着席の流れ

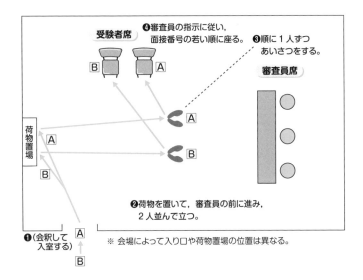

①入室する

- 2人一組で係員の案内で入室する。
- 係員がドアを開けるので，面接番号順に入室する。一度立ち止まり，審査員に向かって「失礼いたします」と明るく張りのある声で言って，会釈をし，荷物を所定の場所に置く。
- 2人並んで，審査員の前に立つ。

② あいさつ

- 面接番号順に，面接番号と氏名を名乗り，あいさつする (p.380 イラスト)。
  「面接番号○○番，△△□□と申します。よろしくお願いいたします」と言って，
  お辞儀（敬礼）。
- 審査員の指示に従って，着席する。（審査員に近い席から，面接番号順に着席する）
- 着席するときは，椅子の前で向き直って止まり，審査員に向かって「失礼いたします」
  と言って会釈をしてから腰を下ろす。
- 着席したら，指示があるまで姿勢を崩さず前を向いて待つ。

③ 「報告」課題

- 面接番号順に 1 人ずつ行う。呼ばれたら「はい」と返事をして立ち上がる。足をそ
  ろえて一呼吸おき，歩き出す。指定された位置に立ち，上司役の審査員に向かって，
  前傾姿勢を取る。（以後，報告中は，お辞儀以外は前傾姿勢を保つ）

  「報告」の課題中は，上司役の審査員だけを見て行う。他の 2 人の審査員の
  方に視線を向けない。（上司への報告中に視線をそらすことのないように）

- 上司役の審査員に向かって，「失礼いたします」と言ってお辞儀（会釈）をし，「○○
  についてご報告申し上げたいのですが，ただ今お時間（は）よろしいでしょうか」
  などと尋ねる。（他の審査員にもはっきりと聞こえる大きさの声，明るく生き生き
  とした調子の話し方で報告する）
- 上司の了承を得て，報告を始める。
  記憶した内容を，秘書が上司に報告する言い方に整えて，報告する。
- 最後に，「以上でございますが，何かご不明な点はございますでしょうか（おありで
  しょうか）」と尋ねる。
- 上司から席に戻るように言われたら，「失礼いたします」と言って会釈し，席に戻っ
  て着席する。このときも，すぐに座らず，椅子の前で審査員の方を向き，一礼して
  から座る。
- もう一方の受験者が呼ばれ課題を行っている間は，姿勢を崩さず前を向いて待機す
  る。

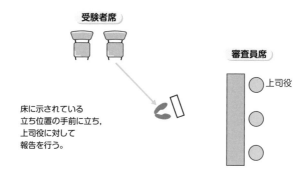

受験者席

審査員席

上司役

床に示されている
立ち位置の手前に立ち，
上司役に対して
報告を行う。

④「応対」課題

- 面接番号順に1人ずつ行う。
  指示に従い，指定された位置に立つ。

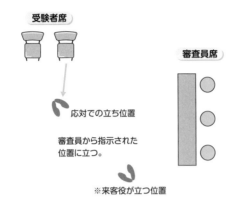

受験者席

審査員席

応対での立ち位置

審査員から指示された
位置に立つ。

※来客役が立つ位置

- 来客役が「ごめんください」などと言って声をかけるので，「いらっしゃいませ」と言って迎え，お辞儀をする（敬礼）。
- 前傾姿勢を取り，来客の名乗りを聞いて（名乗らない場合は，名前を尋ねて），復唱。続いて，控室で示された課題の状況設定に沿って応対する。来客役の演技に合わせ，臨機応変にロールプレーイングを行う。
- 来客役の審査員から「ここまで」と指示があったら，「ありがとうございました」と言って会釈し，自分の席に戻る。
  （もう一方の受験者が課題を行っている間は，姿勢を崩さず前を向いて待機する）
- 2人目の受験者のロールプレーイングが終わると，審査員から指示があるので，2人目の受験者は着席せずに，2人並んで審査員の前に立つ（最初のあいさつと同じ位置）。

⑤ コメントを受ける

- 2人並び，審査員のコメント（それぞれの受験者のロールプレーイングについての寸評や感想）を受ける。

⑥ 退室する

審査員から試験の終了を告げられたら，「ありがとうございました」とあいさつし，荷物を持って退室する。

- 出入り口の手前で審査員の方へ向き直り，1人ずつ「失礼いたします」と会釈をして退室する。

必要とされる資質

職務知識

一般知識

マナー・接遇

技能

面接

❶ あいさつ

入室して荷物を置いたら，審査員の指示に従って，審査員席の正面中央に2人並んで立ちます。
かかとを付けて，体が安定するよう，爪先を少し開きます。背筋を伸ばし，体の前で手を重ねて（男性は両腕を体の脇に伸ばすのでもよい），前傾姿勢を取ります。
審査員に視線を合わせて，面接番号順に1人ずつあいさつをします。

「面接番号〇〇番」，「△△□□と申します」，
「よろしくお願いいたします」
それぞれの間には一呼吸入れて，めりはりをつけ，生き生きとした明るい声で，はっきりと名乗ります。早口にならないように気を付けましょう。
「よろしくお願いいたします」と言い終えると同時に，お辞儀（敬礼）をします。きちんとしたお辞儀ができるかの審査は既に始まっていますので，忘れずに，丁寧に見えるお辞儀の仕方（形とテンポ）を意識して，しっかりと行いましょう。

面接番号〇〇番、
△△□□と
申します。
よろしく
お願いいたします

あいさつが終わると，審査員から，「お二人ともあちらの椅子におかけください」と指示されます。「はい」と返事をして，自分の席（番号の若い方が審査員に近い席）まで行きます。体の前で手を組んだまま歩かないように気を付けましょう。椅子の前で審査員の方に向き直って止まり，手を体の前で重ねて「失礼いたします」と言って会釈をしてから，静かに腰を下ろします。
p.373の座り方のイラストのように，座っているときもきちんと見えるように気を使いましょう。座り方や立ち方，歩き方，全てが審査の対象です。

❷ 報告

審査員から，「最初の課題は『報告』です。報告はあちらの上司役にお願いします」と指示があるので，上司役の審査員（向かって左端の席）の顔を見て黙礼します。続

いて，「そちらの黄色い線の所にお立ちください」と指示されますので，立ち位置を確認してください。「○番の方，お願いいたします」と呼ばれたら，「はい」と明るい声と表情で返事をして，すっと立ち上がります。その場で足をそろえていったん止まり，膝が伸びてから歩き出します。この，一呼吸おいた動作が丁寧な印象をつくります。立ち上がると同時に歩き出すと粗雑な印象になるので注意しましょう。
床に貼られた黄色い線に爪先を合わせるようにして立ち，報告を始めます。

「報告」の課題では，話し方の調子（声の大きさ，速さ，抑揚，張り，明瞭な発音，滑らかさ），話すときの態度（姿勢，立ち居振る舞い，表情，視線），上司に配慮した言葉遣いが審査されます。
（滑らかさとは，つっかえない，言い直しが少ない，「あー」「えー」「えーと」を言わない，語尾の言い方などに変な癖がない，などのことです）

課題例

> ＮＰＯ法人が企画，運営する「キッズフリマ」が全国で開催されているそうだ。
> 子ども専用のフリーマーケットのことで，大人は場外から見守るのだという。
> 販売価格帯は 10 円から 100 円程度で，上限は 500 円とのことだ。
> 開催の目的は，物を大切にする心を学び，接客や値段の交渉を通して金銭感覚やコミュニケーション能力を養うことだという。
> 日本はマネー教育を受ける機会が少ないとの調査結果もあり，この取り組みは広がりつつあるという。

模範ロールプレーイング例

> （指示された位置に立ち，体の構えを前傾姿勢にしてから，張りのある声で）
> 失礼いたします。
> （会釈をして，前傾姿勢に戻る。最後まで，前傾姿勢を崩さずに報告をする）
> （「キッズフリマ」につきまして）ご報告申し上げたいことがございますが
> （ご報告申し上げたいのですが），ただ今お時間（は）よろしいでしょうか。
> （上司役の審査員：「どうぞ」「はい，お願いします」など）
> はい，かしこまりました。
> ＮＰＯ法人が企画，運営する「キッズフリマ」が全国で開催されているそうでございます。

必要とされる資質

職務知識

一般知識

マナー・接遇

技能

面接

子ども専用のフリーマーケットのことで，大人は場外から見守るのだという
ことでございます。
販売価格帯は 10 円から 100 円程度で，上限は 500 円とのことでございます。
開催の目的は，物を大切にする心を学び，接客や値段の交渉を通して金銭感覚や
コミュニケーション能力を養うことだそうでございます。
日本はマネー教育を受ける機会が少ないとの調査結果もあり，この取り組みは広
がりつつあるとのことでございます。
（ご報告は）以上でございますが，何かご不明な点はございませんでしょうか
（おありでしょうか）。

報告を終えて，審査員から「どうぞ（席に）お戻りください」と言われたら，
「失礼いたします」と言ってお辞儀（会釈）し，席に戻ります。椅子の前で審査
員の方に向き直り，きちんと一礼してから腰を下ろします。

① 報告の始め方

指示された位置に立って，上司役の審査員の顔を見て，「失礼いたします」と言って
会釈し，前傾姿勢を取ります。
「（『○○○○』について）ご報告申し上げたい（いたしたい）ことがございますが，
ただ今お時間（は）よろしいでしょうか」と，上司の都合を尋ねます。（「○○について」
は言わなくても構いません）
審査員が「どうぞ」などの了承の言葉を言ったら，「はい，かしこまりました」と言っ
て一拍おいてから，報告を始めます。この一拍が，丁寧で落ち着いた印象をつくり出
します。

② 報告の内容と話し方

控室で記憶した課題内容を報告します。各文の語尾を「～そうでございます」「～と
のことでございます」「～ということでございます」のように変えて，上司への報告
の形に整えます。報告の内容は，課題用紙に書いてあった通りを，順に伝えます。内
容の構成を組み立て直したり，要約したりする必要はありません。
課題には大体，最初にテーマが示され，続いて四つほどの情報が記されています。暗
記力のテストではありませんので，一部が抜けていたり名称や数量・金額などを少々
言い間違えたりしても，審査に影響はありません。ただし，あまりに報告が短か過ぎ
る（報告内容が乏しい）場合は，上司への報告として成立していないと見なされ，合
格ラインに達しないことになります。
報告中は，上司役の審査員から視線をそらさず，明るい表情で話します。上司役に対
して報告をしているので，他の審査員の方を見てはいけません。報告内容を度忘れし
たときも，目を宙に泳がせたりうつむいたりしないように気を付けましょう。

緊張したり内容を思い出すことを意識し過ぎると，早口になったり，抑揚を付けずに棒読みになったり，「あー」「えー」「えーと」などが交じる話し方になってしまいます。また，手指を動かしたり，無用なジェスチャーをしたりなど，立ち居振る舞いにも乱れが生じます。こうした落ち着きのない話し方や動作は，秘書の印象を損ねます。自分の話し方の癖を自覚して，十分に練習を積んで準備してください。また，早口だと，言いたいことを一方的に言っているように聞こえてしまいます。相手への配慮に欠ける話し方なので，直さないと「感じのよさ」に行き着きません。注意が必要です。

◉ 語尾の言い方にも注意が必要

声が小さいのと同様に，文の切れ目（語尾）が消えるような話し方は，内容が聞き取りにくい上，きちんとした（しっかりした）印象になりません。また，明るく生き生きとした調子にならないので，秘書としての感じのよさに欠けます。
反対に，語尾が強過ぎるのも，きつく固く強い調子に聞こえてしまいます。秘書に求められる柔和な印象や温かみが感じられないので不適当です。
また，語尾を「〜ますぅ」のように伸ばす言い方や，「〜ますっ！」のように跳ねるような言い方も、幼く聞こえ，ビジネス的で落ち着いた調子にならないので不適当です。

＜言い間違いをしたとき＞
名称や数量，金額などを言い間違えたときは，「失礼いたしました」と言って言い直します。多少の言い直しは構いません。ただし，言い直しが多過ぎる場合は，内容が伝わりにくい上に，滑らかさに欠けて感じのよさも損なわれるので，合格基準に及ばなくなります。

＜内容を度忘れしてしまったとき＞
途中で報告内容が出てこなくなったときは，「失礼いたしました」と言って少し止まると，ふと思い出せることが多いようです。上司役の審査員はしばらく待ちますので，諦めずに頑張って思い出してください。どうしても思い出せない場合は，「申し訳ございません。ご報告の内容を失念いたしました。後ほど改めてご報告させていただいても，よろしいでしょうか」などのようにまとめて報告を終えます。この場合，その時点までのロールプレーイングの内容により「報告」課題が審査されます。（終盤に近い時点まで報告できていれば，話し方や立ち居振る舞いについて審査することができます。ただし，始めて間もない時点で中断した場合は，報告が短過ぎて審査項目を満たせず，あるいは「報告」とはいえないので，合格は難しくなります）

必要とされる資質

職務知識

一般知識

マナー・接遇

技能

面接

報告の間は，終始，前傾姿勢を崩さず，上体を安定させて話します。上司役を見下ろすような印象にならないよう，低めに前傾するとよいでしょう。

身ぶり手ぶりは不要です。緊張すると手が報告内容と関係なく動く人がいますが，心の動揺や高ぶりが見て取れてしまいますので，注意が必要です。

上司役の顔を見て明るい表情で話します。丁寧な言葉遣いも必要不可欠です。

③ 報告の終え方

報告内容を言い終えたら，「以上でございますが，何かご不明な点はございませんでしょうか（おありでしょうか）」と上司役に尋ねます。

上司役の審査員から「大体分かりました。どうぞ（席に）お戻りください」などと言われたら，「失礼いたします」と言ってお辞儀（会釈）をして，自席に戻ります。このときも，着席の仕方（振り向いて一礼してから座る）に気を使いましょう。

③ 応対

来客役の審査員が立ち上がり，「次の課題は『応対』です。来客役は私がいたします」と言ったら，来客役の審査員の顔を見て，黙礼します。「〇番の方，そちらにお立ちください」と指示されたら，呼ばれた受験者は「はい」と返事をして立ち上がります。その場で足をそろえて一拍おいてから，指示された位置に行って，来客役の審査員と向き合います。

来客役が「それでは始めます」と言ったら，来客を迎える秘書の姿勢（低めの前傾姿勢）を取り，柔和な笑顔で来客役の顔を見ます。

「応対」の課題でも，話し方の調子（声の大きさ，速さ，抑揚，張り，明瞭な発音，滑らかさ），話すときの態度（来客に対する謙虚な姿勢，立ち居振る舞い，お辞儀，表情，視線），来客に配慮した丁寧な言葉遣い（敬語や接遇用語）が審査されます。

課題例：

> あなたは，山田部長秘書である。
> 部長は，「常務のところに行ってくる。私はいないことにしておいてもらいたい」と言って席を外した。
> そこへ，取引先の人が尋ねたいことがあると言って不意に訪れた。

模範ロールプレーイング例

> 来客役：「ごめんください」
> 受験者：1歩前に踏み出して足をそろえ（またはその場で），前傾姿勢で
> 　　　　「いらっしゃいませ」と言って，お辞儀（敬礼）をする
> 　　　　　（以後，終始前傾姿勢）
> 来客役：「□□社の〇〇と申しますが，山田部長様はいらっしゃいますか」
> 受験者：「□□社の〇〇様でいらっしゃいますね。（いつも）お世話になっております」
> 来客役：「こちらこそお世話になっております」
> 受験者：「恐れ入りますが，本日はご予約を頂いておりましたでしょうか」
> 来客役：「いえ，お約束はしておりませんが，部長様にお尋ねしたいことがございまして，参りました」
> 受験者：「大変申し訳ございません」と言ってお辞儀（最敬礼）
> 　　　　「あいにく山田は，ただ今席を外しておりまして，戻ってまいりますまで時間がかかるかと存じます。いかがいたしましょうか」
> 来客役：「それでは，出直してまいります」
> 受験者：「恐れ入ります。山田が戻り次第，確認いたしまして，こちらからお電話するということでよろしいでしょうか」
> 来客役：「はい，お願いいたします」
> 受験者：「ご足労くださいましたのに，申し訳ございませんでした」と言ってお辞儀（最敬礼）

必要とされる資質

職務知識

一般知識

マナー・接遇

技能

面接

同じ課題で，中盤以降が別の展開の例

> ・
> ・
> ・
>
> 受験者：「大変申し訳ございません」と言ってお辞儀（最敬礼）
> 　　　　「あいにく山田は外出しております。よろしければ代わりの者が承りま
> 　　　　すが，いかがいたしましょうか」
> 来客役：「部長様と直接お話ししたいので，戻られましたらお電話を頂けますか」
> 受験者：「かしこまりました。せっかくお越しくださいましたのに，誠に申し訳
> 　　　　ございませんでした」と言ってお辞儀（最敬礼）

（やりとりは，この他にもさまざまに展開し得る）

① 応対の始め方

来客が「ごめんください」と声をかけますので，明るく張りのある生き生きとした調子の話し方で「いらっしゃいませ」と言い，お辞儀（敬礼）をします。このお辞儀は重要な審査ポイントですので，きちんと行ってください。さっと深く倒していったん止め，ゆっくり起こすテンポを意識して，特に丁寧に行いましょう。頭（首から上）だけが前に曲がらないように気を付けます。

来客を迎える姿勢は前傾姿勢です。謙虚さが表れるよう，特に背の高い人は会釈の角度よりも低めに前傾するのがよいでしょう。応対中は，お辞儀のとき以外は終始前傾姿勢を崩しません。

② 応対の内容と話し方

控室で課題を読む際に，状況設定を理解して，どのように応対するかプランを立てておきます。ただし，上司の不在を告げた後は，来客役の意向によって流れが変わるので，面接室では臨機応変な応対が求められます。幾つかのパターンをあらかじめ練習しておくとよいでしょう。

前ページの課題例では，「上司は社内にいる（＝後で連絡がつく）が，今はいないことにしないといけない」「来客は取引先の人で，不意の（面会約束のない）来訪である」という点を押さえます。

応対の流れは，まず，相手の社名と名前を復唱して確認した後，面会約束の有無を尋ねます。（面会の約束がある客であれば，「〜様でいらっしゃいますね。お待ちしておりました」などのような応対になるところです。

言葉遣いのポイントは，「〜様でいらっしゃいますね」「恐れ入りますが」「お約束は頂いて〜」です。尊敬語，クッション言葉，謙譲語をよどみなく滑らかに言えるようにしておく必要があります。

次に，上司の不在を伝えて謝ります。前ページの例では，状況を伝える前に「大変申し訳ございません」と言って深くお辞儀をしています。また，申し訳なく思う気持ちが伝わるように抑揚を付けた話し方をします。

言葉遣いのポイントは，「あいにく」「山田は」の他，きちんとした敬語を使って状況説明をすることです。この課題では，上司は今はいないことにしなければなりませんので，席を外していて戻るのに時間がかかる，外出しているなどと言うことになります。

対応については，「いかがいたしましょうか」と来客に尋ねる他，後でこちらから連絡するのでよいか，代理の者が対応するのでよいか，など，こちらから提案して伺うのでもよいでしょう。

来客の意向は「電話をもらいたい」「待たせてもらう」「代理の人に会いたい」などさまざまです。臨機応変に対応するためにも，敬語や接遇用語を使いこなせるようにしておきましょう。

最後に，上司と面会できなかったことについて謝って，応対が終わります。

＜言ってはいけないこと＞

p.385 の課題では，上司が常務のところにいることや，いないことにしてもらいたいと言っていたことは，来客に知らせません。

不意の（予約のない）客は，都合がつかない場合があることを承知の上で来訪していますので，「席を外している」「外出中」「出張中」と言えば大体は済みます。

一方，別の課題で，その時間に面会予約をしている客が訪れた場合は，上司の不在で相手に迷惑をかけている状況ですから，誠意を示すためにも事情や理由を伝えるのがよいでしょう。ただし，来客に言う理由は「急用」「やむを得ぬ所用」「前の予定が長引いている」などで十分です。

上司の急病などプライベートの事情や会社の緊急事態など内情が理由で面談を断るという状況設定の場合，理由をありのまま伝えるのは不適当です。

また，予約があることを上司が忘れている，友人と食事に出かけたが戻ってこない，社内の人との打ち合わせを優先しているなど，来客の心証を害し上司の立場を不利にするようなことも伝えてはいけません。

＜お辞儀をするタイミング＞

「応対」の課題で重要な立ち居振る舞いは，前傾姿勢とお辞儀です。

p.385 の課題では，「いらっしゃいませ」の後（敬礼），「大変申し訳ございません」の後（最敬礼），最後の「ご足労くださいましたのに，申し訳ございませんでした」の後（最敬礼）の３カ所で，お辞儀をすることができます。ただし，三つ目のお辞儀は最後に見送る場面までロールプレーイングが続いたときにしかできません（時間によりその前に切り上げられることもある）し，来客を応接室に案内する展開になればこの場面になりません。

「応対」の課題では，「いらっしゃいませ」（敬礼）と（上司の不在を告げる場合などの）「申し訳ございません」（最敬礼）の二つのお辞儀を忘れずにできるとよいでしょう。

◆ 「いらっしゃいませ」のお辞儀

来客役から「ごめんください」と声をかけられたら，来客役に視線を合わせ，明るく生き生きとした調子の声で「いらっしゃいませ」と言ってお辞儀（敬礼）をします。敬礼の深さまで上体を前に倒します。

前傾姿勢のまま，あるいは会釈程度の浅いお辞儀で済ませないように気を付けましょう。お辞儀の形や深さ，「さっと下げて，止めて，ゆっくり上げる」テンポなど，お辞儀のポイントが見られている（審査されている）ことを意識してください。めりはりをつけて動作を大きく見せるのがコツです。

なお，ここで来客役に近づき過ぎると，動作も声も小さくなってしまいます。指定される立ち位置は，来客役との間が実際のビジネスの場面より広めですが，着席している審査員からよく見えるように配慮された間隔ですので，間を詰め過ぎないようにしましょう。

◆ 「（大変／誠に）申し訳ございません」のお辞儀

相手に不利益を与えたことや失礼をわびるお辞儀なので，最敬礼です。

１級レベルの立ち居振る舞いができること（きちんとしたお辞儀ができること）を審査員にアピールするには，この最敬礼をぜひ審査員に見てもらいたいところです。

「語先後礼」（先に言葉を言ってから，礼をする仕方。より改まった印象になる）で，「（大変）申し訳ございません」で言葉を止めて，最敬礼をしてから，次の言葉「あいにく山田は～」を続けると，お辞儀を「見せる」ことができます。

必要とされる資質

職務知識

一般知識

マナー・接遇

技能

面接

＜代行者を呼ぶという展開＞

上司が終日都合がつかないにもかかわらず，来客が「Ａプロジェクトの件で至急確認したいことがある」と言う場合などは，「お差し支えなければ（よろしければ）代理の者（代わりの者）がお目にかかる（お会いする）ということではいかがでしょうか」などと言うのもよいでしょう。来客役が「それでは，○○課長をお願いします」と応じれば，「課長の○○でございますね。呼んでまいりますので，こちらで少々お待ちいただけますか」と言って応対が終了します。この他，来客役が「代理の方とおっしゃいますと，どなた様でしょうか」などと尋ねてくる展開もあり得ます。その場合は，「課長の○○と申します」「課長の○○がお話を伺いますが」などと臨機応変に，架空の課長を登場させて構いません。それでよいと言われたら，「それでは呼んでまいりますので，こちらで少々お待ちいただけますか」と言うのが応対の終了となります。

＜身ぶりの所作（指し示す手）＞

上司が戻るまで待ってもらう展開になった場合は，「応接室へご案内いたします。どうぞこちらへ」と言って案内します。
前傾姿勢を取り，右のイラストのように，応接室の側の手を上げて指し示します。指は離さずにまっすぐ伸ばします。もう一方の手はだらんと下げず，体に付けておきます。
この体勢をピシッと止めて動かさないことで，折り目正しい雰囲気をつくります。ただし，言い方や表情が固いと不自然で機械的な印象になってしまいます。また，低い声で語尾を下げて言うと，命令口調に聞こえ，感じのよさが失われます。柔和な笑顔で，笑みを含んだような温かみのある言い方をしましょう。

応接室へご案内いたします。どうぞこちらへ。

③ 応対の終了

ある程度やりとりが進んだところで（応対が終わらなくても），来客役の審査員の「はい，ここまでといたします」という指示で，「応対」の課題は終了します。受験者は，来客役の審査員に「ありがとうございました」と言ってお辞儀（敬礼）をします。１人目の受験者の終了時は，「お席にお戻りください」と指示されるので，自席に戻り腰を下ろします。
２人目の受験者が終了すると，「お二人とも並んでこちらにお立ちください」と審査員の正面中央（最初にあいさつをした位置）に誘導されます。受験者それぞれのロールプレーイングについて，審査員からコメントが伝えられます。

＜来客の社名と氏名を確認＞

来客：「ＡＢＣ商事の中村と申しますが，山田部長様はいらっしゃいますか」

受験者：「ＡＢＣ商事の中村様でいらっしゃいますね。いつもお世話になっております」

　（来客が名乗らなかったとき）

来客：「山田部長様はいらっしゃいますか」

受験者：「失礼ですが，どちら様でいらっしゃいますか」

来客：「失礼いたしました。私，ＡＢＣ商事の中村と申します」

受験者：「ＡＢＣ商事の中村様でいらっしゃいますね。いつもお世話になっております」

＜続けて＞

面会の約束がある場合は　「お待ちしておりました」

不意の来訪の場合は　　　「恐れ入りますが，本日はお約束を頂いておりましたでしょうか」

＜上司の不在をわびる＞

予約客には　　　　　　　「中村様，お約束をしておきながら，大変（誠に）申し訳ございません。あいにく山田は〜」

不意の客には　　　　　　「大変申し訳ございません。あいにく山田は〜」

＜上司がすぐに面会できない状況の説明と対応についての意向伺い＞

① 予約客に対して

　　（状況の説明）「あいにく山田は，急用のため席を外しております」

　　　　　　　　　（上司が疲れたのでちょっと休んでいるときも，社内の打ち合わせが割り込みで入ったときも，「急用」でよい）

　　　　　　　　　「あいにく山田は，外出が長引いておりまして，まだ戻っておりません」など。

　　　　　　　　　（約束を忘れていて戻らないときも，友人との食事から戻ってこないときも，「外出が長引いて」でよい）

　　（意向伺い）　「お待ちいただくお時間はございますか（おありですか）」

　　　　　　　　　「間もなく戻ってまいる予定でございますので，申し訳ございませんが，少々お待ち願えませんか」

　　　　　　　　　「しばらくかかると申し付かっておりますが，いかがいたしましょうか」

　　　　　すぐに戻らない場合は

　　　　　　　　　「山田が戻り次第，こちらからご連絡するということでよろし

いでしょうか」
「後日改めてお約束を承りたいと存じますが，よろしいでしょうか」
「こちらの勝手で誠に申し訳ございませんが，改めてお越し願えませんでしょうか」
「お差し支えなければ，代理の者がお話を伺いますが，いかがでしょうか」

② 不意の客に対して（理由は言わなくてもよい）
　　（状況の説明）
　　　　約束がないときは，もともとスケジュールに余裕がなく面会の時間が取れないことも多い。
　　　　（会議に出席していて，終わり次第外出の予定のとき）
　　　　　　「山田は本日，仕事が立て込んでおりまして，お目にかかるお時間をお取りいたしかねます。改めてご予約いただけませんでしょうか」
　　　　（次の会議までに時間があったので，常務と面談中のとき）
　　　　　　「山田はただ今面談中でございます。確認してまいりますが，面談後は会議の予定がございますので，お時間をお取りできないかもしれません。代わりの者ではいかがでしょうか」

＜来客から尋ねられたことへの応答／次の面会などについての確認＞
来客：「私宛てに何かご伝言はございませんでしょうか
　　　　〃　　何かおっしゃっていませんでしたでしょうか」
受験者：「申し訳ございません。（山田からは）申し付かっておりません」

来客：「私がこの時間に伺うことを，山田部長様はご存じでしょうか」
受験者：「はい，（確かに）存じております。
　　　　・急用でやむを得ず，申し訳ございません
　　　　・○○様には大変申し訳ない，重々おわびを申し上げるように，と申し付かっております」

（後日出直すと言われたとき）
受験者：「ご都合のよろしい日時を二，三お聞かせくださいませんか」

（明日か明後日の午後予約し直したいと言われたとき）
受験者：「かしこまりました。明日か明後日の午後でございますね。確認いたしまして，こちらから改めてご連絡いたします」

（一件用事を済ませて，１時間後に再度来訪したいと言われたとき）

受験者：「はい，1時間後でしたらお目にかかれるかと存じますが，念のためご連絡
　　　　　先を伺ってもよろしいでしょうか」

（上司はまもなく戻るが，来客からいったん外出して15分後に戻ると言われたとき）
受験者：「かしこまりました。○○様が15分後に改めておみえになることを山田に
　　　　　申し伝えます」

（時間を間違えて早く来訪した客から，待たせてもらうと言われたとき）
受験者：「かしこまりました。それでは応接室へご案内いたします。どうぞこちらへ（こ
　　　　　ちらへどうぞ）」
　　　　　　　　　※（p.389 ＜身ぶりの所作（指し示す手）＞）

＜応対の終了（上司に会えず帰る客に対して）＞

受験者：「本日は，お約束をしておきながら大変申し訳ございませんでした」
　　　　　「こちらの勝手で，ご迷惑をおかけしまして申し訳ございませんでした」
　　　　　「せっかくお越しくださいましたのに申し訳ございませんでした」
　　　　　「ご足労くださいましたのに申し訳ございませんでした」

「応対」は，受験者と来客役とのその場のロールプレーイングによりさまざまに展開
します。どのような応対でも，きちんとした表現が滑らかにできるように練習しましょ
う。また，言葉遣いだけでなく，下の「審査の対象」の要件を満たしていることが，「身
に付いている」「こなれている」ということですので，特に意識してください。

● 審査の対象
　　a. 立ち居振る舞いが丁寧で感じがよい。
　　b. 話し方や言い方の調子に，腰の低さと柔らかさが感じられる。
　　c. 秘書としての謙虚な態度が感じられる。

自分できちんとできていると思っていても，はたから見ると，丁寧さが不十分だった
り（緩かったり），明るさや柔らかさ，謙虚な感じが不足していたり，自分で気付い
ていない話し方の癖が気になったりするものです。1級面接試験に合格するために，
自分の尺度ではなく，審査員の目で自身の態度振る舞いや話し方をチェックするよう
心がけてください。

面接試験対策には，ＤＶＤ『秘書検定1級面接合格マニュアル』（発売：早稲田教育出版）を併用
すると，より効果的です。面接試験の各シーンの合格のポイントを映像で確認することができます。

Lesson 4　過去に出題された面接試験課題にチャレンジ

面接試験　課題　A

< 報告 >　※以下の内容を，上司役に報告してください。

> デジタル書籍の人気が高まる一方で，「付録付き雑誌」の売れ行きが伸びているという。
>
> 付録には，おしゃれで機能的なバッグや生活必需品，女性誌ではコスメなどもあり，素材選びからサンプル品の作成，完成までを，流行に精通しているその雑誌の編集部が担当しているという。
>
> 読者の中には，動画配信サイトで付録の解説や使い心地を発信する人もいるらしい。
>
> 付録の質が年々上がっていて，需要がなくなることはないと見られているという。

< 応対 >　※以下の状況設定で，来客役に応対してください。

> あなたは，山田部長秘書である。
>
> 部長は，次の予定までに時間があったので，不意の来客と面談中である。
>
> そこへ予約客が 30 分早く訪れた。どうやら時間を間違えたようである。

（ 以　上 ）

必要とされる資質

職務知識

一般知識

マナー・接遇

技能

面接

面接試験　課題　B

< 報告 >　※以下の内容を，上司役に報告してください。

一部のビンテージ腕時計が高騰しているという。

背景には，ＳＮＳ上で同じ趣味を持つ人々がコミュニティーを作り，個人間で取引されるようになったことがある。

金銭的に余裕のある人はお金に糸目を付けないため，価格が上がっていったという。

中でも歴史があり，一流ブランドで状態がよい物の価値が高いそうだ。

購買層の多くは50代の男性で，若い世代は高級時計を欲しがらない傾向にあるため，市場は徐々に先細りするだろうという。

< 応対 >　※以下の状況設定で，来客役に応対してください。

あなたは，山田部長秘書である。

部長は，「ちょっと出てくる」とだけ言って外出している。

そこへ取引先の人が，部長に頼みたいことがあると言って，不意に訪ねてきた。

（以　上）

合格のロールプレーイング例　　面接試験　課題　　A

＜ 報告 ＞

受験者：　失礼いたします。
　　　　　・ご報告申し上げたいことがございますが，
　　　　　・「付録付き雑誌」の売れ行きが伸びていることにつきまして
　　　　　　ご報告申し上げたいのですが，
　　　　　　ただ今お時間（は）よろしいでしょうか。
上司役：　はい，どうぞ。
受験者：　はい，かしこまりました。
　　　　　デジタル書籍の人気が高まる一方で，「付録付き雑誌」の売れ行きが伸び
　　　　　ているそうでございます。
　　　　　付録には，おしゃれで機能的なバッグや生活必需品，女性誌ではコスメな
　　　　　どもあり，素材選びからサンプル品の作成，完成までを，流行に精通して
　　　　　いるその雑誌の編集部が担当しているとのことでございます。
　　　　　読者の中には，動画配信サイトで付録の解説や使い心地を発信する人もい
　　　　　るそうでございます。
　　　　　付録の質が年々上がっていて，需要がなくなることはないと見られている
　　　　　とのことでございます。
　　　　　ご報告は以上でございますが，何かご不明な点はございませんでしょうか。
上司役：　大体分かりました。
受験者：　（ありがとうございます）失礼いたします。

＜ 応対 ＞

来客役：　ごめんください。
受験者：　いらっしゃいませ。（敬礼）
来客役：　山田部長様はいらっしゃいますか。
受験者：　失礼ですが，どちら様でいらっしゃいますか。
来客役：　失礼いたしました。私，□□商事の〇〇と申します。
受験者：　□□商事の〇〇様でいらっしゃいますね。お待ちしておりました。
　　　　　〇〇様，申し訳ございません。（最敬礼）
　　　　　あいにく山田はただ今面談中でございます。お約束のお時間までお待ちい
　　　　　ただけますでしょうか。
来客役：　私，30 分も早く伺ってしまいまして，失礼いたしました。それでは，外
　　　　　で所用を一件済ませまして，お約束のお時間に改めて参ります。もし，山
　　　　　田部長様が早くお戻りになったら，私の携帯電話宛てにお知らせいただけ
　　　　　ますか。

受験者： かしこまりました。山田が戻ってまいりましたら，確認いたしまして，
〇〇様にお電話いたします。ご足労をおかけして申し訳ございません。後
ほどお待ちしております。

（応対はその場のやりとりによって展開が異なります）

（以　上）

合格のロールプレーイング例　　面接試験　課題　　B

＜ 報告 ＞

受験者： 失礼いたします。
　　　　・ご報告申し上げたいことがございますが，
　　　　・一部のビンテージ腕時計の高騰につきまして
　　　　　ご報告申し上げたいのですが，
　　　　　ただ今お時間（は）よろしいでしょうか。
上司役： はい，どうぞ。
受験者： はい，かしこまりました。
　　　　一部のビンテージ腕時計が高騰（こうとう）しているとのことでございます。
　　　　背景には，ＳＮＳ上で同じ趣味を持つ人々がコミュニティーを作り，個人
　　　　間で取引されるようになったことがあるのだそうでございます。
　　　　金銭的に余裕のある人はお金に糸目を付けないため，価格が上がっていっ
　　　　たとのことでございます。
　　　　中でも歴史があり，一流ブランドで状態がよい物の価値が高いそうでござ
　　　　います。
　　　　購買層の多くは50代の男性で，若い世代は高級時計を欲しがらない傾向
　　　　にあるため，市場は徐々に先細りするだろうということでございます。
　　　　ご報告は以上でございますが，何かご不明な点はおありでしょうか。
上司役： 大体分かりました。
受験者： （ありがとうございます）失礼いたします。

＜ 応対 ＞

来客役：　ごめんください。

受験者：　いらっしゃいませ。（敬礼）

来客役：　□□商事の〇〇と申しますが，山田部長様はいらっしゃいますか。

受験者：　□□商事の〇〇様でいらっしゃいますね。お世話になっております。

来客役：　こちらこそお世話になっております。

受験者：　〇〇様，恐れ入りますが，本日はご予約を頂いておりましたでしょうか。

来客役：　いいえ，本日は部長に折り入ってお願いしたいことがございます。

受験者：　誠に申し訳ございません。（最敬礼）
　　　　　あいにく山田はただ今外出しております。よろしければ代わりの者が承りますが，いかがいたしましょうか。

来客役：　山田部長様に直接お願いしたいので，戻られましたらお電話を頂けますか。

受験者：　かしこまりました。山田が戻ってまいりましたら，〇〇様がおみえになったことを申し伝えまして，お電話するようにいたします。せっかくお越しくださいましたのに，申し訳ございませんでした。

（応対はその場のやりとりによって展開が異なります）

（以　上）

必要とされる資質

職務知識

一般知識

マナー・接遇

技能

面接

編集協力：田中　裕子
イラスト：中山　成子

秘書検定1級 パーフェクトマスター

2024年3月20日　初版発行

編　者　公益財団法人 実務技能検定協会 ©
発行者　笹森 哲夫
発行所　早稲田教育出版
　　　　〒169-0075　東京都新宿区高田馬場一丁目4番15号
　　　　株式会社早稲田ビジネスサービス
　　　　https：//www.waseda.gr.jp/
　　　　電話　(03)3209-6201